大展好書　好書大展
品嘗好書　冠群可期

大展好書　好書大展
品嘗好書　冠群可期

武術特輯

132

太極揉手
解密

祝大彤 著

大展出版社有限公司

吳圖南、祝鵬、錢雪庵、作者合影

吳圖南

在香港京士柏公園單臂練

作者在家中寫稿

作者在洛陽白馬寺「祈福奧運」條幅上簽名

漳州市薌城區自然太極拳協會成立大會合影

作者在台灣出版的4冊書

作者贈書給國家圖書館，獲
頒榮譽證書

作者與中國作協主席鐵凝女士在2008年新春聯誼會上

作者與朱懷元先生合影

序
功成身退，天之道也

「功成身退」是老子《道德經》第九章的金句，《道德經》在國內有多個版本，內容相同只是個別字有異，筆者取京華出版社的版本，其全文如下：「持之盈之，不如其已，揣不銳之，不可長保。金玉滿堂，莫之能守，自遺其咎。功成身退，天之道也。」

筆者在傳統太極拳圈子裏摸爬滾打五十多年，不敢說自己大成，尊老子道，功成身退，將要退出自然太極拳。退出之時，將破解採手的核心理論「改變自身的重心狀態」留給學生、弟子和拳友們學習、研究，下面用現代語「曬曬自己」，以饗讀者。

細算研習傳統太極拳始於上世紀50年代。五十多年來，得到過吳圖南教授的指點，楊式太極拳汪永泉大師理論和實踐的點撥，京城太極鬆空藝術家楊禹廷大師喚醒我身上的悟點。楊老爺子引領筆者走進太極之門，登堂入室得到太極內功。筆者是幸運兒，在太極拳道路上，遇到許許多多熱心拳友指點迷津。最先啟蒙83式拳的是張德瑪、李秀三、程大夫、孫工程師。錢雪庵師（在全國政協工作）傳授太極劍（64式）。京城吳圖南先生之弟子馬有清先生傳授「玄玄刀」，本欲參加北京市比賽，因停賽未果。後著重鑽研太極拳術，將「萬字護守」太極刀贈

與楊鑫榮先生（楊禹廷長孫）留作紀念，放下深研刀術之
念。楊鑫榮先生雖是晚輩，因報恩禹廷大師，對鑫榮向社
會多有推介，我們是太極圈子裏忘年真摯好友。「文革」
期間，李和生先生引筆者相識吳圖南大師，我們對吳圖南
老爺子百倍尊敬。中醫藥大學系主任、御醫世家之後的趙
紹琴大夫引筆者認識了汪永泉大師，受益良多，也永遠不
會忘記趙紹琴大夫介紹認識汪永泉大師之恩。

我們中華民族代代相傳的傳統道德，是「受人點水之
恩，必當湧泉相報」，所有給筆者說過、教過拳的師尊們
將永世不忘，心頭掛著他們的名字。

錢雪庵先生教授筆者太極劍，他逝於廣東省梅州市。
筆者去梅州教拳，曾到梅縣掃墓，可惜他的墓遷往廣州，
追到廣州也未找到錢老的安葬地，只好向西叩首，以慰
亡靈。北京對筆者啟蒙教拳的張、李、孫、程4位啟蒙老
師，筆者也永遠懷念他們。北京高壯飛先生的推手對筆者
有過幫助，我們的友誼天長地久。

從上世紀90年代，筆者寫的自然太極拳論文在國內
有影響的報刊上陸續發表。計《中華武術》上發表《話
說太極腳》《再說太極腳》《用心腦練太極拳》。《武
林》刊發《先有好腳後有好拳》《太極拳運動中人體結構
之變化》。《精武》發表《太極拳是微小運動》《我練拳
還是拳練我》《吳圖南修煉太極拳明示》《輕扶「八方
線」》。《武當》發表《怎樣練好太極拳》《論太極拳鬆
功》《循規蹈矩遵道而修》。《武魂》發表《九鬆十要一
虛靈》《練成空手是方家》《太極拳的步》《陰頂、陽
頂》。《少林與太極》發表《紀念鄧小平題詞「太極拳

好」二十周年》《徐才論太極拳》《陰鬆陽鬆》。《中華保健養生》將筆者的《太極內功養生法》全年連載。《北京晚報》在兩年內共發表三篇太極拳文稿:《太極拳好》《用「心」練太極拳》《養生長壽太極拳》。晚報人士說,文章受到紅牆內的重視,編輯受到表揚。

太極拳理論和拳術專著出版情況尚佳。本世紀初京華出版社首發出版《太極解秘十三篇》,可惜只出一萬冊就停下來。人民體育出版社連續出版筆者的太極拳理論拳術著作,有《太極內功解秘》,此書自2004年6月出版至2007年3月兩年半多的時間裏7次重印。相續又出版《自然太極拳》《太極內功養生法》,兩本書亦3次印刷。《太極解秘十三篇》於2008年1月出版,同年5月、9月又連印兩次。在人民體育出版社出版的第五冊書是《太極內功解秘增補珍藏版》,此書2008年5月出版,9月一天銷出500多冊,此書登上2008年武術暢銷書排行榜。

影像作品方面,國際文化交流音像出版社出版的中華武術教程計九類42碟,以上影像作品經常脫銷。影像作品《太極內功解秘》《太極拆招解秘》《太極誤區解秘》《太極揉手解秘》《品太極》《養生鬆功》《自然太極拳81式》及《太極推手藝術》等十套,入選人民體育音像出版社出版的「中華武術展現工程」系列教程。最近又完成為函授拍攝製作的自然太極拳《太極內功解秘‧祝大彤函授教程》。從論文、圖書到影像作品形成一套自然太極拳系統出版物,為廣泛教學、傳授、傳播提供了便利。

期間聽到讚揚和掌聲,但筆者認為這是份內應該做的事情,不算大的功成,僅是積小成,視這些出版物為功

德。為了弘揚中華民族太極文化，廣為傳播自然太極拳，筆者在國內外收徒二百餘位。二百餘位自然太極拳繼承者和傳播者，大多受過高等教育，他們武德高尚，品德優秀，有堅強的信念。當然，讚揚聲中也伴隨著貶損。「自然太極拳」尚不完美完善。伴隨著科學發展，它將不斷得到修正、補充，以更通俗、更合理、更易練的拳理拳法奉獻於世人。

北京奧運會開幕了，開幕式上以「自然」為題表演太極拳，2008位運動員組成360°圓的隊形，出現在全世界觀眾面前。看到此處，筆者流下眼淚。天下只有我們一家自然太極拳，是巧合嗎？不是！太極哲學與古典哲學有內在聯繫。筆者的勞累、艱辛、委屈以及謠言、誹謗、歪曲、中傷等等都丟到九霄雲外去了，五十多年的辛勞值得！總之苦辣酸甜這些微不足道，深研自然太極拳，面對學員，內心升起強烈的神聖感和責任感，令人欣慰，教學傳播是快樂的。在退出之後，對外不再接待講學、教拳，但是對二百餘位弟子和老學員仍要負責任，仍要真誠培養，使他們儘早「頂門立戶」，我們師徒共同努力，使後學將自然太極拳內功拿到手，發揚光大，向世人介紹傳播……。

還有更為愉悅的事情，海內外自然太極拳愛好者有成千上萬，有數不清的「自然太極拳心腦科研小組」，他們真誠、執著，鍥而不捨。王文光先生代表紐約心腦太極拳愛好者來華深造，隨筆者上武當山拜祖後，來京兩個多月掌握了陰陽重心變動，拜罷恩師入門為藝徒後返回美國。在國內多處成立自然太極拳研究會籌備組，但是中小城市

成立研究會還要等待。另外，四川地震，綿竹的拳友練拳修煉也未停下來，經常有電話往來交流拳藝，甚為心安，心慰。

還有一位加拿大華人王志敦先生，他為香港某上市公司副總裁，待遇豐厚，為了休閒安靜修煉自然太極拳，離開紛亂都市回到居民稀少的加拿大，從「九鬆十要一虛靈」基本功起步，現在已對自然太極拳理論諳熟，「三動三不動」、「陰鬆陽鬆」、「太極與哲學」、「初識鬆功」、「減法太極拳」、「中正學」、「意識與潛意識」、「鬆指與養生」，以及練拳三要素自然、減法、被動等拳理能說上一二課。他不顧旅途萬里勞累到漳州參加鬆功班，又到廈門筆者的住所學藝。拜師那天漳州和香港來了20多位師兄弟，很有紀念意義。

王志敦先生回到加拿大後，在《世界報》上刊出廣告，義務傳授自然太極拳，路遠者開車送拳上門。四大皆空，功德無量！

最為值得紀念的有兩件事：一是在香港出版了《增補太極內功解秘》《太極解秘十三篇（修訂版）》兩冊太極拳理論專著。臺灣引進出版人民體育出版社出版的《太極內功解秘》《自然太極拳》《太極內功養生法》和《太極解秘十三篇》四部著述。值得欣慰的是，以上6冊圖書已被國家圖書館收藏。二是在2010年秋香港國際武術賽上自然太極拳和器械立項，祝大彤被評為金牌總教練。

前　言
改變自身的重心狀態

　　改變自身的重心狀態是本書的核心主題。凡練傳統太極拳者、專攻太極內功修煉者都知道，習練人只有一個重心。王宗岳先賢有名言，「每見數年純功，不能運化者，雙重之病未悟」。陳照奎先生在太極拳研究中提到雙重為病。上世紀吳式太極拳家楊禹廷大師主張單腿重心立柱式身形。前輩先賢楊澄甫在「論虛實」中有左右雙腿，以左腿支撐全身或右腿支撐全身之定論。也是單腿重心，不同意雙重。以上先賢教旨的深刻內涵，告訴後學兩腿陰陽變換之理。

　　改變自身的重心狀態是揉手技擊的核心理論，這是東方文化與西方文化的最大差異之一。太極拳推手技擊理應腳下不動，而現在有練習者雙腳不斷移動。此狀態破壞了自身的平衡，失去了圓活，同時也失去了重心。二人搏擊，一個人只有一個重心，這個重心是重心點，也是中心點，這點是克敵制勝的重要條件，也就是拳經說的中正安舒。自己破壞自己的中正，便沒有了安舒，雙腿不停地移動、跳動，身形便不停地晃動，有悖於太極拳先賢大師的教旨。拳經云：「大動不如小動，小動不如不動。」筆者加上一個詞：「大動不如小動，小動不如微動，微動不如不動。」筆者從多年的練拳活動中體驗到，肩以下胯

以上不動，也就是身形不動，空腰轉胯，神為主宰。上世紀60年代跟隨吳圖南大師學拳時，最為重要的收穫，是「藏中」。藏中就是腰沒有東西，不能有一點力，後來我教學，科學發展為「空腰」。

習練傳統太極拳，到了推手技擊階段，與對方較技時，要刻刻留心，要改變自身的重心狀態。筆者跟隨楊禹廷老爺子學拳時，他老人家天天都說，「手不要掛力」，舉一反三，周身上下內外不能掛力。之後在推手階段，循汪永泉大師指教，改稱「揉手」。揉手訓練手上不掛力要方便得多。無論資深練家還是初學者，試試改變自身的重心狀態。這種訓練有一個重要條件，就是一定要運用《授秘歌》中的道法，要把握在「無形無象」中運行。如果沒有節節貫串的功夫，難以改變自身的重心狀態。

傳統太極拳人，如果能摒棄一切個人的雜念，肯於研習，找到筆者，筆者願無私奉獻。交流探索，愉悅於此。為了提高中華民族傳統太極拳的整體水準，光耀東方文化，不要說及你家我家他式我氏，前邊一片美好，光宗耀祖還等到何時？

目　錄

目　錄

科學發展 ……………………………………21

　雜談 ………………………………………21

　改變自身的重心狀態 ……………………22

　錯位 ………………………………………24

　太極文化和文化太極 ……………………26

　自然太極拳理念

　　——和諧太極，以文會友，忠實繼承，科學發展　30

　楊禹廷百年太極的科學發展 ……………36

太極推手 ……………………………………45

　自娛自樂推手 ……………………………46

　推手走向家庭鄰里 ………………………47

　推手是柄雙刃劍 …………………………49

　瀋陽歸來話推手 …………………………51

太極揉手 ……………………………………55

　揉手命題 …………………………………55

　太極推手與推手本質不同 ………………56

　太極八法訓練 ……………………………59

　觸覺訓練 …………………………………68

15

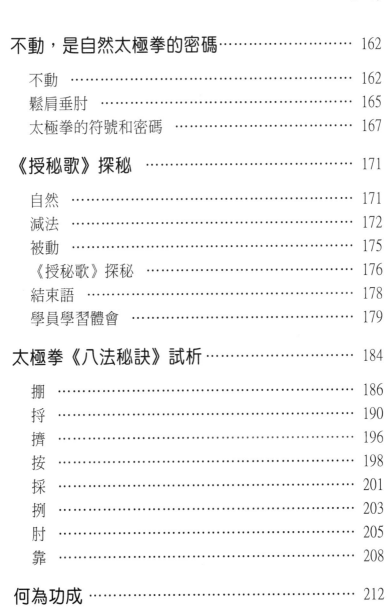

科學發展

　　自然太極拳自誕世之日起，一直走著一條繼承發展的大道。繼承要誠心誠意，一招一式，一舉一動都要繼承下來。在《自然太極拳》一書中，有「自然太極拳道法」一節，此節選前輩先賢的太極拳拳道、拳訣，文中經常引用他們的太極思想和拳訣，如先賢陳照奎的反對「跪膝」理論，我們一再引用。這種做法是我們尊重前輩的禮貌紅線。先繼承然後再發展，發展不離前輩先賢的教旨。像《太極內功解秘》《太極內功解秘（增補珍藏版）》《太極解秘十三篇》《自然太極拳》等太極拳專著都是忠實繼承、科學發展的結晶。

　　在科學發展揉手技藝理論和實踐方面，從思想認識、理解中，進一步實踐，解決了揉手的核心理論。揉手的核心理論是改變自身的重心狀態。

雜　談

　　雜談，是想到哪裏談到哪裏。從前言不難看出，在太極拳圈子裏摸爬滾打五十多年，該退出太極拳圈子了。年近八旬，身體遠不如前，五十年來說拳傷氣、勞神、費心，須找一個安靜的環境修身養心。

在破譯自然太極拳和深研的過程中，打亂了各階段學拳秩序。從「九鬆十要一虛靈」，深入解析太極腳、太極手、空手輕扶「八方線」、「三動三不動」，鬆肩、垂肘、身形不動是上乘境界，繼而達到鬆、空、虛、無的最高境界。在退出太極拳壇的時刻，又對太極揉手的核心理論進行破譯，現將揉手真諦「改變自身的重心狀態」奉獻給天下拳友和太極拳深研家。

筆者認為隨名家學拳，傳人帶徒都不重要，而重要的是你如何認識、理解中華民族珍貴的文化遺產太極拳，持什麼樣的理念去深研，去科學發展。

在太極拳深研的道路上，不是平坦通途，會遇到這樣那樣意想不到的障礙、流言蜚語等麻煩，也許有歪曲事實的攻擊。此時要忍讓，勿躁，有流言蜚語要忍耐。在此，說一個有趣的無奈的煩事。為了得到太極鬆功，筆者提倡「太極功夫在拳（場）外」，意思是在生活中練拳。

筆者在重心陰陽變動中，持減加法，右腿實足，邁左腳，生活中，走路練功身形左右有點晃動。去年世界殘疾人日，有人將筆者列為「殘疾人」，通知筆者檢查身體。很無奈，又氣又可笑。

現在筆者走路往前邁步，經常雙腳蹲身起跳，證明雙腿正常。

改變自身的重心狀態

「改變自身的重心狀態」，這是本書要說的核心拳理，是本人在多年的自然太極拳修煉中，對揉手重心變動

的重要破解，是對太極揉手理論的重大發現和探索。

　　拳家在揉手拳場上講授揉手功課時，常說一句話「保持自己的重心，破壞對方的重心」。說白了是保持自己的陰陽平衡，破壞對方的陰陽平衡。當進一步請求說明如何把握保持自己的重心和平衡，怎麼去破壞對方的平衡時，有人直言「不知道」。這個「不知道」，是在揉手活動中普遍存在、說不清道不明的難解之謎。

　　在雙方較技過程中，不是你推我閃，你擠我展，你掤我騰挪，簡單說，用武術的閃展騰挪，可以改變自身的重心狀態嗎？可以，也不可以。招法是動作，動作含勁力，勁力不退掉內功不上身，這是很簡單的道理。

　　自然太極拳講究內功，內功先是不動，練拳或是二人較技，在雙方接觸點上展現內功深淺。

　　首先是心腦不接，心腦不接是以周身上下內外一致的不動為條件的。在接觸點上，使對方落空，對方腳下有了質的變化，再也不是腳踏實地，似乎腳下冒出一個「軸」來，感覺是旋轉、飄浮，這種狀態是不是改變自身的重心狀態呢？是的！以雙方揉手者在場上常說的一句術語，「保持了自己的平衡，而破壞了對方的平衡」。

　　那麼，如何求得保持自己的陰陽平衡，如何去破壞對方的平衡呢？簡單地說，在雙方的接觸點上，如在一個指尖的接觸點上，一個指頭的接觸點上，一個拳面的接觸點上，所說的點，都應該在雙方的接觸點上，改變自身的重心狀態，如何改變？兩個字：錯位！

錯 位

錯位，錯什麼位？錯開雙方肢體接觸的部位。以太極拳人習慣的說法，是雙方肢體接觸的部位，也就是在雙方的接觸點上，使之發生變化。這個變化不是以動作，或是快慢的動作移開、躲開，這是有形有象、對方和第三方可以看到的躲避。

躲避對方來力的攻擊，是有形有象的以勁力為基點的招數，以保持自己的重心和平衡不被對方打破。這種錯位是初級的先天自然之能，是快打慢、大力打小力，看得見摸得著的，而我們提倡的是在太極揉手中，運用陰陽變化，在接觸點上，無形無象，錯開對方攻擊的來力，給對方來力找出路，使對方來力向左、向右、向上或向下出去，或者把對方來力截住回到對方身上，此時對方若是腰帶手腳，正合適，自己的發力回來打到自己的腰上。

錯位理論有四：(1) 視線看到的部位。(2) 中樞神經隨視線到達的部位。(3) 自己重心最為合適的位置。(4) 接觸點上。

在接觸點上，要看誰放鬆得淨，誰占上風。如果形象的說明，一個人看見一把椅子（視線）想過去坐（中樞神經），重心一定要合適，向椅子走去，一二三步，可以坐下，臀部和椅子面接觸，便坐穩坐牢固。如果有人惡作劇，在對方將要坐時，將椅子搬移原處，從理論上講，這是錯位，此時臀下沒有了椅子，坐空了，坐到地上，向後摔了一跤。在椅子移開的一瞬間，即使感覺臀下椅子沒有

了，他還要坐，這是慣性，逃不掉，走不了，只有坐地挨摔別無辦法，這是錯位的奧妙和厲害。

聰明的拳家在揉手中運用錯位的法則保持自己的重心和平衡，同時去破壞對方的重心和平衡，這是絕頂的妙招，也可以說是功法。

錯位功夫在揉手中運用，會穩操勝券，立於不敗之地。但是有一個功法上的要求，錯位運用，不單單是招法，是內功，要在改變自身的重心狀態下進行錯位。這種改變，不是外形的變化，如以對方能看到的移位轉身、變化肢體位置，去化解對方的攻擊。而是無形無象，周身肢體和局部部位在沒有任何徵兆動作的條件下，接觸點突然變成一個空點，這個突然是在沒有動作前提條件下的使對方沒有察覺，突然接觸點變空了。對方撲空了，腳底下處於飄浮狀態，重心、平衡沒有了，失去後退的條件，連逃跑也變成不可能。

主動變被動只等挨打，溫習「金蟬脫殼」「壁虎斷尾」之術，也許有啟發。閱讀偉人毛澤東的軍事理論《運動戰》，也許會大大受益，以提高揉手水準。

今天將揉手制勝的重要理論公諸於世，奉獻於天下拳友，請把握運用「改變自身重心狀態」這個立於不敗之地的法寶。現在說起來，練出功夫來是比較容易的事情，經常演練熟能生巧，沒有不成功的。

筆者過去的理念是改變對方的重心狀態，屢屢「頂牛」，後來在自己身上、在重心上找問題，終於破解自身的問題。希望同道試驗、應用，更加完美、完善揉手的這一重要理論。

太極文化和文化太極

太極文化和文化太極，是一個層面上的同一事物的兩個方面。

筆者的太極拳理論專著《太極內功解秘》，由原中國武協主席、中國武術院院長徐才先生作序《弘揚太極文化》，徐公寫道：「我把武術太極拳看做是一個文化性的事業。發展武術太極拳是弘揚中華民族優秀傳統文化的一個壯舉。武術太極拳作為傳統文化的一個組成部分，涵蓋著中國古典的哲學、美學、倫理學、兵法學、中醫學等博大文化的內容。習練武術（太極拳）不只可以健身強體，而且會受到中國傳統文化的感染和薰陶。看到海內外朋友在習武練拳時，從一招一式體會陰陽太極之理，品味養生處世之道，真可謂是一個絕好的中國傳統文化課。優秀的傳統文化需要通過一個載體去傳播的，武術太極拳就是一個文化傳播的載體。」

教授太極拳，不是單單教拳套路，而應抱著傳播太極文化的理念，如果只是乾巴巴教授一套拳架子，沒有文化內涵還是博大精深的太極拳嗎？練體操領操員的領操口領一、二、三、四……練操者隨著口令手腳機械地伸展和收縮，雖然手腳在動，但手和腳並不是一個整體運動，而太極拳也如此動作，無異於練太極操。體操是體操，太極拳是太極拳，同是肢體在動，但其品質和效益是截然不同的。

太極拳從誕生至今，隨著中華文明的發展而日臻完

善，如果從唐代李道子的太極拳理論《授秘歌》計算，也有千餘年的發展史。至清代太極拳汲取拳理走上鼎盛時期，太極文化也隨著中華文明的發展從山野農村走向京都，進而越過長江，衝出亞洲，走向世界。

　　吳圖南先生說得好，他說：「（太極拳）科學化，群起研究，互相探討。成為真善美的體育活動，推而廣之。漸及於全世界，全人群，豈不偉歟！」這就顯示了太極文化的魅力。

　　文化太極決不是乾巴巴練一套拳架子。太極拳有她豐富的文化內涵。文化太極的內涵諸如陰陽變化，舉動輕靈，上下相隨，內外相合，虛實變換，用意不用勁，妙手空空……修煉太極拳不是靠老師教，老師只能教會學生練拳架套路，所謂入門引路啟蒙。內功修煉靠學練者對太極拳的認識和理解去悟，悟得是自己的功夫。怎麼去悟呢？由「著熟」而「漸悟懂勁」，由「懂勁而階及神明」，修煉者的「著熟」很重要。

　　先賢也提倡悟，從哪方面去悟呢？筆者在多年的太極拳修煉中，體驗出從道法、心法、拳法等三個方面去悟，是進入太極拳內功的準確途徑。

道　法：

　　太極拳運動從唐代李道子的《授秘歌》計算走過千餘年的歷程，到晚清發展到鼎盛時期。陳鑫、宋書銘兩位先賢是清末民初跨朝代的太極大師、太極拳理論家。他們的拳論字字珠璣，膾炙人口，像「掤捋擠按世間稀，十個藝人十不知。果能粘連黏隨字，得其懷中不支離」「輕靈活潑求懂勁，陰陽既濟無滯病」「無形無象，全體透空」

「萬象包羅易理中」（宋書銘）。

「渾然無跡，妙手空空」「一引一進，奇正相生」「柔中富剛，人所難防」「每日細玩太極圖，一開一合在吾身」「返真歸樸後，就是活神仙」「其大無外，其小無內」「秀若處女，不可帶張狂氣，一片幽閒之神，盡顯大雅風規。」（陳鑫）

研究拳理是每位深研者責無旁貸的神聖職責。陳鑫大師在學拳須知中，提到學拳先學讀書，書理明白，學拳就容易了。可見學拳明理多麼重要。

心　法：

學練太極拳要有一個平和的心態，不能這山望那山高，想經絡想血道，想這想那什麼拳也練不好。請重溫金庸先生關於習練太極拳的心法。

金庸先生在吳公澡《太極拳講義》的「跋」中寫道：練太極拳，練的主要不是拳腳功夫，而是頭腦中、心靈中的功夫。如果說以智勝力，恐怕還是說得淺了，最高境界的太極拳，甚至不求發展頭腦中的「智」，而是修養一種沖淡平和的人生境界，不是以柔克剛，而是根本不求「克」。腦中時時存著一個克敵對手的念頭，恐怕練不到太極拳的上乘境界，甚至於，存著一個練到「上乘境界的念頭」去練拳，也就不能達到這個境界吧。

沒有平和安靜的心態，要想練好太極拳是困難的，所以，我們提到「和諧太極」這是太極文化的特性。

拳　法：

練太極拳要改變思維改變觀念。以常人的思維、以常人的觀念很難領悟到太極拳的特性，通俗點說，要逆向思

維，才能練好太極拳。

太極拳有自身的運動規律和運行軌跡，人類有人類的運動規律和運行軌跡。因為人類的主觀主動隨時表露出來，這種主觀和主動是人類習慣性的生活規律。人類活動跟太極拳活動是不相融的。要習練太極拳，人類要放棄固有的運動規律和運行軌跡，服從於太極拳的運動規律和運行軌跡，不能主觀主動。行功練拳應運用減法，被動練。一句話，讓太極拳練你，不是你去練太極拳。自然減法被動練拳並不複雜，操作並不麻煩。

筆者有「三動三不動」一文在《太極內功解秘》一書中。練拳修煉中，手動腳不動，手的動作越少、越小方可體驗到太極拳的真諦，有「太極不用手，手到不要走」「太極無手」之說。筆者主張「大動不如小動，小動不如微動，微動不如不動」。「不動」是最高境界。

主動主觀永遠練不好太極拳。自然減法、被動習練太極拳是太極文化之特性，也是「不二法門」的自我最佳訓練法。

以上是筆者對太極文化、文化太極的體驗，和拳友共同研究共同提高。因為提高太極水準不是一家一戶一個人的事情，要提高整體太極拳水準，眾人拾柴火焰高，就是這個理。

有人詢問如何提高整體太極拳水準。練拳時每動先鬆腳，有人鬆腳練之後，感覺周身很舒服；常練推手的朋友，鬆腳推手，腳下樁功牢固了，勝算幾率多於失敗。這種現象是不是整體水準提高了，我看可以這麼說，這是自然太極拳家的貢獻。還是老話，一家一戶幾個人去努力遠

遠不夠，筆者認為各家各派摒棄私心，團結一致，取長補短，共同努力，為推廣傳播中國太極拳才是個辦法。

筆者相信總會有一天有一項大型活動，太極拳的演示表演，不提什麼式，以自然引出傳統太極拳的示範團演，這一天也許我們能等到。

自然太極拳理念
——和諧太極，以文會友，忠實繼承，科學發展

自然太極拳理念是「文化太極」的重要組成部分。

和諧太極的反面是劍拔弩張、出手傷人。國家套路比傳統太極拳傳播得好。他們不求張家李家，而求群眾性，「全民健身」，統一教學，統一教練，統一教材，統一掛圖，統一音樂，不分國籍，不分地域，音樂一響，大家一個拍節練起來。我們傳統太極拳習練者人少形單，張派李家，甚者互相指責，打口水仗，如此影響交流，難以切磋，提高有難度。

在自然太極拳第二屆年會上，根據傳統太極拳的特性，經過研究確認，我們的理念：和諧太極，以文會友，忠實繼承，科學發展。這個理念文明、務實，符合傳統武術道德。

(一) 和諧太極

太極拳屬於武術，但她保持著自己的鮮明特性。傳統太極拳的特性是陰陽變化，舉動輕靈，內外相合，上下相隨，用意，不要用勁等。太極拳的特性是一種文化精神，

是太極文化的形態，從科學、美學、哲學視角看，太極拳是「其大無外，其小無內」，是「返真歸樸後就是活神仙」，儘是「大雅風規」。

21世紀是保健、養生的世紀，各國太極拳習練者也逐漸認識到太極養生的重要性。世界武聯將每年的五月定為「太極拳月」，這一決定絕不是以技擊、搏鬥為優選點。太極拳的魅力，是她那輕柔的動作，流暢的弧形線路，自然和諧，上下相隨，行雲流水般緩慢均勻，似詩，似畫，陰陽變化中的動態藝術之美，以及她那深邃的文化內涵。太極拳整體形態自然和諧，給人一種精神上的享受。

習練太極拳是文化的、哲學的、美學的、科學的體驗。自然是美的，和諧是真善美的。練拳、揉手，陳鑫教旨：秀若處女，不可帶張狂氣，一片幽閒之神，儘是大雅風規。這種說法，是沖淡平和的心態，是安靜、安舒的心神境界，不是搏擊對抗的一片幽閒之神，而是陰陽變化中動態藝術的大雅風規。不是導演、演員、服裝、佈景、音樂的綜合藝術演示，而是在陰陽變化中的陰隱陽顯，在自然狀態下的陰陽變化，是太極文化的展現。

對待傳統太極拳要從文化視角去認識她，這樣內心充滿和諧，習練時舉手投足，不可主觀主動，以被動減法行功為佳，以審美體驗，不是主動煉練，是拳練你。食指梢輕輕扶著套路路線，如此很舒服，周身輕爽。美啊，太極拳！

(二) 以文會友

武術人常說一句話：以武會友。武術人以武會友沒有

錯，這是在武的層面上說話。武術人比武打擂都很正常，而自然太極拳理論尊道家文化尊老莊哲學孔孟之道，我們提倡養生之道。

提到傳統太極拳，我們都在說：「太極拳是中華民族珍貴的文化遺產。」太極拳理源於老莊哲學，孔子說：「君子以文會友，以友輔仁」，孔子還提倡「溫、良、恭、儉、讓」。

《太極拳論》通篇講的都是拳理，傳的是道。我們的先哲一向傳道不傳藝。京城太極拳鬆空藝術家楊禹廷大師教育我們「打拳打個理」。學太極拳十分重視理論學習和研究，著書立說先從拳理做起，所以1997年起，首先完成太極拳理論專著《太極解秘十三篇》。

陳鑫大師在教學中首先提到「學太極拳先學讀書。書理明白，學拳自然容易」。讀書明理這是最為樸素的道理。練武人「以武會友」，似乎順理成章，可是武不善作，劍拔弩張，擰眉立目，不是人類的正常活動。請看武俠小說打打殺殺，代代復仇何時了。和諧相處解決一切，這是處理一切事物的準則。我們練武之人，不能違背三豐祖師「技藝之末」遺訓，提高技藝和以文會友相輔相成不是一對矛盾。

相互交流，切磋技藝的基礎是「以文會友」，絕對不是你打我一拳，我踢你一腿。筆者學拳時，在老拳師面前練一遍拳後，規規矩矩站立在老師面前，恭恭敬敬說：「老師您給我說說。」於是，老師發話，給你說拳中的道理，不是點撥你的動作，而是啟發你從拳理中去改變思路，不是以肢體去「一二三四，五六七八」。

以文會友是大道。因為以文會友傳的是拳學，講的是拳道，是思維的改變，讀書明理方得道。

以文會友是改變自己，是諒解，是友好，是友善，是微笑。

（三）忠實繼承

對於傳統技藝，我們常說「繼承發展」，怎樣繼承，如何發展？需要認真對待，我們練家要從本始上選擇，先繼承爾後發展。

怎樣繼承，我們首先要忠實。忠實於太極拳，忠實於太極拳先賢拳理，這是我們必經的切入點。忠實繼承，繼承什麼？繼承前輩先賢的拳理、拳法。

楊露禪的老師陳長興被人美稱為「牌位先生」，聽聽老爺子是怎麼說的，他說「千變萬化，無往非勁。相連而為一也，破之而不開，撞之而不散」。楊露禪的「站住中定往外打」這是中正安舒，是「牌位」，是忠實繼承，所以方可破之而不開，撞之而不散。這是以「無往非勁」為前提的，結果在太極拳發展史上，出現了一位「楊無敵」。而後因為缺少無往非勁的「破之而不開，撞之而不散」的忠實繼承，就沒有再出現第二位「楊無敵」。

「繼承」二字掛在嘴邊上是比較容易的，光在嘴邊說說，「繼承」二字是空談。

吳圖南大師說：「練拳的人眾多，成功者『萬里挑一』。」北京圈內人說：「練拳人多如牛毛，功成者鳳毛麟角。」為什麼？原因是沒有忠實繼承。

有人讓你注意他入了什麼門，入了門很可驕傲，但請

問老師的拳藝把握了嗎？內功入門了嗎？所以我們提倡忠實繼承，忠實是忠於太極拳拳理，在認識再認識的基礎上，理解再理解。過去有一句話「忠不忠看行動」。你練拳周身上下亂晃動，牌位了嗎？出手拙力，你舉動輕靈了嗎？一動雙手雙腳同時用力，你陰陽變化了嗎？不要八方線，你中正安舒了嗎？

……沒有忠誠便沒有繼承，沒有繼承，練多少年也沒用！吳圖南老爺子有句名言「脫胎換骨，百折不回」。沒有唐僧取經的堅韌，難以功成！太極拳修為到極致，「越小小到沒圈時，方歸太極真神妙！」（陳鑫）。

（四）科學發展

上世紀30年代，太極拳家吳圖南大師有《科學化的國術太極拳》一書問世。在書中以仁愛之心對太極拳愛好者「好學，不得其門者」給以幫助指導，宣導普及太極拳用科學方法，外增體力，內固精神，強族強種，衛身衛國。於太極拳訓練，諸如生理衛生、時間安排以及場地，強調科學化的嚴格管理。

大師為後學者設計普及太極拳科學化的習練，擺在我們面前的是在忠實繼承的基石上科學發展。在科學發展的過程中，我們選擇太極拳的本始作為切入點。太極拳的本始是王宗岳「陰陽為母，動靜之機也，陰不離陽，陽不離陰，陰陽相濟」的教旨。這是我們的根本。

有人抱怨，「練來練去也練不好太極拳」，這是沒有抓住太極拳的根和太極拳的本。

有人說什麼「陰陽不科學，鬆緊容易練」。筆者說鬆

緊是平常人的理解，太極拳練家將修煉陰陽降低到鬆緊，是從修大道滾落入小道。《黃帝內經》將陰陽放在首位。「陰陽者，天地之道也，萬物之綱紀，變化之父母，生殺之本始，神明之府也」。鬆緊怎可替代！

太極拳科學發展，需要眾多的人去做很多事情。因為追求自然太極拳的人，是從內功的神秘中走出來去普及內功。上世紀百年太極沒有打破內功神秘化。本來太極拳很簡單，被人給搞複雜了。其實，博大精深是指改變自己難度大而言，改變練拳人的習慣和改變思維是要拿出毅力來的。

科學發展是去粗取精，刪繁就簡，其根在腳。自然太極拳從太極腳開始，打破神秘，使眾多的人把握內功。我們的根本是植在文化、哲學上的「學拳先學讀書」的道理。太極內功的基本功是破解行氣如九曲珠地放鬆腳（腳趾）、踝、膝、胯、腰、肩、肘、腕、手（手指）的九大關節。太極腳、太極手陰鬆陽鬆，靜鬆、動鬆，「三動三不動」，一舉動周身俱要輕靈的拳法等，是不用勁力的內功。

筆者的多部太極理論專著以及系列太極解密的影像製品，都是以科學發展為主旨的嘗試，意在習練自然太極拳從著熟為切入點，去探索把握拳的豐富的內涵。

事物總在變化和發展著，傳統太極拳也是如此，不發展將被淘汰。筆者年輕時，只知道太極拳名家的名字練拳的和不練拳的都耳熟能詳，北京的吳圖南、楊禹廷、崔毅士、汪永泉等，大師們付出心血代價，對拳都有發展。楊露禪學罷陳式發展為楊式，楊式的徒子徒孫又發展為鄭子

太極拳。崔老的孫輩仲三，發展為太極操，並立說有影像光碟，發展得很好。武式、孫式、吳式也是發展演變而來。只是聽說，未去調查，河南陳溝炮捶，發展為陳式太極拳，學生過億走向全世界等，都是科學發展的結果。

忠實繼承，科學發展，是練武人的神聖職責，也是高尚的武德。

楊禹廷百年太極的科學發展

京城太極拳家楊禹廷，被譽為「鬆空藝術大師」，他以八十多年的精力投入到太極拳教學研究之中，忠實繼承、科學發展，為太極拳事業全力以赴嘔心瀝血，耗盡精氣神，96歲（1982年11月）無疾而終。

楊老爺子是老北京，9歲習武。中華武術門派林立，拳種多多，靠近什麼學什麼。不要說9歲的孩童，成年人也不一定對武術門兒清，他學的玩藝多，見的也多。他九歲那年還是19世紀，光緒稱帝。那時候，西方列強有了槍炮和鋼甲炮艦，可是在咱們中國，刀槍劍等冷兵器仍然是國家的重要戰爭武器。北京是多個王朝的首都，所以武林高手成千上萬，各種拳及兵器都能見到學到。

楊禹廷老爺子在世時就是一部北京武術活的歷史、會說話的武術大百科全書。有人不明白的拳，問到老爺子沒有他不知道的，有習武的年輕人闖到楊老爺子家中，想挑個刺，他往堂屋一站，楊老爺子便說，你是練什麼什麼拳的，你老師×××身體好嗎，日子過得去嗎？你師爺×××還活著嗎？接著能將他老師的「過五關」故事說

上幾句。再看來挑刺的年輕人，那股趾高氣揚的勁頭沒有了，忙作揖鞠躬口稱：「楊老師，您別見怪，您別見怪。」給楊老爺子磕一個頭站起身走了。

楊禹廷自幼沒離開北京，有人說他離開過北京，那是妄說胡造，在北京城的圈子裏名聲最盛、有口皆碑的是他那高尚的武德，背後總是人家好，從不許子弟對別的老師有微詞貶語。

楊禹廷是20世紀令武術人折服的武術家。他的太極內功極佳，全體透空，周身就是一個鬆體的空體人。晚年他坐在椅子上就是一位普通老人，如果你注意看他，他就似一個人影，使你不敢貿然去碰他。他9歲拜師學藝，先後學練過回漢兩門彈腿、少林拳、黑虎拳、形意拳、八卦掌等拳術。提到兵器，楊禹廷諳熟刀、劍、斧、鉤、鐺等短兵器，老爺子的武術絕活很多，什麼長槍、大刀、戟、棍、三節棍等長兵器也下過一番苦工夫。凡武林人士不會練的，沒有見過的兵器，只要到楊老師家登門求教，他都可以講清楚兵器的名稱練法，哪朝哪代，什麼人擅長此兵器。太極拳黏杆是太極鬆柔、鬆空、鬆無內功之集大成。

楊老師親口對筆者說過，他練黏杆，左手練三年，右手練三年，不達到精益求精不肯罷手。他跟筆者說這話時老人家已九十高齡，他不無遺憾地說：「若退四十年，我要將杆的用法傳給你。」聽了老師這一番話，心裏別有一番滋味。老爺子黏杆筆者沒有眼福，他拿一把摺扇，筆者伸手搶他的扇子，被粘住動彈不得，腳上似站在一個活動的軸上。

20世紀初青年楊禹廷拜在太極拳大家王茂齋門下，成

為吳鑑泉大師的師侄。從此楊禹廷不二法門，過去學過的一概收山，專攻吳式太極拳。青年楊禹廷對太極拳情有獨鍾，進入太極拳領域便讀懂了太極拳。他忠實繼承，又以極大的熱情和對太極拳的理解創新和發展。

豎看傳統太極拳發展史，全佑在清朝神機營當差時，因為是保衛皇宮的職責跟隨楊露蟬學武藝，楊總教練看全佑是塊練武的材料。全佑為人老誠，當差忠於職守，學拳習武踏實，一招一式從不馬虎，不怕苦，對老師十分盡孝，言聽計從全無異形，深受露禪教總心歡，感其誠懇篤實，將武藝盡相傳授，令拜其子班侯為師，可以說全佑之武功盡得楊氏父子真傳。

全佑能在班侯的嚴厲教導下練出功夫，沒有驚人的毅力，沒有常人難以忍受的禁打，沒有超出常人的忍耐力是難以功成的。相反，全佑對自己的大弟子王茂齋，對兒子鑑泉教學授課沒有使用班侯老師以打授拳的方法，後來全佑鑑泉父子發展了所學，創立了吳式太極拳，全佑是吳式太極拳的開山鼻祖。

楊禹廷的成功得益於他九歲習武的幼功，也就是武術圈常說的童子功，還有他扎實的少林功夫，彈腿的功底以及八卦掌的腳下功夫。他家中有劍功的拳照，右腿承擔重心，左腿左側平起，右手持劍，劍尖直指青天，中正安舒，頂上虛靈。六七十歲功夫不減當年，可見功底扎實。楊禹廷學武頑強，狠下工夫，他每天清晨四點鐘起床爬城牆出城到勁松的松林南端練功，無獨有偶，馬連良（京劇表演藝術家）在松林北邊喊嗓子，兩位大師一年如一日，寒暑不輟，風雨無阻，令人敬佩。

楊禹廷本人練功刻苦努力是主觀努力，武術成才從來沒有聽說過什麼「自研而得」「無師自通」「一看就會」。沒有明師的指點傳授也難以達到神明境界。楊禹廷為人乖巧，不善言語，在恩師面前小心謹慎，虛心好學，深得師叔吳鑑泉的喜愛，時常將鬆柔功夫傳授給楊禹廷，爺倆關係親近。

　　1928年吳鑑泉離開北平南下上海，在滬傳功授課，後來有「南吳北王」之讚譽。楊禹廷去車站送行，爺倆分手何日相見難以預卜，鑑泉仰面躺在臥鋪上，令師侄以手掌從後腦順勢從上摸到腳。禹廷以右手插入，從上順其背往下運動，一路暢通無阻，只見鑑泉大師全身上浮有一拳高。令人驚歎！這件事是楊老爺子親口所講，老爺子為人正直，是有社會責任心的人，從不閒聊調侃，他講到鑑泉周身飄浮的功夫筆者深信不疑。

　　傳統武術講究繼承和發展，反對只講繼承，跟著老師走路，一個腳印也不敢邁錯。老爺子不同意沒有繼承憑空發展，有的人太極拳沒有練好，根本不知陰陽，忘記了太極拳陰陽為母的本始，就說陰陽太繁瑣以鬆緊代之。

　　楊禹廷的大弟子王培生說：「沒有陰陽就不是太極拳。」楊禹廷晚年給筆者說拳，「太極拳就是一陰一陽」，教學說拳，言必提陰陽。

　　上世紀60年代末70年代初，筆者在故宮東闕門外東牆下追隨老爺子多年，以後又提出到他家中學拳，楊老爺子同意了筆者的要求，但有兩個條件：一不許到公園亂跑瞎撲，二不許推手。在老爺子逝世前，始終承諾筆者的諾言。

在老爺子身邊熟了，也提些練拳中不懂的事情。問老爺子：「聽說太極拳有練功架、快架、用架什麼的。」老爺子並不說快架、用架不對，很平和地說：「人家有快架，用架是人家的事，少去打聽，老師沒說，我也沒見過。咱們的拳152張拳照152個樁，還不夠你練的，能把咱這套拳練好就不錯了。」

楊老爺子從來不讓筆者練這練那，高興了說他自己年輕時，一天最少練六遍拳，正（向東）反（向西），左單手右單手，無手正反，這六趟拳打下來少說也要三五個小時。老爺子年輕時出德勝門到土城去練拳，走在田梗上摟膝拗步，回來倒攆猴，這絕不是老爺子侈談，功夫之深可以想像。

筆者還問老爺子，練拳時要不要走經絡、穴位，老爺子說：「老師沒說。話說回來，你練拳明白點經絡、穴位沒壞處。」在老師跟前學拳，他老人家高興時，跟老爺子打四手（我們稱為打輪）、搭手像個醉漢，腳底下拌蒜站不穩，手上摸不著，追不上，胸口窩發堵……練的時間多了，老爺子合眼，此時知道他累了，要閉目養神。久跟恩師對老爺子有所瞭解，知道自己問多了，打擾老師安靜。

跟隨楊禹廷學拳十幾年，可以坦然的說，楊老爺子是一本書，我瞭解了老師、認識了老師、理解了老師、讀懂了老師。

楊禹廷大師是上世紀百年太極的繼承人，是太極教學的改革家、創新家、承上啟下發展傳統太極拳的傳播者、領軍人物。太極拳原本科學、很簡單，被人為地搞複雜了，為了恢復太極拳的本來面目，楊老師從來不說玄，不

傳奧，不去理會神秘難懂的名詞、術語。他教學說拳簡單
又簡單，一句話一個拳法，一個拳理，剔透明瞭，深入人
心。

楊禹廷大師以身作則，將自己修煉成鬆空之體，以周
身鬆空說話，又不去打人叫橫。他對太極的貢獻歸納如
下：(1) 清楚明白腳下和身形的方位和練拳人的方向，為
安舒中正教學奠定了基礎，創造八方線圖。

(2) 從上世紀20年代寫出教學講義，統一了教學，規
範拳式，統一了動作。

(3) 食指輕扶，行走於套路運行路線，練中退去本
力，內功上身。

(4) 陰陽動教學。

(5) 減法教學，變換重心先減後加。

(6) 聽勁教學法。

(一) 八方線

過去教學，學習者今天右腳朝前下次右腳朝西南……
青年楊禹廷在太極教學活動中，覺得用口傳心授的老辦
法，憑學員的靈氣，很難統一教學進度，學員們當時跟老
師學練，前排的學員似乎明白了，後排學員半個明白，隔
天來上課又忘記了。他經過調查，學員最大的不明白是腳
型、腳的方位，以及練拳人的方向。他在教學實踐中進行
一系列的創新和發展，並制定教具圖解：八方線。

為了解決學員準確把握方向方位的問題，將八門即
東、西、南、北（四正），東北、西北、西南、東南（四
隅）四正四隅的方形圖外接圓，將方形圖變成圓形圖。

此圖立體直觀，立柱式身形，實腳在中心點上，學員方位方向清楚明白，合理利用空間。在拳套路中八方線無處不在。學員看圖練拳，前進、後退、左顧、右盼，心中有數，腳下有分寸，好學好記，一目了然。

八方線圖

（二）教學講義

上世紀20年代，楊禹廷為了進一步改變學生死記硬背的教學方法，寫出一份《太極拳講義》，從此結束了幾代人「口傳心授」的教學法，學武也有了教材。薄薄的《太極拳講義》是20世紀太極拳的重大改革和創新，在講義的基礎上，於60年代出版了《太極拳運動解說》（附152幅拳照），使太極拳學員有了一份真真切切、實實在在的教材。從此統一了教學，統一了拳式動作，使太極拳教學走向規範化、科學化的道路。

（三）食指輕扶

為了使學員自然用意、不用力練拳，行功時起碼不用拙力，楊老師要求學員周身放鬆，腳下平鬆落地不踩地，手上不著力。要求學員空鬆兩手，實手的食指輕輕扶著套路路線，也稱輕扶八方線。這樣練拳易於放鬆周身大關節和小關節，練中漸漸退去本力、拙力，為內功上身找到一

條通道。

(四) 陰陽動教學

將他的定型拳架的每個拳式分陰陽，83式分為326動，168個陰動，168個陽動。單動為陰，雙動為陽，以雙數定位。如單鞭2動，攬雀尾8動……單動的起點是雙動的止點，雙動的起點是單動的止點，陰陽變轉，易於把握。

以單腿支撐重心把握陰陽，重心腿要實足，以大腿支撐全身重量，免去膝關節過分支撐全身重量而受傷。腳下把握陰陽，陰動左腳重心，左後下，意識由左實腳腳大趾依次到腳小趾，然後由腳外延到腳後跟往下；右腳重心從右大趾逐一到小趾再外延到腳後跟，繼續意往下。陽動從腳後跟往前舒展。這種陰陽變動修煉，內功易於上身。陰動陽動在周身的反應，陰動收斂入骨，即汗毛、皮、肉、筋骨，全身收在腳下，局部的指、臂、腿從毛皮肉筋收往骨裏。陽動周身往外舒展。

(五) 減法教學

在教授拳套路與實際應用時，楊老師說：「咱們這套拳就是一陰一陽兩個動作，一通百通。」326動只練兩個動作，減去了324動，減法教學，這是過去所沒有的。筆者在老師家的九個年頭，主課專攻太極起勢（4動）的1、2兩個動作，打下了牢固的內功基礎。

在左右腿變換重心時，不是左右挪胯而是先減實腿的力，虛腿不著力漸漸由虛變實。先減後加變換重心的教學

法，從根本上改革了先加後減的左右胯橫移。先減後加跟人類走路一樣自然，操作中不要有向前的動意，也易於修為太極腳功夫。

（六）聽勁教學

老爺子過去在中山公園十字亭教學，領著大家練拳，在亭子裏休息時，跟著老師學拳時間長的學員時常聽老爺子的勁，以加深對太極拳內功在身體中的反映的認識。

什麼是聽勁，以指尖的觸覺神經觸摸老師身上的某個部位，以手輕輕扶著你要瞭解的部位，如練習腰聽腰，鬆肩聽肩，以手梢的觸覺神經去「聽」老師部位的變化，從中體會太極拳鬆空內功的來龍去脈。

筆者跟老爺子學太極拳，從腳往上到頂，聽勁遍全身，使我在短時間內把握了太極內功。相反，學練傳統太極拳不去聽老師的勁，內功難以上身，永遠不知太極拳的韻味和味道。所以，在全身允許學生聽勁，也是一種功德。

20世紀百年太極，楊禹廷以創新、改革的思路，改變了太極教學。使複雜的、玄奧的、神秘的、說不清道不明的傳統太極拳教學走向規範化、科學化，為渴求得到內功的朋友和後學開闢了一條可以達到太極神明境界的通途。

向拳友和後學介紹楊禹廷老爺子傳功科學教學法，願與傳統太極拳修為者共勉！楊老爺子健在時，曾送我一套他的拳照，約152幅。此152幅拳照，發表在他的「講義」上。我問老爺子能否將這些拳照印出去讓更多的人看時，楊老爺子點頭，囑咐：「好是好，不要耽誤人家的功夫。」筆者在此選了35幅拳照介紹給讀者。

太極推手

　　太極推手是太極拳體用結合的一項十分重要的運用，太極推手訓練是太極拳體用結合的周身全體內外雙修的功夫。體和用是太極拳拳理拳法的練體和實戰應用拳法的兩個方面。拳的體用是知己功夫和知人功夫的拳理和實踐運用的巧妙結合。

　　太極推手運動有競爭性、實用性和趣味性。這項運動，群眾基礎很好，眾多武術愛好者上班前下班後，志同道合者湊在一起習練，漸漸將「太極」二字丟開，見面便說：「推推。」這是一次受到群眾支持和廣泛參加的十分令人快樂的武術體育、健體強身的運動，是符合國家推行的「全民健身計畫」的群眾性自娛自樂的體育文化活動。

　　太極推手，不是太極拳的打法，或者說推手不是太極拳唯一的打法，它是太極拳的一種技藝，是對學習者的一種訓練方法。旨在訓練太極拳習練者的掤、捋、擠、按、採、挒、肘、靠八法的技藝。

　　太極拳訓練，日復一日的修煉，練來練去練什麼呢？修什麼呢？修得周身上下、內外、曲伸、往復、折疊、轉換，從始至終修的是八門五步十三勢，即四正：東、西、南、北；四隅：東北、西北、東南、西南；五步：前進、後退、左顧、右盼、中定。在八門五步十三勢中修得輕靈

圓活、懂勁直至最高層次的神明境界。

在明師指導下，兩個人進行四正單手平圓、單手立圓、二人四隅的訓練，單手立圓，指褡插肋，進而習練二人掤、捋、擠、按打四手。無論單手還是四手都要按八門五步十三勢走圓，求輕靈圓活、不丟不頂。準確做到輕靈圓活、不丟不頂是很困難的，此內功也不是在短時間內可以上身的。

祖傳語：「太極十年不出門。」楊禹廷老爺子時常說，太極功夫在拳裏，不要去推手，要循規蹈矩練拳。初入拳場，主要是練拳，學練太極拳是主課，以後我們要專題講述，不多贅言。

二人訓練推手在掤、捋、擠、按、採、挒、肘、靠中，一來一往的修煉。修什麼呢？觸覺神經，訓練以接觸點審敵聽勁。推手熟練後，還有更深層次的爛採花、大捋、活步大捋等難度極高的技藝。

太極推手不是力氣活，也不是玩技巧，推手是太極內功的釋放和展現。是不是在公園經常看到推手呢？公園裏的太極推手群落中，有的是一般水準的太極推手，有的推手不能冠以「太極」二字，只能是推手，這類推手是力和技巧的較量，跟太極內功推手毫不沾邊。這類推手，練不練太極拳都可以進行練習。這種推手也可稱為自娛自樂推手，此文對這類推手要多施以筆墨。

自娛自樂推手

自娛自樂推手即為群眾性推手活動。自從原國家體委

將太極推手列入競賽項目以後，很受群眾喜愛，推手活動開展得有聲有色，在全民健身中被列為重要的群眾健身計畫。不管練不練拳，三人一群五人一夥，上班前下班後推上個把鐘頭後，周身上下，從裏及表很舒服，特別是冬天，兩個人推來推去推一身汗，大病不侵，小病不犯，十分快樂，一天要是不推渾身不得勁。人們從早到晚工作，勞動一天，身體僵緊，想放鬆一下。這時找一位志同道合者，雙手相接，一來一往，互相推揉，你拉我扯，心中有種難以言表的愉悅，極有趣味性。推手成為每天的必修課，這種自娛自樂推手何樂而不為？

這項推手活動沒有太多規則，不循什麼功法，只要雙方站正，步大步小也不計較。對方推來你千方百計站穩，只要自己心態平靜不會被對方推得東倒西歪，在身心得到健康的同時，也可以提高技巧，日久大腦和內心深處會產生一種依賴性和「癮」。有人再找你搓麻或進行無意義的活動，你會本能地產生一種心理拒絕的反應。

推手走向家庭鄰里

自娛自樂推手是遊戲，是大人的玩藝，不受場地、時間限制，有時間多玩沒時間不玩。自娛自樂推手是安全的。幾個人紮堆推手，能增進友誼，構建和諧，促進團結。

這項簡便易練的體育活動最好能夠進入家庭鄰里，兄弟姐妹、夫妻、公婆、父子、母女、街坊鄰里，在茶餘飯後，只需一米見方的臥牛之地即可進行，在客廳，勁大一

點，倒在沙發上，在臥室扔在軟床上，大家哈哈大笑，只有快樂沒有危險！此舉大大豐富家庭鄰里間的安全文化體育活動，增強民族體質，健康活潑，使人身心愉快。這項初級，也是普及級推手活動，和睦家庭，增進鄰里間的友情，是好得很的文化體育活動。

人類活動從來都在不斷前進、不斷創新中求發展，體育活動也是如此。推手時間長了，心裏總想著提高一步，跨入太極推手的領域裏。這種想法很好，但談何容易，首先要學練太極拳。

傳統太極拳有陳、楊、武、吳、孫五大派，還有在群眾中推廣的國家編排套路。若想練太極拳，要先去從理論上認識太極拳，從實踐中看看人家練習的各式名目繁多的太極拳、傳統太極拳，哪一式符合你的思路，你的身體健康狀態練什麼式的拳最合適。

筆者要提醒想提高、深研太極拳的朋友，你首先要有充分的心理準備，擠出時間天天練，互相學習，互相幫助，沒結沒完。用京城學者太極拳家吳圖南大師的話說，要有「百折不撓的毅力，脫胎換骨的精神」。筆者在《太極解秘十三篇》中有「人體結構變化」一節。瞭解這些以後，知道深入研習太極拳的難度以後，是否還會往前邁這艱難的一步呢？要三思而行。

如果你決心似鐵，一心要提高推手品質，找到適合你性格又能接受的一種拳，你就去練拳。但三年五載不要去推手。你要排除一切干擾，不顧一切的練拳，再練拳，業餘時間全部投入到拳場。

欲提高推手技藝，光練推手還不夠全面，聽聽太極大

師是怎麼說的。

一位楊式太極拳家說：「太極功夫在拳裏，推手推不出功夫。」楊禹廷大師說得更實在，他說：「太極功夫在拳裏邊，就是一陰一陽兩個動作，一通百通。」在進入深層次的太極拳道修煉之後，推手的名詞要改為揉手。為什麼？因為推手的推字容易給人用力推硬推之誤解，稱為揉手更符合太極拳「用意，不是用勁」「一舉動，周身俱要輕靈」之特性。

推手是柄雙刃劍

上文說到的普及級推手，是家庭、鄰里間娛樂性的活動，千萬不要認真。如果為了爭個高低上下，用力使勁，便失去群眾性自娛自樂活動的宗旨。

在太極拳圈子裏，「推手是柄雙刃劍」，很多人都知道這句話，意思是，推手者（包括技擊、散打）由於用力過猛，在打推對方的同時，自己也受到傷害。為什麼這麼說呢？這種傷害不是外來的打擊，因為自己出力打對方，亦受內傷，一次兩次不明顯，沒感覺，日久傷痛積累，影響健康。太極拳是武術，具備陰陽變動，一舉動，周身俱要輕靈，用意不是用勁，上下相隨，內外相合等諸多內涵，太極拳具有文化品格。

習練者涉足太極拳場習拳的第一課，老師們講的是透過太極拳習練修養道德，增強社會公德意識，以修身養性、增強體質為主。

練太極拳講究體用結合，但不去主動進攻他人，以保

健、養生、袪病、延壽為近求，不去侵擾他人。其實太極拳修煉以健體強身養生為主課，推手為輔。從拳式中規範，將拳盤練圓活且輕靈，練拳的過程是退去身上拙力本力的過程，經常循規蹈矩練拳，能漸漸從中體驗拳的內涵，每次練拳都有新的感覺。

前輩先賢代代相傳的像「一舉動，周身俱要輕靈」的拳訣，是我們後學的經典拳藝，照此行功周身的感覺不同，有一種異樣的感覺。嘗到「用意，不是用勁」的甜頭，老友們再叫去推手，就不會去摻和了。由精細地按規矩練拳，漸漸從身上體會到拙力漸漸退去，再讓他去跟不練拳的人推手，他會有一種不願用力推搡的抵制。

用力推手確實是柄雙刃劍，豎看歷史，橫看當代，有些武術名家早早離開人世，特別是打人名氣大、受人追捧的武術名家壽命都不長。

上世紀初生活在工業發展滯後遲緩的我國，沒什麼夜生活，有的名聲顯赫的拳家早亡，令人不解。後來知道了原因，他們超常訓練，武藝高強，手疾腿快，藝高膽大，出手制勝，遠近無敵，經常立於不敗。戰場俗語，「殺敵一萬，自損八千」，打人受傷，不是明傷而是暗傷，因為身體棒，經常與人搏擊，暗傷進身日積月累，一旦暗傷上到明處，已是病入要害難以恢復。我們再看看西方的搏擊，人到中年沙場馳騁二十年，退休下來，有人已經搖頭晃腦，不能將食物準確送入口中。

中華武術從古到今幾千年，先賢教育後學注意習武先修武德和社會公德。練武弘揚傳統武學，以文會友，不是打打殺殺以武力征服他派，而是旨在增強體質「強種強

國」。資深老一輩拳家都教育後學不要推手打人，三豐祖師遺論，「欲天下豪傑延年益壽，不徒作技藝之末也」；王宗岳先賢要求後學「捨己從人」，不爭不鬥，陰陽相濟，平和心態，養生為主。

瀋陽歸來話推手

最近應邀到瀋陽市講學，每天早晨學生陪同筆者到北陵公園晨練。北陵公園很大，在林間有小塊平整的操練場，塊塊相連，隱沒在林叢中間。

從南門進去遇見一位老拳人，姓侯名子美。老爺子是老八路，今年95歲，身板正，腰沒毛病，兩眼有神，面相和善，不掛老態龍鍾之相，看上去很精神，像七十歲左右，冬天在雪地翻滾，是一位健康老人。他練太極拳五十多年，喜推手，推了別人說：「是根棍。」被推出去，仰天大笑，心態很好，不重勝負，瀟灑人生。他這堆人旁站站，那邊看看，然後說一句「都是棍」。「棍」是指力大，身體僵緊，關節不鬆，與人較技，肢體碰撞，缺少太極陰陽變轉、舉動輕靈等內涵。

在太極拳場，推手者互相用力推拉，撕皮擄肉者，不是以太極拳的陰陽變化為指導思想。太極拳有豐富的內涵，諸如陰陽變動，舉動輕靈，用意，不是用勁；「千變萬化，無往非勁」（陳長興）；「陰不離陽，陽不離陰，陰陽相濟，捨己從人」（王宗岳）；「一舉動，周身俱要輕靈。由腳而腿而腰，總須完整一氣。一處有一處虛實，處處總此一虛實。周身節節貫串，勿令絲毫間斷耳」（武

禹襄）。先賢大師的拳訣是我們後學不斷努力追求和把握的太極拳精髓。

另外像「太極無手，周身處處皆是手」；「太極不用手，手到不要走」；「順人之勢，安舒中正」；「接手分清你和我，你我之間不混合」等推手精要，後學應在練中悟，悟中得。楊禹廷老爺子說推手「是玩藝」，玩藝是藝術。如此較技、推手，輕靈圓活，樂在其中，有益健康。

侯老爺子說的「棍兒」是指練拳推手用力的人。侯老有一手推手絕活，這絕活是拳友們公認的「三拍兩摩挲」。侯老對待邀請推手者，不計年齡，不管高矮胖瘦，來者不拒。搭手三拍兩摩挲，對方被拍打一二米外，或摩挲出去，沒有對手。

上次從北京來了一位某高校的太極拳家，在北陵公園教拳。侯老過去湊熱鬧，跟這位北京來的太極拳家推手交流拳技。一不留神被侯老拍了出去，二不留神，被摩挲滾地，三不留神……老爺子嘴中說著，「什麼家，也是根棍兒」，笑著揚長而去。

瀋陽學生福生，是當地太極八卦掌高手，是一位實踐豐富的八卦掌掌門人。出身武術世家的福生，尊家父囑學練傳統太極拳，他深研《太極內功解秘》理論，到北京找筆者拜師，學練鬆、空、虛、無太極內功。

過去他不是侯老爺子的對手。這次見到福生，侯老爺子跟我說：「他是根棍兒！」爺倆接手，老爺子招架不住了。筆者對福生說：「悠著點，老爺子受不了。」這時候老爺子已經向東北方向歪斜。福生住手，說：「老爺子可棒了，跟小夥子扛胳臂一個多小時也不停下。」侯老說：

「小樣，他鬆多了。」

跟老爺子告辭後，將出西門時，一位四十多歲穿練功服的漢子奔筆者走過來說：「老爺子，你是不是北京來的祝老師？」「是，是」，我忙過去跟他握手。他在當地練太極拳二十餘年，很有鑽研精神。他告訴筆者，買了我出的書、光碟，像「九鬆十要一虛靈」「三動三不動」等理論都會背。好像老朋友，向我提問說：「祝老師，我看你的書上很少說氣，請教你，氣沉丹田是怎麼回事。」

筆者很坦率地告訴他，有幾位老前輩提到過，「氣沉丹田」從字面好理解，將氣沉到丹田。怎麼沉法，前輩先賢沒有傳下來，也沒有詳實的資料。氣沉丹田也不是阿司匹林藥片，不分男女老少，用白開水一仰脖就送下去。多少萬年前，自有人類以來，人類靠氣生存下來。一部流傳幾千年的《黃帝內經》有數以千處提到氣。而氣分陰陽，氣沉丹田，是陰氣沉丹田，還是陽氣沉丹田？氣的學問太深太深，在沒有深入研修之前不敢說氣。

《十三勢歌訣》中關於氣，有「氣遍身軀不稍滯」之說。氣在人體內自然流動，幹嘛練武之人要氣沉丹田呢？不明氣的自然走向便沉丹田，恐氣害自己，所以幾十年來不敢說氣。主要是不明氣，不知氣，在不明不知的狀態下，對氣的學問很淺薄，怎麼敢輕易去指導別人呢？筆者認為，寫在紙上的東西要對己對人有責任心，自己不明白，人云亦云，要誤導他人出亂子。

筆者是孫氏弟子，孫氏家學提到丹田三不存，其中有「練氣不存氣」之說，所以筆者從不提氣沉丹田。這位瀋陽練家、東北漢子十分爽快，作揖告辭，連說：「謝謝指

教。謝謝指教！」便揚長而去。待出西門，想起要問對方姓名，早已看不到人影，十分遺憾！

　　每次去瀋陽都去北陵公園看望侯老爺子，他平易、友善、心態平和，從不爭強鬥狠，不以輸贏論成敗，勝也歡快敗也大笑，以和諧的心態對待拳、對待拳友，這也許是他近百歲長壽的秘訣。

　　祝福侯老爺子健康平安！

太 極 揉 手

太極先賢大師為我們後學留下了極為豐富的寶貴經驗，而最為彌足珍貴的是提到練拳過程中出現病手、劣技。諸如雙重之病，周身缺陷、凹凸、斷續之病，手上頂、偏、丟、抗之病，以及36病手中「推」字之病。

有病不治仍硬推，病入膏肓病將不可救藥，還深研什麼？欲避練太極拳過程中產生的病狀，故提出周身放鬆，提出太極揉手，以示拳友警世。

揉手命題

「太極揉手」是這冊太極拳理論專著的命題，但開篇先著筆墨述「太極推手」，為什麼？人類特別是男性喜搏擊拳腳，為了適應男性的剛強性格和鬥勝博武精神，筆者先介紹推手，給業餘時間不足又喜愛推手的朋友支招，為了健體強身無法深層次專修太極揉手者，可以去找志趣相投的朋友推手，夏季出透汗冬季周身熱，精神愉悅，身體健康，何樂而不為呢？

太極揉手修煉與勁力推手從本質上講大大不同。太極推手是在傳統太極拳多年盤架練拳的基礎上，初知或深知拳理拳法，有了紮實的基本功，對太極拳的掤、捋、擠、

按、採、挒、肘、靠八法有嚴格的訓練，對於前進、後退、左顧、右盼、中定太極功夫有一定的修為，諳熟八門五步十三勢的基本要領之後，老師才允許弟子去揉手。

當前，推手在社會上很盛行。太極拳推手有多種稱謂，諸如「打四手」「撾手」「打輪」（四正手）以及活步、大挒等。為什麼將推手改稱揉手呢？已故楊式太極拳家汪永泉大師在他的著作《楊式太極拳述真》一書中關於推手一節裏寫道：「揉手又名推手，為避免因『推手』而產生猛推硬揉之誤解，故在此引用前人『揉手』之稱謂。」

清末民初的太極拳家陳鑫在《撾手三十六病》中，鮮明地列出推字為病，在第十八病為「推」字，「是以手推過」之意。《現代漢語詞典》解，「推」字是「向外用力使物體或物體的某一部分順著用力的方向移動」。在上世紀初陳鑫向社會、向太極拳界發出「推是病手」的呼喊後，可是百年過去了，推手在武術圈子裏像雪球一般，越滾越大，最終被列入武術的競賽項目。

太極推手與推手本質不同

太極推手和推手有著本質的不同。太極推手應具有太極拳的特性，太極拳有哪些特性呢？諸如陰陽變化，舉動輕靈，上下相隨，內外相合，動分虛實，動靜開合，舒展自然，鬆柔圓活等，而太極拳及太極推手的重要標誌，是用意，不是用勁（武式太極拳家李亦畬先輩的《五字訣》「一曰心靜」）。沒有陰陽變動、用力、用拙力都有悖於

太極拳規範。而推手不同，可以勁推、力推，施以技巧。基於此，筆者於《武當》期刊2002年第1期上有《漫話推手規則》一文發表，現將此文附後：

漫話推手規則

筆者看過多次國內太極拳比賽，也聽到不少看此項比賽後的朋友議論紛紛。大多數認為，推手比賽失去太極拳的特點，而雙方用力推、推出場外為勝，用力者並不違則，敗者卻抱怨對方用力。但敗者須知，人家用力，你並未利用太極拳的陰陽變化空拿對方而被打出，怨也無用。故敗者常常自認身單力弱，對付此類比賽，只有回去練舉重、打沙袋，有力量之後再登賽台。

因此時難以找到公平合理的太極推手規則，所以勝敗皆不能妄加評論。是不是今後應制定兩個推手規則：一為「推手比賽」，允許用力。雙方選手可用技術、戰術，招數靈活，用力將對方推、摔、扔出場外而為取勝。二為冠以「太極」二字的「太極推手比賽」，應規定參賽選手必須由習練國家套路和傳統各式太極拳協會推薦。各路選手在報名表上詳細填寫從何師練何種太極拳，並演練9分鐘的太極拳套路。各種選手統一筆試。一、默寫王宗岳的《太極拳論》。二、筆答諸如陰陽變化、舉動輕靈、用意不用力等太極拳之特性。在規則上制定：手上推、頂、偏、丟、抗；身上缺陷、凹凸、斷續、衝撞，下肢跪膝使絆等，為違規扣分。用力蠻推犯規，第一次黃牌警告，第二次紅牌判罰下場，取消比賽資格。

為什麼要制定如此分類嚴格的兩種比賽規則呢？因為太極拳為內家拳，拳之特性為陰陽變化、虛實動靜、鬆柔開合、舉動輕靈、空鬆腰胯、安舒中正、手上虛靈等。行功盤架上下相隨（手腳說話）內外雙修。內修心、神、意氣安靜，外示周身上下乾淨。所謂乾淨，是身上手上陰陽、虛實、鬆柔，與本力乾乾淨淨不混合，意思是周身手腳鬆空。太極拳行功是陰陽變換中的鬆柔動態運行，如行雲流水，將拳走嚴盤圓。出手拙力生推硬操，不能顯示太極拳之特性，離開以上太極拳規範，很難確認為太極拳。不具備太極拳特性的，可以參加推手比賽，但不能參加太極拳推手比賽。如果在太極推手比賽場上出現拙力推操，大力士獲勝，那將是太極拳推手的悲哀。

自從有武術以來，武術分科、分項隨武術發展而發展著，這則推手規則並不為異，如果推手規則不變，推手比賽，冠名太極，必須有太極拳之特性。

寧波有一位青年，喜武，並與筆者通信，要求學練太極拳，並購得《太極解秘十三篇》勤奮閱讀，偶有通信往來。一位青年人，不去聽歌追星，欲習練傳統太極拳，真屬難能可貴。後來他給筆者來一封信，說觀看一次省級武術盛會賽，有太極推手比賽。寫到此口氣激憤，信中寫道：「如果太極推手用力蠻推，我不再學練太極拳了。」從此這位青年太極拳愛好者不再和筆者通信。一次不合太極拳特性規範的比賽，竟使一位青年人改變學練太極拳的初衷，甚為可惜！

為什麼棄推手稱謂改稱揉手呢？理論上推手為病，從

養生視角看，以力硬推蠻揉，有損身心健康，實不可取。從字面解，「推」字太霸氣，有爭強鬥狠之意；「推」字以力欺人，欠平和。「揉」字陰柔安靜，動作和緩心平氣和。太極拳提倡「極柔軟」，二人較技兩手相接，聰明的拳師以陰待陽，以靜制動，絕對不先發制人，盛氣凌人，也絕對不爭強鬥狠。一個「揉」字，使你善待對手，和他們切磋、交流拳藝，友好相處，增進友誼。

太極揉手不是太極拳的打法，或者解釋為不是太極拳的技擊法。由二人揉手，訓練太極拳人掤、捋、擠、按、採、挒、肘、靠等太極八法。訓練揉手的方法很多，如規範練拳，從輕扶中體驗用意，不用力。對待學生，最好先引導他們循規蹈矩，準確、到位、遵循八門五步十三勢認真修為拳架，不要過早習練揉手，也不准練拳不佳的學生到社會上去推手。

對於初學者不亂推手的道理要說深講透，楊式太極拳家楊振基先生說得好，「推手推不出功夫，太極功夫在拳裏」，是這個理。喜推手者，心散意亂，靜不下來難以悟道，半途而廢或一世盲練者，橫看周圍大有人在。

太極八法訓練

掤、捋、擠、按、採、挒、肘、靠等基本功，要靠循規蹈矩練太極拳而得。筆者說的練太極拳而得，和楊振基先生說的「太極功夫在拳裏」的練法相仿，絕對不是一般地練拳。而是遵照太極拳特性，將拳盤得輕靈圓活，這可不是一件易事，沒有幾年嚴格、規範的訓練不可能做到。

二人訓練揉手，有雙人左右單手揉手、雙人四正揉手、雙人四隅揉手，以及遠近距離的雙人揉手。

(一) 雙人左右單手揉手

甲乙兩人面對面站立，互伸右手或左手，雙方兩腕背相接，注意雙腕輕輕相接不可用力擠壓對方，意思是雙方接觸點擬接非接。坐、弓步，腳下虛實分清，甲為進攻方，由坐步過渡到弓步。弓坐步的虛實變化應先減後加，所謂先減，是實腿從10減為9、8、7、6、5、4、3、2、1、0，虛腿從0增為1、2、3、4、5、6、7、8、9、10。弓坐步虛實變化，這是規範，是內功上身的途徑，不要左右移胯。減法太極拳從腳下虛實變化開始。腳下虛實變化並不難，注意改變習慣便可以，走路先減後加，練拳一樣實變虛，虛腳變實腳，先減實腳，初始雖然會感到不習慣，但習慣後便成為自然。

左右移胯變化雙腿重心，小學生都會，那不是太極拳的虛實變化。雙方只能輕輕扶著，循運行路線而行功。攻方進，防方被動而隨。防方接手後保持不動、不丟、不頂，弓步變換坐步，行程長對方一倍，勝券在握。

攻防雙方互換，攻方主動進手，防方被動接手，做到彼不動己不動，隨著攻方進手退後，防方在攻方進攻時，勿與進攻方同步後退。雙方接觸後，接觸點不動、不丟、不頂。弓步變坐步，底盤牢固後，手、臂的動作方可實施退中含虛。注意，形退心腦不退，在退勢中，僅僅是前實腿漸變虛，後虛腿漸變實，是左右腿的虛實變化，不是形在進退，這很重要。

攻方將進攻實手由腕背接觸點變換為掌心向前運行向防方胸部攻擊。

防方接攻方來手，在雙方接觸點上意為似接非接不可出勁，不可用力抵住對方。而是隨對方來勢向胸攻來，防方化來手，意放在圈外，走外弧化險為安解困。

攻方防方一進一退變換陰陽，攻者陽，防者陰，雙方一定要如此訓練。攻防雙方不可用力。

攻防雙方身形始終要保持尾閭中正，頂上保持虛靈。周身保持輕靈，肩以下胯以上虛空的似燈籠。行功運用的力量僅保持在能將單手伸向對方，不可再加一兩的力。

怎樣檢查身形是否中正安舒？

(1) 雙方接觸手是否用力。如感覺腰不適，周身彆扭，肩臂酸痛，這個信號提示雙方已經用力了，迅速調整到「用意不用勁」的狀態。

(2) 經常訓練單掌揉手，雙腿變換重心靈活，冬季周身發熱，渾身舒服，像泡了熱水澡，肩、肘、手、腰、胯、膝、腳沒有酸痛感覺，雙腳也無踩地的壓力，這就證明你的功夫提高，拳法已大大進步。

(二) 雙人四正揉手

單掌揉手一段時間後，將進入四正揉手，四正為掤、捋、擠、按，訓練拳人審敵、聽勁，如化、拿、發、打，向懂勁的功夫問鼎。

【技法】

兩人面對面站立（攻方面北，防方面南），習練者雙腿一實一虛，為立柱式單腿重心。其根在腳，這是築基

功，每動實腳要鬆一次，按你對鬆腳的理解去鬆腳，不要有動作，是腳內的放鬆。注意保持身形的中正，如何保持身形中正呢？首先內外相合，心神意氣安舒才有可能外示中正。身形中正是太極拳拳學的首要條件和要求。

雙臂動作，攻防雙方均右手前掤，腕背相接。雙方左手（虛手）立掌互接對方肘部，一定看住對方肘的突然進攻。

【動作說明】

攻方進攻前進上掤，為陽，雙腿變換重心，左腿實變虛，右腿虛變實，從坐步過渡為弓步。規範腿的重心，實腿實足，虛腿虛淨。

防方遇攻方上掤，實腿由右弓步變換為左坐步。走捋勢，粘黏攻方之實手，右手食指尖向右上後方捋攻方之實手。與單手揉手腿變換重心的操作相同。因為在揉手中，腳下先變換重心，解危為安的同時，威脅對方重心的安全。

防方化解攻方上掤手，不是移動身形的化，而是在接觸點上的無形無象變化中的走開或空開進攻的點。攻方掤勢落空，右實手變換為虛手，不回撤；左虛手變為實手向防方胸部打擠勢，右腳實，為陽勢。

防方遇擠手下按，請注意要虛按，仍為陰勢。坐步，雙手下按，手上要輕靈空虛不著一絲一毫多餘之力，收胸窩虛按。實按是很危險的，可能被攻方擠出。

攻方的掤、捋、擠、按四正手到此已完成，向東北上方隅位逃手，由攻方變為防方。

防方接攻手後，由原防方變成攻方，左虛手變換為實

手向防方上掤，同時，左實腿逐漸由實變虛，右虛腿由虛變換為實腿，坐步變弓步。攻方變防方，從思想上不能有動意，要老老實實被動行功。即為「彼不動，我不動」，不可主動、妄動。

攻、防雙方互換，以訓練雙方陰陽變化、審敵聽勁的能力。攻方上掤弓步時，上左腿變坐步，防方打擠，攻方虛按，防方向西南上方逃手，攻方左手上掤，雙方手、腳虛實位置變換完畢。

(三) 雙人四隅揉手

四隅揉手，指太極八法的採、挒、肘、靠等後四手，因為後四手在東北、西北、東南、西南等四角，也就是八方線的隅線上。

攻方左手上掤攻來，防方向自己的左後上方採，化解掤勢落空，右實手變換為虛手，左虛手變實手，掌心向外，變立掌在右腕內側向防方胸部打擠。防方虛按，同時可向右後東北隅或向左後西南隅位虛按。

防方由弓步變轉為左腿坐步，左掌下按時，以食指向左前下方按（注意要虛按，實按敗勢）。弓坐步式仍然要做到中正安舒。

攻方右實手鬆虛，左掌粘黏防方右腕向左方下挒，右腿變實弓步，踏防方中門（踏中門，不是前腳進入對方襠下）。右肩斜靠防方胸部。

雙人揉手是藝術，一來一往是審美的、文化的、藝術的體驗，但最忌用力，最忌主動，用力加主動什麼體驗也沒有了。雙人揉手，都要記住太極拳的特性和要求，還要

記住揉手是藝術，只想揉手就不是揉力了。從腳到手要輕靈，關節節節貫串。鬆腳，腳趾的每個關節都要放鬆，有自爾騰虛的感覺，大關節鬆到手，每個關節鬆開也有虛靈的感覺。每個人將自己安排好，安排好就是規置好自己，從下往上鬆開腳、踝、膝、胯、腰、肩、肘、腕、手等關節，以及溜臀、收小腹、收吸左右腹股溝……雙方右腕背部相接，相接時並不是實接，而是手、腕不著力的虛接，似有似無。正是拳論講的虛離，不偏不倚，忽隱忽現。

我們前面說的幾種揉手攻防雙方都有自己的路線。循路線規律，曲伸進退，食指輕扶，揉手的品位就出來了，這是高品位的雙人鬆柔動態揉手運行藝術。攻方循進攻路線，防方循化解規律，雙方粘連黏隨不丟不頂，美在其中，這是真善美的揉手藝術，兩人都有極大的愉悅。

四隅揉手和四正揉手不同。四正揉手始終保持身形的安舒中正。四隅揉手的路線，是減加步的四個角的隅門，防方在拳藝上，向隅位的東南、西南、東北、西北化解攻方的來力，也是給對方來力找出路。在隅位行功時，向左右兩條線化解來力時，四隅揉手在東北、西南、西北、東南的四條隅線上活動，在隅線或稱隅位上，是隅位正線，請分辨，不要將隅位說成斜。千萬千萬不要轉腰，在功法把握中，空腰轉胯是最佳的隅線位置。運用空腰，胯也不要著力。腳下是總動力輪，胯不是動力輪，肩也不著力。如此，四隅揉手才能完善完美。

（四）遠距離揉手

遠距離揉手也稱空氣揉手。

【拳法操作】

二人面對面弓坐步，相距一米以外，雙方手不要相接，有一臂距，也就是雙方手不接觸，約有兩手的距離，似在空氣中揉手。

雙方遠距離在空氣中揉手，如此操作，雙方不接觸，手上自然不掛力，極符合「形於手指」「妙手空空」上乘功夫的修煉，容易養成手上不掛力的習慣。遠距離揉手是具有太極拳思想的訓練法。

訓練路線諳熟後，實手食指輕扶揉手路線，去進攻，回防守，均輕扶不離。輕扶時實手食指空鬆不出力，效果最佳。這種練法是輕扶八方線的實踐應用。

(五) 近距離揉手

近距離揉手要近到何距離？雙人揉手面對面、南北站立、兩腳一肩寬，腳尖相對一掌距，雙方接手與四正揉手相同，打四手的立輪。

操作時，雙方所有接觸點均不掛力，在打立輪的過程中，因為零距離，周身肢體都接觸，此時，操作者自知不能出力，出力即被擊出。此揉手法訓練鬆空、虛靈、輕扶、圓活很見效。

(六) 揉手自練功

揉手訓練以二人配對對練為佳，如沒有訓練的伴友，可以自家習練，效果不減。

揉手的自我訓練同樣是提高技藝，陶冶情操。其根在腳，腳下動作，應循陰陽變換規範，單動為陰，雙動為

陽。以重心腳為例，右腿重心，右腳右後下，左腿重心，左腳左後下。每動注意頂上虛靈，從腳虛鬆到頂，頂上精神虛靈，腳下自爾騰虛。從腳到頂九大關節鬆開，身體虛靈，心裏有一種透空的樂趣和愉快，是鬆空體的體驗。

在打掤、捋、擠、按四手時，設想眼前有一個人跟你一起訓練，這是太極修煉的特性之一，「有人似無人，無人似有人」，持遠距離揉手的感覺。

一個人行功，對身形手勢要求同樣嚴格，不可用力，右手上掤始，身形由左坐步實腿變換為右實腿弓步。

第二勢，右掤手變虛，左虛手由虛變實，左立掌掌心對右手脈門打擠。

第三勢右虛手變實手，向右隅斜掤，然後變左坐步，左腿變實，左手由虛變實向左後上方斜捋，重心腿不變。雙手下按左手虛右手實，往返訓練，很有圓活趣味。

在掤、捋、擠、按行功中，體驗陰陽變化藝術，雙手一實一虛，循運行路線，輕輕扶著弧形線被動而行。套路路線在我們周圍形成一個不同方向不同大小的環形圈，當你的手走到極限它自然變化垂肘返回。當然這需要有一個重要的條件，周身一定要鬆下來。在走四手時，同練拳盤架子一樣，要立身中正安舒，把握陰陽。前後左右四個動作，坐步、弓步兩次變換重心，動作簡單，應該將動作做準確，絲絲入扣，不可斷續、凹凸，在鬆空、虛靈中下工夫。如果出力，什麼也體驗不出來。

訓練應變換方式，以從多方面感受鬆空、虛靈、輕扶、圓活，從人的用力行為中逐漸退去本力成為鬆體、空體、符合太極拳思想的太極體。選擇樹枝梢、窗簾、懸掛

的衣服等物，為訓練空手輕扶的軟物件。先賢形意拳家郭雲深大師提倡用雞毛撣子練功，這是鬆空練功的上乘選擇。

郭峪生，字雲深。知其名者不多，郭雲深三字在國內叫的響。意拳大師王薌齋是他的入室弟子。河北深縣人，體格強壯，性格剛毅。師從李飛羽學練形意拳，崩拳為精。為人正派，平天下不平之事，專打魚肉鄉里的劣紳。曾打死為害鄉里的土豪，判為誤傷入獄三年。在獄中功夫也沒放下，趄著腳鐐打五行拳（劈、崩、鑽、炮、橫），有「半步崩拳打天下」之美譽。以雞毛撣練功之法可想而知，拳打出去空鬆，但威力無窮。

（七）揉手鬆功的訓練

目的：訓練觸覺神經的聽勁靈敏性。

【推樹梢】

推有彈性的樹枝梢為好，推它遠去它自身可彈回來。

操作方法有二：一鬆腳，原地不動推鬆樹梢，鬆肩去，被動隨枝梢垂肘回。二鬆腿弓坐步，坐步變弓步，規範行功，不可有動意，不主動，弓坐步變換虛實先減後加，與練拳同樣操作，不可馬虎。

【推窗簾】

操作與推樹梢同，因窗簾高長完全沒有彈性，操作時（屈伸雙手捧窗簾）被動隨窗簾動而動。

【推衣服】

將上衣置在衣架上懸於室內一人高。輕扶衣袖或成衣，前進、後退與上兩種習練法相同，千萬不可主動，被

動行功。推窗簾、推衣服，說推不是推，說隨可能更為準確。弓坐步，手扶著被推物，依雙腳的陰陽變動而動。

揉手訓練注意手腳四梢要空，不著力。動則減，肩、臂、肘、前臂、腕、手掌、指都應一一減去，只走指尖一點點，否則難以鬆空。

以上幾種觸覺神經的自我訓練方法，對提高觸覺的靈敏性有良好的效果。

觸覺訓練

以雞毛撣（輕抒）、樹枝梢、窗簾、懸衣服等方法修煉的目的，旨在提高太極拳關節要鬆，皮毛要攻，節節貫串，虛靈在中的觸覺靈敏性，聽勁敏捷的虛靈功夫。另外以中指、食指輕輕抓桌上平放的紙張，也可以鍛鍊觸覺神經。

在太極拳功夫中，聽勁在內功中占重要位置，如果聽勁不好，在二人較技中，摸不清對方力的來龍去向，只有挨打輸手。聽勁是為了審敵，透過雙方接觸部位，可以清晰知道對方勁路的來處和去向，便於化解而立於不敗。與高手接手，自己的力憋在身上出不來，胸悶，這是高手聽勁的上乘神明功夫，可以在修煉中探討、體驗。

凡立志深研太極內功者，必須修煉指梢上的功夫。解剖學告訴我們，皮膚上密佈著許許多多難以計算的神經細胞，這些觸覺神經主管著外界冷熱風寒、疼痛刺癢及意外的碰撞等對身體的侵害和刺激。身體與外界凡所接觸到的，神經細胞所能觸覺到的反應都快速向腦部傳遞，由腦

對收集到的信息進行整理、儲存然後向外發佈指令。

神經從外界得到的信息，在練太極拳者身上又有多於常人的功能。從解剖學得知，人的皮膚含有極為豐富的末梢神經。手上的末梢神經極為敏感，手指觸到對方的手或肢體上，在接觸點上發生碰撞接觸，這便是「聽勁」。身上任何部位都可以「聽勁」，接觸部位發出指令，手部迅速鬆弛化解對方來力……

「聽勁」是太極拳修煉者獨有的特性，也是太極拳練家經常在陰陽鬆柔動態中運行，肢體所特有的「靈敏的觸覺」，也可解釋為太極拳人的特殊感覺。聽勁是觸覺修煉，那麼如何修煉觸覺呢？向老師學練腰，輕扶老師腰部，從接觸中去體驗感受腰的變化；老師說肩聽肩。這種聽勁學習，在書本上是學不到的。

訓練方法是太極拳別於其他拳種的「用意不用勁」「一舉動，周身俱要輕靈」的獨特拳法。觸覺訓練中如果不注意輕靈、鬆柔、以心行意、用意不用勁，訓練不會有成果，手上有力難以在觸覺功能上有任何突破。

筆者在本文中從始至終講的是揉手藝術，而要達到的目的是增強觸覺的靈敏性。觸覺神經和感應神經同時發揮作用，一旦鬆空功夫在臂上出現，真正退力，觸覺的敏感會更出色。如果想在太極拳王國獲得自由，一定要遵道而修，循拳理拳法和陰陽學說，從細微中去體驗大道。

太極揉手是藝術，是高品位的鬆柔動態運行藝術。在鬆柔動態運行中，兩人不倚不離，忽隱忽現，似接非接，在離虛揉手藝術中，皮膚和手指的觸覺功能得到很好的訓練，聽勁功夫在手指梢上發揮威力。

由揉手的功能訓練，本力漸退，觸覺神經逐漸機敏，身上有了太極內功，是不是已成正果，可以出師獨闖江湖了？不！還要修煉太極腳、太極手的基本功。

太極揉手的韻味

近幾年在武術期刊上有揉手論文面世。各家各派對揉手拳理抒發己見，還有以「傳統風味」讚揚。筆者認為「韻味」更有文化氣息。文中提到王宗岳、陳長興、楊露禪、武禹襄、李亦畬幾位先賢大師，要修煉太極拳，繼承他們的理論是十分必要的，要忠實繼承科學發展，我們才不愧為他們的子孫。下面是先賢的拳訣教旨，請看先賢有關太極拳的精華論述。

王宗岳在《太極拳論》中云：「太極者，無極而生，陰陽之母，動靜之機也。」

陳長興：「夫太極拳者，千變萬化，無往非勁。而勁歸一。一動而無不動，一合而無不合，四肢百骸相聯而為一者。破之不開，撞之不散！」

楊露禪：「站住中定往外打。」

武禹襄：「一舉動，周身俱要輕靈。由腳而腿而腰，總須完整一氣。」

李亦畬：「用意，不是用勁。」

（一）試析王宗岳的核心理論

很多傳統太極拳愛好者，通常將王宗岳的《太極拳論》視為太極拳的母論，也是必須遵守的太極拳「憲

法」。

我們聽聽《黃帝內經》對天地大自然本始的論述，云：「陰陽者，天地之道也，萬物之綱紀，變化之父母，生殺之本始，神明之府也。」（陰陽應象大論篇），「所謂陰陽者，去者為陰，至者為陽；靜者為陰，動者為陽。」（陰陽別論篇）。

天地大宇宙，陰陽無處不在，人體內外周身亦然。楊氏老譜中對人體陰陽論述：「天地為一大太極，人身為一小太極，人身為太極之體。」已故楊禹廷老爺子的大弟子王培生先生說：「太極就是陰陽，沒有陰陽就不是太極。」

太極拳，動則陰陽，「陰不離陽，陽不離陰，陰陽相濟」（王宗岳）。太極拳理源於老子的道、易經之變化，我們習練具有陰陽變化特性的太極拳，應按拳理行功，陰陽為本始，陰隱陽顯，依「其根在腳」的拳理，立柱式身形，「太極拳術的分虛實為第一義。如全身皆坐在右腿，則右腿為實，左腿為虛；全坐在左腿，則左腿為實，右腿為虛。虛實能分，而後轉動輕靈，毫不費力。如不能分，則邁步重滯，自立不穩，而易為人所牽動。」（楊澄甫《太極拳十說》之四「分虛實」）。虛實即陰陽，學練太極先學陰陽，否則為盲練。

「每見數年純功不能運化者，雙重之病未悟耳」（王宗岳語）。練拳時，腳為根，實腿實足虛腿虛靜（楊禹廷語）；手、胳臂呢，同樣有虛有實，不能雙重。手腳習慣虛實以後，在揉手較技中，對方以右手攻你左手，左手陰即解困，拳友們在習練中去體會。如此陰陽變化，這是鬆

空內功。

（二）陳長興的內功實踐

先賢陳長興是太極「楊無敵」（楊露禪）的老師，他練拳揉手上身不動，素有「牌位先生」之美譽。根據先賢「牌位先生」之內功，筆者認為不動為傳統太極拳的最高境界。為了通俗地理解「牌位」之拳理，提出「三動三不動」理論。身形不動，「胯以上肩以下空胸空腹」，達到身形不動之功。上肢訓練要「不動，不丟，不頂」，首先是不動，請體味。

筆者提到周身整體三不動，不要有動意，即上身不動、不主動、不妄動。動意、主動、妄動都破壞自己的圓活的身形。筆者在教拳時要求學員身子不能晃動，肩以下胯以上是空的，即空胸、空腹，空鬆得像燈籠。

空鬆胸腹也是習練者的文化道德修養，不主動、不妄動，是以沒有動意的基本功為保證的。練拳、揉手動意在先，身形四肢容易出力。陳長興教旨：「夫太極拳者，千變萬化，無往非勁。內外相連，前後相需，一動而無不動，一合而無不合。」他清楚地告訴我們，他練拳、揉手，是空鬆周身四肢，內外相合，上下相隨。也就是在拳場流行的拳訣「一動無有不動，一靜無有不靜」的意思。這是「無往非勁」太極拳動靜相兼的學問，不是初入拳場者所能把握的內功。

在社會上看到很多揉手愛好者三五成群湊在一起，一般都是身形亂晃，主動妄動，妄動身形，搖頭擺尾，閃腰挪胯，出現身形三大「病」：缺陷，凹凸，斷續；手上四

大「病」：頂、偏、丟、抗。一來一往互相揉拉，按太極拳拳理規範要求，都是在違規操作。傳統太極拳習練者要知太極病，知病研究病，在練拳揉手過程中避免出現太極病。欲除太極病，要時時警覺自己練拳時不主動不妄動，以被動練拳為好。

揉手運動冠以「太極」二字，一定要循規蹈矩按拳理拳法規範自己的身形動作，把握太極拳的深刻內涵，諸如陰陽變化、舉動輕靈、內外相合、上下相隨、用意不用勁、動分虛實、安舒中正、動靜開合、心腦不接、空手輕扶等。在動作上把握空腰鬆胯、鬆肩垂肘、手腳結合、展指舒腕、腳虛鬆趾、沒有踝腕、溜臀裹襠、虛實漸變、退去力點等。

(三) 楊露禪的中定功夫

傳說楊露禪進京後，擊敗了清朝八旗教練，被譽為「楊無敵」，最終坐上八旗總教授的頭把交椅。楊露禪從山野鄉村來到京城，憑什麼做到如此風光呢？他的恩師陳長興將太極拳的鬆、空、虛、無功夫傳授給了他，他的內功絕活，「站住中定往外打」，即是吳圖南大師曾經頌揚過的中定功夫。

拳場有「進圈容易退圈難，最難中土不離位」之說。筆者多年修煉太極拳，深知中定功夫最高深，中土不離位，屬於上乘內功。中定功夫為什麼難練？中定是太極拳上乘層面高境界的內功，要從內到外沒有動意，不丟不頂的心態平和的鬆靜。王弼主張，「靜為本，靜是動之本，動起於靜」；「大道全憑靜中得」（《金丹真傳》），

「大道以虛靜為本」（《丹經》）；孟子有「靜神」之說。凡武術，靜是最難把握的。太極內功上乘的大師是不怕力的。對方攻來，你只要心靜，肢體淨，對方是難以攻破你的防線的。

請你和朋友試驗，對方攻你，你不妄想他攻你的部位，心態平和，靜下心來看他的身後，這時奇蹟就會出現，他的攻勢自破，你便會轉危為安。

心態平和，是太極拳人修煉的高境界。不要妄想著學練揉手去制約他人，如此想法很難修煉到高層面。那麼怎樣練就中定功夫呢？從練拳的基本功入手。在自然太極拳的習練時，每式由若干動組成，單動為陰雙動為陽，陰動的起點是陽動的止點，相反，陽動的起點是陰動的止點，自然太極拳81式328動，分為164個陰動，164個陽動，陰陽變轉時便是積累中定功夫的最佳時機。

凡傳統太極拳都如此，將各式編排奇、偶數次序有了單雙動，便可以進入陰陽動訓練，日久自然會出功夫。

（四）武禹襄、李亦畬在理論上的貢獻

在太極拳修煉中，武禹襄傳授道法，告誡我們後學者，「一舉動，周身俱要輕靈」。李亦畬實話實說，告誡後來拳人在練拳揉手時千萬要「用意，不要用勁」。爺倆語重心長，可稱大公無私傳授太極真功夫。「舉動輕靈」和「用意不用勁」能不能體會為練拳揉手不主動，不妄動？

如果沒有前輩先賢指導我們習練太極拳要舉動輕靈，不用力，咱們要用多少年才能悟到如此高深的太極拳修煉

的拳理拳法呢？筆者在先賢拳理的指導下練拳多年體驗到，武術活動的指導思想和勇猛剛烈的動作，不是太極拳的練習模式。人類生活行為不完全是太極拳練法，而人類行動的步是太極拳練法重要的啟迪。人類走路從兒時搖搖晃晃的學步到成人，多為單腿（腳）重心，先減後加。只有被動減法，不要主觀、主動，方可輕靈。輕靈可以放鬆身心，沒有過甚的欲求，心態平和，練太極拳才會健體強身，益壽養生。

輕靈練拳，最為接近練拳不用勁，不用拙勁。只要想著練拳揉手去戰勝對方，身上就會僵緊，難以放鬆身心，這似乎是一個沒結沒完的怪圈循環。

修煉太極拳，首先要忠實繼承，然後科學發展。科學發展說時容易，做起來難，繞了幾個圈子，從陰陽變化中找到切入點。習練傳統太極拳，首先觸及到的理論就是王宗岳的《太極拳論》，文中提到「陰陽之母，動靜之機也」，從字面上很好理解，但如何達到陰陽動靜之機呢？難，很難！向資深拳家請教，人家不愛答理。有拳友說，他們遇到不明白的難題，問過老拳師，老拳師也是不答不理。後來明白了，老拳師學拳時，老師教什麼學什麼不能問，問話太多被老師認為是輕浮，練拳不踏實。

筆者1970年初識楊禹廷大師時，為了討好老師，問他老人家，怎樣粘。從面部表情看，楊老爺子不耐煩，說：「我手上沒漿子（糊），不會粘。」著名武術家王培生提倡「傻練」。過去習武，老師教什麼學練什麼，說什麼聽什麼，一般不能多問。

現在太極拳教學有重大的改進，各級別的拳師都錄製

了VCD、DVD光碟，影像資料很多，各類教學理論書籍很多，既可供後學直觀學習，也可以深研拳理。儘管如此，「一舉動，周身俱要輕靈」「用意，不要用勁」的拳理也不是一看就能理解。太極拳的知，不全是理論上的知，也不是嘴巴上的知，傳統太極拳的知與各門類的學問不同，要求知者是身上知拳，心裏理解拳之後能在身上反應出來，此種知是身知，稱為體悟。

所謂體悟、身知，舉個例子，比如空手時，對手在手上接觸聽勁時，手應該是空鬆的；空胸，對方單手或雙手觸摸胸部聽勁時，胸要空鬆下來……舉動輕靈，用意不用勁功夫的修煉，循規蹈矩並不是很難，經過努力，規範行拳是可以達到的。

武禹襄在《十三勢行功心解》中有一句名言：「其根在腳，形於手指。」「由己則滯，從人則活，能從人，手上便有分寸」。「由己則滯，從人則活」這句話是拳之真諦，是先賢從拳中體驗的真言，太極拳的本質是從人。王宗岳也是這麼說的，「本是捨己從人，多誤捨近求遠」。從人該怎麼個從法呢？陳式太極拳理論家陳鑫大師，對手的修煉明示「妙手空空」。在習練中注意規範，放鬆雙腳，從腳（腳趾）往上鬆踝、膝、胯、腰、肩、肘、腕、手（手指）等關節，以把握太極拳內功上身。太極拳修煉很具體、很細膩，每個細節都要十分注意。修煉內功，首先要心態平和，靜下心來。

練拳的過程就是退力的過程，一秒一秒地積累內功，一點一點放鬆肢體，手上不要掛力，休急勿躁。王宗岳教育我們，練拳亦有「捨己從人」的心態，在拳術上也要捨

己從人。上文說過，身上三大病，手上四大病，陳鑫提到
36病手，上世紀50年代，陳照奎大師提出練拳50病，以警
世後來學子。凡修煉太極拳者要認真思考前輩對我們後學
負責任的點撥。

太極拳修煉是「捨己從人」，把王宗岳這句教義弄明
白，把握太極拳內功，揉手的韻味就出來了。

自然太極拳的鬆功

傳統太極拳鬆功也是圈內人經常議論的內功。鬆功好
理解，內功一句兩句說不清楚。一個練拳人有沒有內功反
映在拳上，平時看傳統太極拳人練拳，用力練的多，僵緊
四肢練套路的也多。像前輩先賢在拳經上說的「一舉動，
周身俱要輕靈」「用意，不是用勁」，依拳經練拳者少
見。有初涉拳場的朋友質疑，太極拳有鬆功嗎？

(一) 太極拳有鬆功

太極拳有鬆功。自然太極拳修煉至高境界為鬆、空、
虛、無。鬆，是鬆柔，鬆筋、鬆骨、鬆骨關節，肌肉群之
間、肌肉與骨緊鄰之間要鬆開，各個骨的大小關節都應一
一鬆開。周身放鬆有靜鬆、動鬆、陰鬆、陽鬆四種骨關
節、肌肉鬆功法。

(1) 靜鬆。取站、坐、臥三種練功姿勢。太極拳習練
以站立式。武術人一般都知道站樁，站樁比較普遍。自然
太極拳要求周身放鬆是有條件的，具體要求是九鬆十要一
虛靈。九鬆：從腳（腳趾）往上關節一節一節放鬆，踝、

膝、胯、腰、肩、肘、腕、手（手指）逐節放鬆，且節節貫串。十要：要溜臀、裹襠、收小腹、收吸左右腹股溝、鬆腰、收吸左右胸窩、空胸圓背、放鬆脖頸。「一虛靈」指頂上虛靈不要刻意去立頂、懸頂，頂上自然虛靈為好。九鬆十要摸得著，有感覺，資深練家可以看得見，初學者看不見，漸漸可以在接觸部位有所感覺。

說說人類的頂。頂是人類自然的活動現象，從幼兒時期能站能邁步都是頂的作用。武術、太極拳都說到「頂頭懸」「豎腰立頂」，以此又有很多習練頂的說法。種種頂的練法，越練脖頸越緊，頂越不舒服。頂出生便有，與生俱來何必練煉？但要知前進為囟門穴，陽；後退為百會穴，陰，知道便不要去管它。

(2) 動鬆。動鬆從字面上看比靜鬆難度大多了，靜鬆是站、坐、臥三種不動的姿勢放鬆，比較易於把握。動鬆是行動中，如練拳、行走、技擊中放鬆，不易操作。很多習練者在動中放鬆遇到難處，所以動鬆不上身。其實，堅持規範行功，定能功成。在習練靜、動鬆功時，請注意在生活中往往局部或整體出現僵緊，如衣食行出現僵滯，不注意洗臉時大腿、肩會出現僵硬。生活中應時時處處放鬆身心，隨時注意身上各部位都放鬆。筆者將這稱為「太極功夫在拳場以外」。

(3) 拳中的陰鬆、陽鬆，拳式以先後動作劃分1、2、3、4、5、6……單動為陰，雙動為陽。簡單說，陰動，從皮毛到肌肉收斂入骨；陽動，從骨筋肌肉皮毛往外舒展。注意，舒展只是想，在體內運動，而沒有動作。

(4) 空，是《授秘歌》中提到的「全體透空」。太極

拳內功層次性很強，不在一個層面上，說也不明白，細說也不懂。再進一步解，太極拳內功是「其大無外，其小無內」的「點」的功夫。周身全體，大可以理解得很大，很大；小到一個點，多麼小的點也是一個空點。手指觸摸對方身體的部位，是一個指尖的點，拳、掌的接觸部位也稱為接觸點，但接觸部位大一些。接觸點輕摸是鬆空的，用力按或推，這個點將變得堅剛。用筷子頭、圓珠筆尖、小到牙籤端頭，那麼小的部位，是一個空點，用力去捅這個點，有一種堅剛的感覺。

筆者不提「剛柔相濟」，剛是對方用力推而出現的，我們不主動出剛勁（關於堅剛點，在另一選題中詳述）。具有鬆空內功的太極拳人，可以周身全體空，亦可以局部部位空，具有鬆空體的高手接觸點都是空的。這個鬆空點，在技擊上用處大，是制敵取勝的法寶。

(5) 虛。虛是虛靈、輕靈、虛鬆，是練拳虛手虛腳的虛，是周身虛空的虛，是掤、捋、擠、按、採、挒、肘、靠太極八法的虛，是在技擊、揉手中實來虛接，打虛不打實，制敵取勝不可少的虛虛實實的虛。虛，周身無處不在，對方觸摸何處何處虛。虛不同於空鬆，請練中體會。

(6) 無是（唐）李道子《授秘歌》第一句的「無形無象」。曾有人解釋為氣，不全面。無形無象，在雙方較技中接觸點上瞬間變成空點，虛是技擊中高境界的功夫。

說到此講一個鬆空故事。

2008年5月，以香港弟子、學生為主，有紐約、加拿大華人自然太極拳愛好者組成「武當山尋根拜祖團」，去武當山朝拜三豐祖師。在三豐殿講學後，登金頂，在「武

當之巔」演練太極拳。

收勢時，來了一位美國人，會講華語，他提到楊禹廷恩師，筆者過去跟他聊太極拳，這位可敬的美國人是東方功夫的追求者，但他身上很僵緊，僵緊得像一根棍子。在這裏說一件有趣的現象，一位練家只要循規蹈矩遵傳統太極拳道修煉，從正常人漸修為鬆體人有極大可能。鬆功上身後會有一雙「火眼金睛」，看對方練拳、看拳照、看對方的身形手勢，便知對方有沒有內功。這位美國朋友是蠻力在身，不怕他用拙力，出橫勁，筆者以大笑待之，真想幫幫這位美國朋友，開導他太極鬆功的修煉。他問筆者，你的鬆、空、虛、無怎麼檢驗？筆者請他推我的左臂、右臂，推我的雙手，筆者周身鬆空等待他發力。他一推二推三推，推空了，邊搖頭邊說：「不知道你（力）在哪裡！」筆者告訴他鬆了，空了，鬆空了，沒有力點，所以他什麼也推不到。筆者誠懇地告訴他，他的肩有力，為了檢驗，他同意筆者端他的肩。筆者左手端他的上臂，右手攢前臂往上端，再看這位美國朋友，站不住蹦跳出去。他再請筆者端他的肩，他又二次蹦跳出去，啟發他不用力，不想接觸部位，平靜心態，又第三次歪身出去。筆者請他端我的肩，初始端不動，後來他蹲身低頭用足勁力上端，看美國朋友那股認真勁很可敬。筆者拍拍他，他仰頭看我笑，站起來，以英語很認真地對紐約華人說：「祝老師若打我能把我打飛。」其實他不知，聽勁點到而已，這是文化，以文會友嘛。

博武網有記者和攝像師隨團採訪，「武當之巔」與美國朋友邂逅相遇，被攝像師收入鏡頭，回京被編入《大道

自然——祝大彤武當講拳記》，已經發行上市。

順便說一句，如遇對方來訪，不懂規則拙力蠻幹，道不同不相與謀，不管在人多人少的場合，筆者便退出。因為對太極拳的認識理解不在一個層面上，無法切磋。在此也勸朋友們，遇力勿強去接觸，只有受傷，不會受益。

（二）如何修煉鬆功

修煉鬆功，也許有人認為太難，難以功成。筆者認為任何人，只要對傳統太極拳有準確的認識和理解，都可以修煉太極內功，也就是鬆空功夫。筆者沒有太極血統，「文革」期間武術遭劫難，是不可拜師的時代，但筆者投到吳圖南、楊禹廷、汪永泉三位大師的門下。在那個年代能到大師家學拳可謂執著的勇者，大師肯拿出真東西傳授。筆者在三位大師的關懷下，得到他們一點點內功，實實在在是幸運兒。同時，雄辯地證明，承傳不一定有血統，師真傳，徒誠學，任何艱難都可以突破。

當今學練自然太極拳內功，比筆者當初學習容易得多。筆者出版了《自然太極拳》《太極內功解秘（增補珍藏版）》等多部太極拳學專著，影像作品《品太極》《太極誤區解秘》《太極拆招解秘》及《祝大彤太極推手藝術》等多套影像作品。這些作品都是筆者的習拳體會和科學發展，對後學很有參考價值。

這次上武當山，尋根拜祖團裏有一位紐約華人，自稱「心腦太極拳愛好者」，是一位音樂人，名叫王文光，他代表紐約華人心腦太極拳愛好者來中國學習，這之前他讀了筆者的著作，看了影像教材，熟悉太極內功拳理和操

作，隨筆者南陽辦班後上武當山，然後回到北京。在讀書看碟學習的基礎上跟筆者兩個月，王先生把握了腳（腿）的陰陽虛實變化，內功漸漸上身。他身為音樂人，太極拳哲學對音樂創作、音樂指揮有很多啟發和幫助。介紹王文光的學拳經歷可以證實，只要按規矩練，定會成功。可以說，太極哲學對各行各業，諸如文化教育、藝術、經濟技術、科研均有啟迪和幫助。

太極內功由師引路，主要是悟道而得，是聰明人修煉的內功，小聰明難以有成就。這裏還要說明一點，如果一個人學練武術拳種或以力練太極拳多年，再練自然太極拳鬆功，鬆功很難上身。現實告訴我們，用力練會幾種拳，又以力練什麼太極，再練太極鬆功是十分十分困難的。為什麼？長久力練成為練武用力習慣，再練鬆功，周身難以協調。另一方面，太極鬆功是聰明人練的拳，不是小聰明可以拿下的內功大道。

2004年秋，筆者門下有一位習練三十多年陳式太極拳的河南籍門徒甲介紹他的拳友乙入門拜師。乙沒有練過拳，身上輕扶簡單，筆者對甲說：「乙可能五六年拿下鬆功，你學東西多、雜，拿下鬆功有難度。」原因很簡單，甲練東西多，太雜，改變思維和用力習慣很難，有用力習慣障礙內功便難上身。

甲從2000年始讀我的論文和著作，要求學練自然太極拳，修為內功。筆者告訴他，要靜下來修煉二十年，也許能拿下來。因為他學的東西雜，有用力習慣，這種習慣成為練拳的程式，一動全身都是力。

太極拳要求用意不用勁，他的一舉一動，與太極拳的

「輕靈，不用勁」相悖。筆者也從中認識到，從練他拳轉入自然太極拳要有一個「磨合期」，這個磨合期大約6～9年，身上才能捋順，說自己聰明一看就會，是不可能的，內功上身不是以人的意志可以轉移的。看看周圍力練者多年鬆不下來，內功不上身的大有人在。

下面說說怎樣習練太極拳的鬆功。自然太極拳鬆功要自然練，越自然越好。請注意不是主觀主動練煉，而是減法被動練拳，循規蹈矩，規範習練。規範練時注意要將拳式動作分出動數，如自然太極拳起勢4動，斜單鞭2動。單動為陰，雙動為陽。陰動腳引手，即腳1手2，幾乎沒有時間差，陽動手引腳，手1腳2，瞬間似電門和燈泡的關係，按電門燈泡亮是瞬間的極短過程。

練拳時，分清實腳、虛腳，實腳（腿）實足，虛腳虛淨，同樣，實手實足，虛手虛淨。實腳與實手交叉結合，左實腳和右實手結合；同樣的，右腳實，左手實，右實腳和左實手說話。再通俗解，自然太極拳是腳和手梢的功夫，再簡單解，太極拳就是指尖上的功夫，練拳時手腳四梢空，行拳不是一隻臂在動，是實手的食指梢在動。以拳理心法解，食指梢輕輕扶著套路路線，此時請注意，自然太極拳沒有直線和橫線。

還有一個重要功法，拳訣說的「太極不用手，手到不要走」，怎麼理解？從拳道講，減法行功，把握不主動、不妄動，手到位後，以虛實腳的陰陽變化改變方向方位，絕對不是以手的動作改變方向方位。拳的方位變化的一般規律是22.5°、45°、90°、180°之內，由腳下陰陽變轉手隨腳變化，雲手和抱虎歸山（第3動）都是180°，要由胯協

助,在轉胯時,一定要鬆腰轉胯。

操作時,鼻為中心,實手是鼻的延伸,鼻和左右肩成三角角度,鼻往下到小腹是一個中軸線,不會歪斜身形,中正安舒,不會丟中心。

要修煉自然太極拳還要注意練拳的過程是漸漸退力的過程,退力的過程,是內功上身的過程。由規範練拳改變積累多年的用力習慣,要有信心,千萬不可東張西望半途而廢。目的不重要,最為重要的是過程。楊禹廷老爺子不止一次告訴筆者,「要練拳,不要推手到處去撲,太極功夫在拳裏邊」,太極內功只有練拳方可求到;楊振基前輩也忠告後學:「推手推不出功夫。」

立志修煉太極內功,要經得住寂寞。每天以實手的食指尖走套路路線,三年五載有可能不見成效,這時一定要堅持。練拳時還要把握「九鬆十要一虛靈」,一周或是一個月,動則鬆腳(腳趾)、鬆膝、鬆胯,下個月動則自然鬆肩、自然垂肘,再下一個月溜臀鬆胯……建議經常放鬆小指,可以空鬆通暢胸腹,亦可協調鬆肩,因為小指有心經和小腸經兩條經絡,放鬆小指是上乘的養生拳法。還要提示後學,在拳場習練僅僅是短時間的,「太極功夫在場外」,意即在生活,工作,會議,行走,乘車船、飛機時都可練功。

生活中的練功就是要經常注意大小關節、肌群部位不要僵緊,如果不注意,寫字、吃飯時,大腿、雙肩就會出現僵緊。平時洗臉、喝水,腳和大腿容易使勁,這也是我們拳人應該注意的。平時周身鬆空的很好,遇事就僵緊。所以筆者在練拳中體會到,平時要想著鬆功,時時刻刻注

意周身和局部部位的放鬆。

還要提醒內功研修者，不可刻意去提頂、懸頂。頂是人類的自然行為，從小會走路，由陽頂支配前行、跑跳、上樓、爬山等一切一切的前行活動（陽頂在囟會穴），後退是陰頂（百會穴）的作用，不信可以試驗，想著百會穴往前走邁步都困難。

自然太極拳要自然練，不可刻意向前退後，如此十位有十位失敗，拿不到內功。如實虛腿（腳）的陰陽變化，以減加法，先減後加，和走路一樣，先減實腿漸漸將虛腿實足。我們人類走路，如果雙腳雙重站好，身子不動，是邁不開步的，若邁左腳，要先減左腿實右腿，左腳方可邁出步，大家可以試驗。周身放鬆從腳開始，訣稱「腳下雙輕」，自爾騰虛、離虛，感覺似乎飄飄然。經常到厚地毯上站一站、走一走，留住那種感覺練拳。注意不是踩而是將腳放在地上。

過去筆者在文中多次提到，提高傳統太極拳的整體水準不是靠一家及個人，而應由習練者靜心修煉，修為到內功，將太極拳修煉推上高境界層面。太極拳鬆功是筆者的習拳體驗，這條道路有實效，故奉獻給同道參考。

無論是資深練家還是初涉拳場的學練者，鬆著練絕對有益，不妨試試，起碼可以通暢經絡，起到健體、養生的作用，推遲病痛的到來。習練太極拳修為內功，養生益壽何樂而不為！

要有信心、恒心，經常守規矩按規矩練，沒有不成功的。願天下自然太極拳及傳統太極拳深研家修煉者太極鬆功早日上身。

自然太極揉手口訣

——九在，二十五背

　　凡練太極拳者，都喜歡涉足太極揉手活動，以愉悅身心，求得健體、強身、祛病、延年，提高和增強習練興趣。

　　雙人揉手不單是初級習練後天本能的勁力技巧加靈活性，也是透過揉手活動，更進一步在陰陽變化動態運行中體驗自然太極拳豐富而深刻的內涵。將自身融入「一動無有不動，一靜無有不靜。一處有一處虛實，處處總此一虛實」的陰陽變化的美妙之中。

　　常背誦太極揉手口訣，對進一步體驗拳之真諦，改變思維，認識和實踐被動練拳有益。

一、九　在

　　(1) 在有意無意之間。

　　(2) 在不偏不倚之間。

　　(3) 在忽隱忽現之間。

　　(4) 在自然與不自然之間。

　　(5) 在虛與實之間。

　　(6) 在動與靜之間。

　　(7) 在輕靈與不輕靈之間。

　　(8) 在用手與不用手之間。

　　(9)在明白和不明白之間。

二、二十五背

(1) 上下一條線，腳下陰陽變，頭上虛靈頂，妙手空鬆轉。

(2) 四梢空接手，接手點中走。

(3) 接虛不接實，打虛不打實。

(4) 接點不接面，打點不打面。

(5) 對方雙手進攻急，半邊身子虛。

(6) 立柱式身形（單腿重心）。

(7) 收吸腹股溝，是前中心。

(8) 溜臀是後中心，尾閭垂直至實腳的腳後跟。

(9) 胯以上肩以下不動，胸腹似燈籠。

(10) 不丟不頂，先是不動。

(11) 手動腳不動，腳動手不動，手腳齊動還是手不動。

(12) 空腰轉胯，虛胯不動轉實胯(修煉空腰)。

(13) 周身上下有動點和不動點，周身處處都有動點不動點。

(14) 動則鬆腳，動則分。

(15) 鬆肩垂肘手要空，食指輕扶。

(16) 陽動皮毛攻，陰動瞬間骨變空。

(17) 陰動虛中虛，陽動實中實。

(18) 上下相隨，內外相合。周身上下內外一致。

(19) 太極無手，周身處處皆是手。

(20) 太極不用手，手到不要走。

(21) 順人之勢，安舒中定。

(22) 刺皮不刺骨，刺骨勁定堵。

(23) 引進落空，捨己從人。

(24) 急求不得，必有雜念也不得。

(25) 接手分清你和我，你和對方之間不混合。

(一) 九在細解

1. 在有意無意之間

關於意，筆者在《太極內功解秘》書中有關「意識的改變」章節中有概述。

有意念便和動意分不開。可以這樣認識，意是動意，動意是意，動意是力。筆者在教拳時，從不說意，以「一想即逝」替代意念。因為初涉拳場很難分辨，用意不用勁的意和動意，用意往往力字當頭。用蠻力和僵緊分不開，因為誰也不能分清意和動意。

行拳揉手去體驗在有意無意之間。經常被動意支配心裏想著「用意，不是用勁」，在行功時往往「力」攪了意的局，結果還是用力。這個問題只有鬆功上身之後才能解決，不是理論，是明理後的操作。這個說法使習練者便於把握用意不是用勁。

2. 在不偏不倚之間

通俗解不偏不倚，是習練時注意中正安舒。在行拳時把握中正安舒，必須先有心神意氣的安舒，後有形體的中正。當然，中正不是輕而易舉地就可以做到，在行功練拳時，它是以準確規範地把握方向和方位為條件的。

安是安靜、安神、心安，舒是舒服、寬解、舒暢、舒展、舒張等，從字面解，安舒，可以說是很放鬆的樣子，

從表及裏，從內在到外形要放鬆開，不能置身偏倚。

3. 在忽隱忽現之間

隱和顯是陰陽變化，自然太極拳強調遵從《太極拳論》行功，「動之則分，靜之則合……陰不離陽，陽不離陰」，動分虛實，陰隱陽顯，不斷變化。

初學者，對陰陽知之不深，請看太極圖：

太極圖

我們信奉天地自然陽（白魚），起於東方向西轉動，黑魚西起旋轉變化。接觸部位，不管部位大小（大手掌，中拳面，小手指），陰陽旋轉變化，遇陽陰隱陽顯，遇陰而陽隱陰顯。對陰陽圖騰要多看多琢磨，如果將此圖看成一個人，外延是身形，離將圖騰看明看懂也就不遠了。

陳鑫說：「妙手空空，妙手一著一太極，每日細玩太極圖，陰陽消長自有真。」

4. 在自然與不自然之間

太極拳要自然練，越自然越好。但是對於初學和深研者，都存在「由著熟漸悟懂勁」的階段。在一招一勢練拳時，是循套路路線；一般練拳者都是認認真真的習練，但

越認真越不自然；還要把握拳之規範，循拳的運行軌跡、運動規律行拳。以自然的想法練拳，身上的不自然便會逐漸變為自然。

5. 在虛與實之間

王宗岳在《十三勢歌訣》中云：「變轉虛實須留意。」我們在練拳時，一動陰一動陽，不斷修煉虛實變轉，身上的陰陽虛實弄明白了，開發潛能，太極內功出來了，進入身上明白的層面。從此研習，到體悟也就路程不遠了。當然由明白到懂也不是輕鬆求到，下一個路程也是艱辛的，這個艱辛並不是拳套路難以把握，而是身上從表及裏固有的習慣。此時不可以走彎路，否則二三十年也不一定到達。

深研者在虛與實之間要多用心腦，虛實宜分清楚，「一處有一處虛實，處處總此一虛實」。虛實變化為漸變，不是突變。

6. 在動與靜之間

太極拳是動與靜相間的功夫。靜中有動動猶靜，「靜如山嶽，動若江河」。我們練拳要「神舒體靜」，從「引進落空」到「捨己從人」，跨越肢體練到心腦練這一長過程。

動靜相間在無形無象中體驗，絕對不可以頂和丟，更不可妄動，不動為高境界，在不動中求靜、求動，請深研者用心體味。特別是靜中求動，為「無形無象」內功，是絕活，不是三天兩早晨可就，應精心安排，不急不躁，從「節節貫串」走下去。內靜外動，外靜內動，但不要心動手動，此有悖於動靜相兼。

7. 在輕靈與不輕靈之間

習練自然太極拳，首先練拳的曲伸、進退、變換，應把握輕靈。先賢武禹襄在《十三勢行功心解》中寫道：「一舉動，周身俱要輕靈。」在學練中首要注意動作的輕靈。那麼，不輕靈又從何說起呢？不輕靈是笨拙。初學太極拳者，拿捏著身子和肢體，用力，甚至以拙力練拳，看去顯得呆笨。此時，應向初學者說明，練拳不是力氣活，不用力，要輕靈。說明白，沒有兩三年功夫，欲輕靈是不可能的。

總之，輕靈練拳對了，不輕靈不對。俗話「熟能生巧」，多練多看多琢磨，在輕靈和不輕靈之間找輕靈，功到自然成。

8. 在用手與不用手之間

人做事情多用手，從小到大用手成為習慣，習慣成為了自然。學練武術用手還可以，學練自然太極拳用手便是缺陷。

關於練拳，拳論指出「太極不用手」，特別是習練自然太極拳，不是手和肢體練，100個動作，手僅僅20個動作而已，自然太極拳不是手上的功夫，要求四梢空（手腳），練拳、揉手都如此。練拳要先解決腳的鬆空，先有好腳後有好拳，太極拳不是說說，而是實際操作，太極腳怎麼練請在書中尋找。

9. 在明白和不明白之間

傳統太極拳是心知體悟的學問，知道理論，嘴上明白能說，但身上不明白，能說的理論只是理論而已。

什麼是太極拳身上明白呢？以自然太極拳為例，由規

範練拳、研習，可以放鬆「九大關節」，能鬆肩，肩真正鬆開了，腰開了，腕和腳踝鬆開了，沒有力點了，摸到身上大小各個部位，都沒有力點，接觸部位都是空點，這便是身知、體悟，身上明白了太極拳。行拳一舉動周身輕靈，妙手空空，身上陰陽無處不在。

太極拳豐富的內涵，首推陰陽變動。「太極者，無極而生，陰陽之母，動靜之機」（王宗岳），陰隱陽顯，身上反映不出來，還是不明白。理論明白了，但身上沒有陰陽變動，這是在明白不明白之間。

（二）拳訣二十五背

1. 上下一條線，腳下陰陽變，頭上虛靈頂，妙手空鬆轉

這是筆者多年練拳中體驗的最為通俗最為接近拳的本質的一條口訣，為自然太極拳的真諦。

(1)上下一條線——楊禹廷大師的立柱式身形的單腿重心，即左腳到頂支撐重心，右半邊身體虛。

(2)腳下陰陽變——起於腳的陰動、陽動的陰陽變化。

(3)頭上虛靈頂——頂上虛靈的修煉，也可以說是拿放藝術，不是手，而是鬆腳到頂，陰頂對方被拿起來，陽頂對方被發放出去，甚為絕妙。

(4)手上空鬆轉——不管哪家哪派，只要是太極拳的精華，都要拿來為我所用。楊氏老譜有接手「四梢空」之說。陳鑫大師有「妙手空空，妙手一著一太極」之說。所謂手上空鬆轉，是把握手空，輕扶八方線走弧形線的拳藝。

2. 四梢空接手，接手點中走

接手四梢空，是楊式太極拳極為重要的揉手理論，是太極拳拳術技擊寶貴的指導性的理論。

筆者20世紀70年代在汪永泉大師門下聆聽過大師教誨，在《楊式太極拳述真》成書後，見諸文字的是「一接點中求」（183頁）。在揉手實踐中，對老爺子的「點中求」研習不夠，按照本人的理解改為「四梢空接手，接手點中走」。淺理解「點中走」好學好用，也就改了，經實踐，學員們認為「求」比「走」難求，「走」方便易明白，也就沿用下來。

3. 接虛不接實，打虛不打實

孫子兵法第六《虛實篇》曰：「進而不可禦者，沖其虛也，避實而擊虛。」太極拳技擊根據「沖其虛」的法則，凡對方禦堅為實，不可攻也，其虛可攻，即避實而擊虛。通俗解打虛不打實，實來（陽）虛接（陰），對方撲空自身失去根基，自己毀了自己。

在揉手技擊的實戰應用中，打虛不打實，有很高的勝算。打實是敗著，打實證明實施者還不明白太極拳的陰陽變化。實是力，力對力，力大打小力，手慢讓手快，仍然是王宗岳說的「先天自然之能」，跟傳統太極拳沒什麼關係。

4. 接點不接面，打點不打面

這句話是揉手、技擊的重要理論，初學者還難以體驗，接點，指雙方接手瞬間，一定要接點不能接面，能夠接點者，要靜心修煉多年，認識、理解傳統太極拳之後，方可在陰陽變化動態運行中把握「接點」。

點是什麼？點是修煉自然太極拳從肢體練過渡到心腦練，在套路運行中最小的單位。細解，以上肢為例，初練一隻胳臂練多年後，再練前臂，再以後練實手食指指尖，再以後周身處處是點。明白了點的學問之後，當然不接面不打面了。接點不接面，打點不打面，也可以說是針尖上的功夫，點越小內功功夫越深。深刻認識、理解輕扶八方線，便是「點」的修煉。

5. 對方進攻急，半邊身子虛

從字面上比較容易理解，實際操作有難度。對方進攻兇猛撲來，周身不鬆難以抵擋。「九鬆十要一虛靈」築基功紮實透空，方可把握半邊身子虛的功夫。

如對方急速向我撲來，看對方來勢是左前還是右前。左前，我空左半邊身子，意左後遠下，右腿支撐重心。對方右前急攻，我方左腿支撐重心空右半邊身子，意在右後遠方。請習練，效果很好。習練者要把握「火候」，這個火候是對方撲來，似挨非挨上我身體的瞬間，早了挨打，晚了挨摔，請細細琢磨。

6. 立柱式身形

立柱式身形，以單腿支撐重心，實腿實足，虛腿虛淨顯示。從楊澄甫大師那個年代已經有此功，但沒有口頭和文字說明，在楊澄甫口述、陳微明筆錄的《太極拳說十要》中的「分虛實」一文說「太極拳術分虛實為第一義。如全身皆坐在右腿，則右腿為實，左腿為虛，全身坐在左腿，則左腿為實，右腿為虛。虛實能分，而後轉動靈活毫不費力。如不能分，則邁步重滯，自立不穩，而易為人所牽動。」說的是立柱式身形，一目了然清楚明白。

楊澄甫的「分虛實」是掏心窩子的真話，筆者認為這是真諦。分虛實之說已傳出半個多世紀，可是五十多年來，並未引起眾多的傳統太極拳後學的重視。

7. 收吸腹股溝是前中心

在「九鬆十要一虛靈」築基功的「十要」中，排在首位的是溜臀，溜臀、裹襠、收小腹、收吸左右腹股溝，這五個點是中正安舒、穩定重心最為重要的基本功。這五個點鬆空之後，加上左右胯，鬆空轉動自如，七個點運動一致，揉手將穩操勝券。

收吸腹股溝有平行步雙腿支撐重心，坐弓步單腿支撐重心兩種。平行步一肩寬，左右腹股溝收吸，溜臀自然鬆坐（似坐椅），身形的高低以收吸腹股溝深淺決定，鬆起鬆落，起落不依腰背力。單腿坐弓步，應三尖相對，即足尖（大趾）、膝尖、鼻尖三尖相對，上下一條線為前中心。有朋友站立多取雙膝微屈以緩解周身僵緊和支撐力，仍然周身不鬆，關節僵緊形成一根棍，沒有一點樁功一碰即倒。那麼，如何操作可以加固身形的穩定呢？

我們找到的最好的辦法是微收腹股溝。注意，膝不著力微收腹股溝，膝上的壓力沒有了，周身支撐力在大腿又不完全在大腿上，大腿是圓形的柱子，起到支撐作用，減輕身體對膝的壓力。

當前，很多習練者尚不完全明白這個道理，很多人練拳仍然以膝支撐。已故陳式太極拳家陳照奎提出的「跪膝」之病，可惜未被重視。

內功深的人腳並不是完全踩在地上，而是處於「腳下雙輕，自爾騰虛、離虛」的狀態，這種狀態似乎腳底下有

一層氣和地面隔開，身體力量不會壓到腳步上。以上說的收腹股溝、溜臀前後兩個中心，太極腳功夫也不可忽視。

收吸左右腹股溝為重要的築基功，初學者一定要出幾年汗，將此功練會。一套拳是否輕靈圓活、陰陽變動自如，收吸支撐重心腿的腹股溝十分重要。

8. 溜臀是後中心

溜臀是「十要」築基功的第一功，溜臀準確是鬆腰的絕好要素。溜臀可使身體鬆空，坐弓步、平行坐步都是很舒服的。

筆者將溜臀稱為後中心，坐弓步的尾閭坐在後腿跟，形成一座穩固的人牆，此狀態能接住對方撲來的200斤左右的重量。身形前後中心站準確之後，是不是先賢陳長興在十大論第一論「一理」中所言：「內外相連，前後相需，破之而不開，撞之而不散」的鬆空內功境界？

9. 胯以上肩以下不動，胸腹似燈籠

形容腹胸似燈籠好理解也容易操作，如果只說空胸空腹，無參照物練起來似乎有障礙。

自然太極拳要求習練者上身練空胸，經常注意收吸胸窩（九鬆十要一虛靈）有專述。收吸胸窩不費力、不難求。在隨時注意空胸的過程中要鬆腰空腹，效果亦很好。

10. 不丟不頂，先是不動

不丟不頂是先輩留下來的拳訣。李亦畬在《五字訣》中「心靜」曰「向不丟不頂中討消息」，還有一句「要悉心體認，隨人所動，隨曲就伸，不丟不頂。勿自伸縮」。注意勿主動、妄動。

在自然太極拳修煉中，「丟頂」同是病。拳訣曰：

「頂、偏、丟、抗失於對待也,所以為之病」,丟頂為主動,是病手。自然太極拳行拳有三大要素:自然、減法、被動。不丟不頂隨曲就伸為被動。手先不動,方可有後的不丟不頂,這是太極拳哲學的辯證關係。

不動,是高境界。不動,最為難求。請朋友們重視不動之內功。

11. 手動腳不動,腳動手不動,手腳齊動還是手不動

自然太極拳的特性有三:自然,減法,被動。內功修煉,以保持三大特性為要。而內功上身體現為周身上下「三動三不動」的不動,「不動」是自然太極拳心法、道法、拳法的高境界修煉。

不動是針對主動、妄動提出來的有的放矢的核心拳法。習練太極拳一定要按太極拳的特性、規範、規律習練,不遵守拳之規律,一般的鍛鍊身體還可行,如果深研,就怕幾年下來白忙活,內功不會上身。

練拳三動三不動,要心、腦、身體去實踐。行拳時手的動作不多,有的拳勢,手動腳不動,有的動作,腳動手不動,有的手腳齊動。拳訣:大動不如小動,小動不如微動,微動不如不動,不動是上乘功法,主動、妄動是拳之大忌,請琢磨。

12. 空腰轉胯,虛胯不動轉實胯

空腰轉胯與腰帶手腳相悖,都有道理,練中去體驗,不要相互指責、口水相向。自然太極拳之空腰、左右腿重心,也是常說的上下一條線的單腿重心。左右腿單腿重心,轉變時必然轉動實腿胯,空鬆腰,方可自由轉動。

傳統太極拳的實踐應用,腰為中心,所以練拳時藏

中，即鬆腰，練拳有腰周身不適不爽。不適要調整，怎麼調整？武禹襄有高招，訣曰：「有不得機得勢處，身便散亂，其病於腰腿求之。」怎麼求，鬆空腰胯，自然解困。所以，空腰可以輕鬆轉胯。空腰功夫難求，筆者走了多年的彎路，後來練自然太極拳，實腿轉胯，胯應該鬆著，當轉胯時，體驗到腰鬆空下來，很興奮。細細體會，實腿轉胯不應用力，腰自然空鬆下來，解決了鬆腰空腰的難題。

13.周身上下一個動點一個不動點，周身處處都有動點不動點

習練自然太極拳起始，筆者就會給學員說「太極點」，起勢第三動便走點。點是傳統太極拳動作的最小單位，練拳人周身充滿太極點，或者說，周身外露的地方由點組成，在揉手活動中最為顯現。雙方的接觸部位為點，雙方揉手接點不接面。如對方來手，簡單說五個指頭5個點，請接一個手指，另4個手指空接，是不動點，其他地方的點是動點，可以在動點上做足功課。不動點是實，動點是虛，這是最為重要的課程，要三思。

請與拳伴互相試驗，也可參看影像製品《太極揉手解秘》光碟。

14. 動則鬆腳，動則分

練自然太極拳，要先習練鬆腳的基本功，先要有一雙「太極腳」，腳是根。武禹襄拳訣：「其根在腳……形於手指，由腳而腿而腰。」明明白白腳為根，鬆腳而後放鬆周身便容易。練拳不是鬆一次腳，一個動作中有9個小動作，最少鬆9次腳，不能嫌麻煩。

王宗岳教旨：「動靜之機，陰陽之母也。」陳鑫拳譜

曰：「陰陽無偏稱妙手，妙手一著一太極。」請體會。太極拳由陰動和陽動組成，陰動的起點是陽動的止點，相反，陽動的起點是陰動的止點，在拳勢中陰陽動作經常變動，動則分陰陽是拳的規律。

15. 鬆肩垂肘手要空，食指輕扶

各家各派對肩肘都有要求，多為「沉肩墜肘」，自然太極拳在築基功「九鬆十要一虛靈」中要求自然鬆肩，自然垂肘，「自然」是指不是主動去鬆肩、垂肘。要求實手的食指要空、腳（趾）要空，即四梢空。實手的食指輕輕扶著套路路線行拳。輕扶八方線是扶套路路線，這是培養內功的創新。

16. 陽動皮毛攻，陰動瞬間骨變空

這種「皮毛攻，骨變鬆」現象不是初學可以體驗到的。

陰動從毛皮肉筋向骨裏收斂，陽動從骨、筋向外舒展，此時汗毛豎立起來，輕扶有紮灼感。陰動瞬間，是在雙方接觸點上摸空，有一種摸不到骨的感覺。此瞬間對方撲空了，腳下重心不穩是被動挨打的最佳時間。

17. 陰動虛中虛，陽動實中實

這句拳訣，是指拳動作的陰陽起止點。陰動的起點是陽動的止點，陽動的起點是陰動的止點。實際操作時，陰動止點，要再陰一次或再虛一下然後變陽動，理論上稱為虛中虛。相反，陽動止點是陰動的起點，一定要再陽一次或稱再實一次，然後變轉為陰動。拳訣有「變轉虛實須留意」（十三勢歌訣），虛實怎麼變，怎麼留意，誰都沒說清楚，先賢只是傳道，道理擺出來，如何操作沒有說明。

如今楊禹廷老爺子說明白了。

18.上下相隨，內外相合，周身上下內外一致

上下相隨，指手腳結合。自己的手腳動作在拳中結合是件十分難以操作的拳法。

內外相合，指內在的心、神、意、氣和外在的肢體相互結合，也是難以操作的。上下內外一致是練習太極拳必要的功課，不達標內功不會上身。先賢武禹襄在《十三勢行功要解》中要求練拳一定要「一舉動，周身俱要輕靈，尤須貫串。由腳而腿而腰，總須完整一氣」。完整一氣，內外上下一致，人體就是一個輕靈圓活的鬆體，成為鬆體後將「破之而不開，撞之而不散」。要出內功，須規範練拳，「太極功夫在拳裏」。此外，還要說明的是內功上身之前，「九鬆十要一虛靈」的基本功尚不扎實之前切忌去推手，推手推不出功夫，用力推，推來推去將關節「焊死」了，鬆功也不鬆了。很多人都有教訓。

19.太極無手，周身處處皆是手

王宗岳《太極拳論》教旨：「其根在腳，形於手指。」陳鑫說：「妙手空空。」吳圖南大師說：「手是樹葉。」練自然太極拳，要求身手不主動、不妄動，手不動，沒有手去練拳最佳。到此佳境，周身都是點，點點都是手。

空手是件看似簡單，實則難以求到的功夫。為了使學練自然太極拳的學員能把握空手功夫，筆者從開始就告訴學生手要空。在老譜中有「四梢空」之說，手不空很難修到太極拳的最高境界。

20. 太極不用手，手到不要走

自然太極拳練拳最好是不用手或不去動手（詳見《太極內功解秘（增補珍藏版）》第六節的「妙手空空，形於手指」「太極無手，手到不走」「渾身皆手，太極空手」）。

以上兩「背」，意在習練者養成不用手的習慣，此功先要改變觀念，改變用手習慣。太極拳不是用手練的，「形於手指」，根在腳，腳陰陽變化，手是形，不可妄動、亂動。請研究家們去悟。

21. 安舒中正，順人之勢

此題指自然太極拳體用結合的「用」，即揉手中的運用。體用都要注意練拳中的安舒中正，先有心、神、意、氣的安舒，方可有外形的中正。有了安舒中正內功，再去揉手。揉手中對方來勢，順勢將其來力引出去，也就是給對方來的勁力一條出路，不要截堵，順其來勢為佳，又不是借力使力，請深思。

人們常說「借力使力」，太極拳「用意，不是用勁」，勁是力。自然太極拳重陰陽變化，陰隱陽顯，空拿對方不以力打，請琢磨。

22. 刺皮不刺骨，刺骨胸定堵

指雙方揉手，在接手瞬間，輕扶對方，輕輕扶著接觸部位（也就是接觸點）。一般功夫者多用力，用力摸到骨，雙方都會堵，也就是雙方的膠合狀態。雙方揉手是接觸點上鬆空的功夫。接手瞬間手上有力是錯招，其原因，心腦接，接觸點上即僵緊。奉勸鬆空功夫沒修煉成功者不要去推手。

23. 引進落空，捨己從人

揉手術語引進落空，是初級功課，是功也是招法。捨己從人是太極內功在意識、動作中的自然反映。

練拳不是得到什麼，而修煉中要丟掉很多東西。練自然太極拳不是得，而是捨，不是加，而是減，減去，減掉。「無形無象，全體透空」是減法，什麼都沒有了。「無形無象」是百分之百的減法，形象沒有了，「全體透空」減的什麼都沒有了，透空了。老子說：「為道者日損，損之又損。」老子時代，減稱為損。練拳是修自然太極拳大道。

24. 急求不得，必有雜念也不得

習練自然太極拳，是求健康，求養生，求祛病益壽。深研太極內功本不是容易的事情。求，不可強求，要順其自然，不能貪多、求快。從「九鬆十要一虛靈」築基功開始。「千里之行，始於足下」，從太極腳開始，平和心態。內功修煉道法自然，循規蹈矩，規範行拳，內功自然上身。在此引用金庸先生的值得我們一生作伴的話，他在「跋」中寫道：

「自己的每一個行動中不能有錯誤缺失，只要他想來打倒我，攻擊我，遲早會有弱點暴露出來。保盈持泰，謙受益，滿招損，那正是中國人政治哲學、人生哲學的要點，自己立於不敗之地比攻擊對手重要得多。自己只要不敗，那就好得很了。對手敗不敗，並沒有太大關係，他如不好自為之，遲早會敗的。」

「老子重視欲取先予，『大國者下流』，強大者不是來勢洶洶，而是積蓄力量，讓對手氣衰力竭，然後乘勢而

太極揉手

取。」

「練太極拳，練的主要不是拳腳功夫，而是頭腦中、心靈中的功夫。如果說『以智勝力』，恐怕還是說得淺了，最高境界的太極拳，甚至不求發展頭腦中的『智』，而是修養一種沖淡平和的人生境界，不是『以柔克剛』，而是根本不求『克』。腦中時時存著一個『克制對手』的念頭，恐怕練不到太極拳的上乘境界，甚至於，存著一個練到上乘境界的念頭去練拳，也就不能達到這境界罷。」金庸先生的一席話是太極拳的真諦，甚為絕妙。

不急於求成，急求不得，必有雜念也不得。練自然太極拳心態平和安靜是首要的。

25. 接手分清你和我，你和對方之間不混合

此語指雙方揉手在接觸點上都不要用力，用力雙方便膠合在一起。很似朋友間多年不見，偶然邂逅熱情洋溢，雙手緊緊相握，此時是二人的手膠合在一起，這種狀態是太極揉手不需要的狀態，是有悖拳理的狀態。

雙方揉手時，似與一位靦腆的姑娘雙手相握，對方遞過四個手指，輕輕放在你的手中，一丁點的力也沒有，這種狀態是自然樸素的握手，也正是揉手要求的分清你我的瞬間接觸。

這種接手分清你我的狀態是平時練拳空手輕扶拳套路線的實踐應用，接手瞬間不一定在手上，對方推肩、胸、臂以及其他部位都不能去力接。在接觸部位不接來手，我們稱謂為心腦不接。

「心腦不接」是自然太極拳的最佳功課，要先從意識上解決，心意鬆不接，再到肢體鬆不接，有一個長過程。

103

追求這個過程是十分令人愉快、興奮和精神享受的幸福過程。

以上九在二十五背,若能記能背,行拳時能運用,特別是雙方揉手時能在實踐中運用,其樂無窮。

關於心腦不接

心腦不接是自然太極拳高層面的鬆空功夫。

身上有了心腦不接功夫,在揉手技擊中,不要想對方打來的部位,心腦不去接這個點,在沒有動作無形無象的狀態下力點沒有了便轉危為安。這似乎很奇妙。解析具體行功是,在雙方揉手中,對方單手或雙手推我的胸部或其他部位,稱為接觸點,不想不接對方攻擊的接觸點,瞬間接觸部位空了,沒有力點可推可打,進攻者便會感到雙腳飄起失去重心。

心腦不接內功,是比較難求的內功功法,是太極拳的心法、道法、拳法的綜合功夫,不是三年兩載垂手可得的。關於「心腦不接」,筆者在多部自然太極拳專著中均講過,感興趣者可彙集研讀。

心腦不接拳藝說到底,是要求深研者放鬆身心,從「九鬆十要一虛靈」起始,把握練拳三要素,以自然練為切入點,輕靈,虛靈,減法,被動行功。底下的一雙腳和腳趾要鬆空,左右手和手指要鬆空,有了四梢空,太極無手是先決條件,鬆肩垂肘身上臂上不要掛力。腳下雙輕,自爾騰虛,有一種站立不住,一陣風便能刮倒的意思,周身內外大有極為舒服之感。此時心神意氣靜,周身內外一

丁點兒也不掛力。

　　日常生活中及工作的時候不注意，不知不覺身上某個部位會僵緊，要隨時檢查，將僵緊的部位放鬆，才可言「心腦不接」。

太極腳在實戰中的作用

凡讀過《太極解秘十三篇》及「話說太極腳」「再說太極腳」書文的朋友對太極腳並不陌生。為什麼在「太極揉手」中又提及太極腳呢？

拳種中的太極腳和揉手技擊中的太極腳不同，拳中的太極腳說的是其根在腳，僅僅闡述腳下的陰陽變化，而揉手中的太極腳，說的是揉手技擊，要擴展下肢的內功運用，所以，太極腳包括腳以上的踝、膝、胯等下肢的幾個大關節。

太極腳（胯、膝、踝、腳）

在太極拳的體用結合中，腳的重要性不言而喻。在拳譜中，王宗岳指出「其根在腳」，武禹襄指出：「由腳而腿而腰。」有兩隻太極腳，在實戰技擊中有優勢，但是，單單放鬆雙腳，難以應付激烈的搏擊，傳統太極拳深研者，要具備腳（腳趾）、踝、膝、胯、腰、肩、肘、腕、手（手指），從腳到手幾大關節放鬆的基本功。同時還要溜臀、裹襠、收小腹、收吸左右腹股溝、空胸、收吸左右胸窩、圓背、弛項，還應頂上虛靈，精神放在頂上約一寸處，這些統稱「九鬆十要一虛靈」。

如果初學揉手或中級班揉手，一時還不能完全把握「九鬆十要一虛靈」拳藝，在揉手研習中，可將下肢的腳（腳趾）、踝、膝、胯四大關節先放鬆，當然，打開關節效果更好。京城太極拳大師楊禹廷這一支講究腳平鬆落地，絕對是上乘功法，可惜有人對這一技藝只是說說罷了，從未在實踐中去深研體驗雙腳平鬆落地的實戰應用，體驗太極腳的奇妙之處。

　　雙腳平鬆落地，注意是雙腳放在地上，不是雙腳踩地。雙腳放鬆自自然然放在地上，經常去做，有一種自爾騰虛之感。在《太極輕重浮沉解》拳經中，有「自爾騰虛，腳下『離虛』」以及腳下「雙輕」的精髓真言。

　　為了強化這項頂尖的拳藝，筆者曾要求弟子和學生專練腳下雙輕、自爾騰虛和離虛技藝。讓弟子和學生到厚草坪和星級酒店的加厚地毯上行走，以體驗腳下雙輕的奧妙，這是太極腳內功的重要組成部分。留住這種腳下雙輕的感覺，以腳下雙輕、自爾騰虛的感覺練拳，太極拳技藝將上一個兩個臺階，這是內功上身的絕頂的妙法。二人較技，一位腳下雙輕，對方已經拔根站立不穩，沒有反抗之力，只有跌出。

　　鬆腳尚屬不全面，腳趾亦應一一放鬆。放鬆腳趾這一絕活精藝，是吳圖南老爺子親傳，有一次他悄悄告訴筆者，要放鬆腳趾，一試周身很舒適，從此以後二十多年未間斷。放鬆腳趾對於放鬆周身幾大關節有益，後來向拳友介紹、推廣，再後來向社會公開了這一秘訣。鬆腳，放鬆腳趾時，感覺到有一股熱流往上升。熱流往上升騰的同時，又感覺到腳掌似乎也有一股溫熱之氣嗖嗖往下去，這

種感覺就是楊禹廷老爺子說的神經插地功夫開始上身了。神經插地是樁功的體驗，站樁時心態不對，周身僵緊不會有這種感覺。

如何放鬆腳

太極腳的操作也比較簡單，陰陽變化從腳下往上鬆，陰動實腳左後下或右後下虛鬆（如圖），陽動從後腳掌往前舒展。不以左右腿分，按拳勢要求，陰動左腿實左後下虛鬆，右腿實右後下虛鬆。

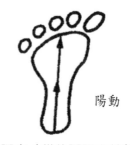

陽動

左腳實（從後腳跟向前舒展）

立柱身形。單腿重心立柱式身形是絕對的，雙重僅是過渡，重心腿（腳）要實足，虛腿（腳）要虛淨。重心腳重心在後腳掌中間。

虛實漸變。虛腿（腳）變實腿，虛腿不幫忙，不掛力，要以減加法變轉虛實（陰陽），實腿減，虛腿加。

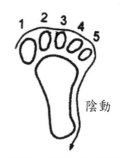

陰動

右腳虛（漸右後下虛鬆）

（一）鬆　踝

腳與踝相接。踝關節通常稱為踝子骨、腳腕子。練

拳、揉手、技擊過程中，操練人雙腳用力踩地，腳踝剛硬勁很足，不要說較量了，先輸掉50分。在太極拳修煉中，筆者深深體會到放鬆踝關節十分重要，踝關節不放鬆，不要去與人較技，否則推手便輸。棋經上有一句妙言：「己病不除，不可強攻。」腳踝僵緊是病，僵緊硬邦邦的腳腕子，如同小腿上綁上重物，自己雙腳都不俐落，怎麼跟人家較量呢？

鬆腳不鬆踝，管道不通，可以說嚴重影響周身放鬆。放鬆踝關節並不難，平時走路、站、坐踝不掛力，筆者認為這就是「功夫在拳場外」。要養成放鬆雙踝的良好習慣。鬆腳的時候，踝瞬間有熱脹感，一股熱流向上去就是鬆踝的結果。

（二）鬆　膝

膝是自下而上的第一個大關節，是小腿、大腿相互連接、承上啟下陰陽變化的樞紐。在拳套路中動動有膝，用膝要放鬆。練拳時不要跪膝，不可將身體重量壓在膝上，雙膝負擔過重要發生病患。陳式太極拳陳照奎大師在練拳50病中，將跪膝列為病放在第44病。

放鬆腳踝時有一股熱流上來，膝不著力自然放鬆，鬆膝過程中，膝自然有鬆之意。這種鬆膝有上提之意，但不是人為上提，是放鬆膝關節自然上提，感覺輕鬆，自然上鬆至胯。

雙膝對人類的貢獻太大了。從小到老雙膝最勞累，到了老年容易出故障。醫家說膝外包著一層潤滑劑，人老了潤滑乾了、沒有了，只剩下膝骨與關節研磨，膝關節就容

易腫、變形、疼痛。練太極拳取不正確的跪膝動作，治也難癒。筆者曾在政法大學講座，說到保護膝關節，一位老先生拄杖上臺現身說法，他練拳「跪壞了膝」，腿變了形。筆者對學生反覆講，應注意動作的準確，膝不著力，取大腿支撐全身的重量，以保護雙膝。

（三）鬆 胯

胯是完成太極腳在技擊運用中的最後一個大關節。吳圖南大師說，「膝靈胯活全在於（胯）」，胯僵則滯，胯不活腰不靈全身鬆不下來。放鬆左右雙胯要跟鬆腳（鬆腳趾）、鬆踝、鬆膝同時訓練，單練鬆一個關節難度大。注意在鬆胯訓練時，要樸素、簡單勿浮誇，不要閃腰挪胯、扭動雙胯、左右旋胯，上述看似靈活，其實是鎖胯，雙胯更為僵緊。

雙人揉手訓練，是放鬆雙胯的重要實踐。在訓練中切忌左右移胯，因為左右移胯變換重心，是小孩子都可以輕易完成的肢體動作。小孩子能做的動作不是太極拳。胯的放鬆無高難動作，只是意領左右大胯突出部位往下放就可以了。筆者提到過左右胯做平∞去放鬆，以意放鬆，勿搖動雙胯，以意導體，不動為佳。放鬆雙胯還有一個十分重要的收效，鬆轉左胯或鬆轉右胯可以促成鬆腰、空腰。右腿實轉右胯，但要鬆轉，左虛腿鬆淨不幫忙。左腿實轉左胯也應鬆轉，右虛腿不幫忙。轉胯必須空腰，所以，在築基功的拳法中要求「空腰轉胯」，此法大大減少習練空腰的麻煩。

在武術練習中，開腰是老師在少年習武者中必然要做

的功課，如果本人條件差，錯過「幼功」，到青壯年時期再開腰難度很大。自然太極拳的空腰轉胯基本功很好地解決了鬆腰、空腰的訓練。

習練和深研太極拳的過程就是放鬆肢體的過程。有了太極鬆功，身體便成為鬆體、空體。

具備太極腳內功以後，在激烈的技擊實戰中還要善於控制局面，所謂控制局面，就是變被動為主動，把握「以靜制動」的太極絕妙的拳法。

有了太極腳內功，還應有太極手相配合。

太極手妙手空空

筆者公開發表的書文中，不斷提到「太極手」。太極手在拳法中處在什麼地位呢？手的地位僅僅是形，「形於手指」「妙手空空」以及「太極無手」是對手的評價。此處說的太極手不單只說到手，還包括手指、手心、手背、腕、肘、肩。上肢的大關節在技擊中是一體的運用，但又不是掄著兩隻胳膊似掄著兩隻肉棍子。技擊中的太極手循「一處有一處虛實，處處總此一虛實」的拳理，在操作上，循關節要鬆節節貫串的道法。

手在揉手中的運用

手在揉手訓練和推手、技擊中是不是佔據主導和重要位置呢？是，也不是。常人用手做事情，習慣用手的人，在推手、技擊中手佔據主導作用，用手自衛，用手練拳，用手勞動幹活，平時用手和太極拳用手混為一氣，處處用手，所以，練拳多年功夫沒啥長進，練來練去也練不好太極拳。拳論云：「其根在腳，……形於手指。」大樹根深葉茂，樹葉自己不會動，迎風搖擺，葉動也是被動，不會也不可能主動搖擺。太極拳上乘功夫的手，應該是「形於手指」的手，似樹葉那樣無風不動的被動的手。手能被動

當然上乘，可是一般人做不到，從主動到被動要花很長時間，要艱苦磨鍊。

太極拳的博大精深，並不是拳難練而博大精深。練太極拳的人要逆向思維不斷改變自己，改變對太極拳的看法，改變用手的習慣，在修煉中去接近「太極無手」。

在揉手訓練中，單單訓練手（手指）是不夠的，技擊的太極手由手腕、肘和肩組成。一位技擊實踐家，須具備「九鬆十要一虛靈」的基本功。如果內功達到「九鬆十要一虛靈」的功夫，前面提到的太極腳放鬆四個大關節，太極手放鬆四個大關節，周身有八個關節放鬆，在中乘功夫的揉手技擊中，可以勝算。

上肢四大關節的訓練

（一）鬆　肩

在太極手的四個大關節中，左右雙肩是最難鬆的關節。在太極拳式中沒有將肩拿出來定為一個式，但無肩又不成式，故肩在拳式中不可少。而在揉手、技擊中肩的重要性凸現。因肩鬆不下來，往往有人習慣聳肩，肩成為周身僵緊的總開關。較技用力多輸在肩上，所以鬆肩訓練猶為重要。

在周身大小關節中，肩關節是最難放鬆的關節，從腳（腳趾）往上，踝、膝、胯、肘、腕、手（手指）等關節放鬆後，肩關節方可以放鬆。有練家分不清自己是鬆肩還是雙肩靈活，甚至有人對鬆肩技藝不清楚，上下轉著肩

說，「我這肩已經很鬆了」。這是靈活的肩在欺騙你。

可以用如下方法檢驗雙肩是否放鬆。請一位武友，左手攬住對方的上臂，右手在下握住前臂向肩力端。如果對方不會放鬆雙肩，以力下壓，你堅持上端，對方此時絕對站立不穩。如果對方能真正放鬆，雙手端他肩會是什麼狀態呢？用力上端沒有鬆肩內功者、周身有力者，你實實在在攬握住一隻胳臂，這只力臂由你擺佈，而肢體九大關節放鬆者，是一位鬆體人，雙肩處於鬆空狀態，握攬他的胳臂，但攬不上力，因為你攬的是空點，是沒有力的點。此時不要再用力上端，微笑歇手為好。

有放鬆雙肩功夫者，到社會上揉手穩操勝券不會輸手，除非遇見鬆柔高手。關於鬆肩講一個小故事。

2007年5月，我們組織尋根拜祖團，上武當山。巧遇美國內家功夫者大鬍子「地球人」，他很自信，著一身中式練功服，肩背一個中式進香布書包，向筆者探討太極鬆功。此位中國武術練家看上去周身僵緊，關節不鬆，站立著像一根「棍」，筆者心中略喜，這位洋人若動武，他要吃大虧。告訴他練內家功夫鬆肩、垂肘很重要，指出他的肩不鬆也不鬆垂。他不明此理，要求試試，先端筆者的肩，端不動，曲腿勁力上推無效。筆者端他的肩，兩次他歪斜跳出，一次被推出。

習練鬆肩不是一件容易的事，要花上幾年的時間，在循規蹈矩的拳式活動中，注意安舒中正，每動鬆腳、鬆腰，每一動（陰陽動）八門五步十三勢都要到位，空手練拳，食指輕扶八方線。什麼是八方線呢？這個問題十幾年來不知重複說了多少遍了，如今仍然有人不明白，三番五

次詢問。八方線是京城太極拳大師楊禹廷創造的八門五步十三勢的東、西、南、北四正門和東北、西北、東南、西南四隅門（位），在四正四隅方位加外接圓，成為一個圓形圖（見146頁八方線圖）。說簡單點，是扶拳套路，輕扶弧形線練拳。

請注意太極拳套路沒有橫線、直線，每一動不管行程長短，都是走弧線。經常直線、橫線練拳，練來練去也不知太極拳是什麼「味道」。

（二）鬆 肘

鬆肘，稱為垂肘，左右肘經常自然下垂，沒有人為的主觀練煉的痕跡。

武術肘法多多，有挾肘、架肘、丁肘、平肘、掃肘、壓肘、頂肘、拐肘、盤肘、格肘、剪肘、搖肘、錯肘、橫肘、撞肘、靠身肘、架樑肘、研墨肘、釘心肘、開弓肘等近50種。以上肘法的運用均有實戰意義，多為主動進攻力量型的強悍肘法。

以上進攻型主戰肘，與太極拳「一舉動，周身俱要輕靈」的具有太極拳特性的肘不同，太極拳主張垂肘、肘要自然下垂，肘不著力的自然垂肘。練拳左右肘自然鬆垂，天長日久，肘上自有一股鬆沉勁，壯漢以兩手欲將鬆沉的肘托起是很困難的。

習練太極拳一定要循規蹈矩，一舉一動要循規蹈矩遵太極拳的特性運動。手與腳上下相隨，手、膝、胯三合，即手與腳合、膝與肘合、胯與肩合，也叫外三合。手與腳的外三合是以意引導，不是用力操作。太極拳修煉講究退

去本力，內功上身，堅持舉動輕靈，不可用拙力。

放鬆左右肘的訓練無須耗費大多的時間和精力，主要的時間和精力要花在拳架上。當今太極拳的種類很多，選擇練習太極拳，首先要研究拳結構是否適合你，不適合迅速退出，另尋適合自己的追求、符合自己身體條件的拳種。

經常有陳式、楊式、江南吳式太極拳拳友來訪，交流、切磋拳藝，研究垂肘的課題。筆者都實話相告，談我的觀點，垂肘鬆功，宜隨習練拳架，經常注意不要翻肘或故意墜肘、沉肘，自然鬆垂左右肘。當收勢離開拳場，還應該繼續鬆垂修煉。平時生活、走路、乘車、工作，時時刻刻要注意鬆垂雙肘，如果住在高層樓上，十層二十層，注意以意念想著將肘鬆垂到一層地上就可以了，筆者提倡太極功夫在場外。太極內功是練得，歸根到底是悟得，不是幾天幾夜即俯首所得。太極內功不是拳架熟練後再去修習，而是在練拳的過程中，漸漸退去本力，漸漸內功上身，是在拳式中一分一秒的積累。心神意氣要靜，先有心神意氣的靜，方可有肢體的淨。

鬆肩、垂肘是太極拳的基本功，是最為重要的內功，希望太極拳深研者注意修為。

（三）鬆 腕

太極手的四大關節中，腕是難以放鬆的關節。手腕由多塊小骨骼組成，很靈活，可以左右上下前後轉動，有人認為能夠自由轉動腕關節就是放鬆了，其實太極內功的放鬆腕關節不是那麼容易，也要修煉，長期習練鬆腕。

在武術套路中，腕的用法不多，只有切腕、抖腕等法，而各式太極拳多提到腕，如左右掌下按、前按、反按等等，習練者多以腕下按。見到不少拳友，雙腕硬梆梆，勸他鬆腕他會說：「腕不能鬆，好容易才練到今天這樣子。」腕不鬆，阻隔手掌與肘、肩的通暢，胳臂鬆不下來。腕僵緊遇到對方舒展的關節是很危險的，只有雙腕鬆下來，才可以鬆功解困，否則任人擺佈，俯首稱臣。

鬆腕與手掌放鬆有密切相關，手不鬆腕難放鬆，下邊著重說手、掌、手指的放鬆。

(四) 放鬆手、掌

練習太極拳放鬆手和掌十分重要，放鬆手掌的同時，還要放鬆手指。實戰應用的太極手包括腕、肘、肩。這個放鬆順序稱為鬆肩、垂肘、展指、鬆腕，展指（放鬆手掌），往上鬆腕，可以理解為手掌、手指不鬆，腕亦難以放鬆。那麼如何放鬆手掌呢？

練拳。練拳過程中以意放鬆手掌，放鬆手掌從放鬆手指開始。鬆手、鬆掌、鬆指難度都很大，短期難以有收穫。因為人從出生到長大歷經幾十年，在成長過程中，用手的地方太多太多。從兒時以手抓拿小物件，用匙吃飯，到稍大一點用筷子吃飯，無時不在鍛鍊手的功能。同時手、掌、手指的力量也在逐日逐月逐年增加。如果一個人在20歲練太極拳，他20年的手掌、手指的力是不是應該退去才合乎太極拳對手鬆的要求？這是不容置疑的。當然僅為了鍛鍊身體不求深研，手上退不退力、身體鬆不鬆沒有關係，也不會有手鬆不下來的苦惱。

現在我們講解的是太極揉手技擊中應該有一雙太極手，深研者必然要修煉手的鬆功。放鬆手掌先要鬆手指，每個手指有每個手指的功能和拳法，最為關要的是食指和小指。

食指： 欲放鬆周身成為一位鬆體太極人，應先放鬆食指。首先在練拳時食指不要掛力，輕輕扶套路路線，斷了再扶，直到不想也可以扶著不斷。還是那句老話「功夫在拳場外」，離開拳場放鬆食指不能忘，隨時隨處放鬆食指，天長日久，食指放鬆達到功成，手掌、腕、前臂放鬆便一通百通了。

小指： 深研太極拳者不能不重視放鬆小指的功夫。小指有兩條經絡：手太陰心經，手太陽小腸經。經常放鬆小指，胸、腹舒暢、通順，促進內臟的六陰六陽經絡暢通，血道、氣道通行無阻。

筆者在以前公開發表的理論書中以及武術期刊的論文中，都提到經常放鬆小指對臟腑通暢，上肢下肢的經絡順通，氣道、血道鬆暢不淤阻，對疏通十二指腸、橫結腸、空腸、降結腸、回腸、直腸等消化系統、排便系統起著重要作用，對消除便秘也有一定的益處，是十分重要的自娛自樂功法。

經常放鬆小指，對於放鬆周身大關節有著連帶的促進放鬆作用，使周身內外早日鬆靜下來，在揉手技擊較技中，被對方推上後，放鬆小指，能很輕鬆地將對方拿起，小指對進攻方有種威脅力，朋友們可試驗。

太極拳深研家和太極揉手技擊家，如果把握太極腳和太極手內功，將在中乘功夫的較技中立於不敗。再後退一

步講，能掌握放鬆雙踝和雙腕，在一般推手中也會勝券在握。

此文終止前再說說**大指**。關於大指（拇指），在筆者的太極拳理論專著中，論述大指有「調氣，氣順而重心穩固」的說法。大指能調節自己的重心，練拳時應拇指、食指鬆開，虎口鬆圓，這是規範。如試驗重心是否穩固，對方輕推後背，腳下比較牢穩，如果大指換一個位置，輕輕與食指併攏，對方輕推後背，則會前仰後合重心難以維持。笑談，老大管重心，鬆挑大指不跌跤。中老年人行路時，如果輕輕鬆挑大指，跌跤的機率大約減少80%。

前幾年報載，美國政府年支付老年人跌跤的醫藥費約有幾十億美元。為了老年人的健康和節省醫療費用，美國政府老年人保健機構提倡老年人打中國太極拳以防止跌跤。打太極拳防止跌跤還不夠全面，有些慢性病老年患者無法學練動作複雜的太極拳怎麼辦？只要行路時或平時鬆挑大指，可以防止跌跤。小動作不難，習慣成自然。

鬆挑大指防跌跤，是中華民族送給天下老人的一份禮物。

改變自身的重心狀態解

改變自身的重心狀態，是在揉手運用中近年破譯揉手奧妙的真諦。透過實踐，自然太極拳的修煉者們將「改變自身的重心狀態」視為揉手的核心理論，此核心理論是揉手的必修課，再進一步解析。

在雙方揉手較技中，我方九鬆十要，身上鬆空虛無，

規置好自己。對方來手接觸，我方身上某個部位瞬間在接觸點上改變重心狀態，重心轉移了。這種轉移，沒有動作，無形無象，在不動的情況下對方摸空了，重心腳飄起來失去重心。改變自身重心狀態的同時，對方也就失去重心。

筆者有傳播自然太極拳真諦的想法之時，從上世紀90年代始，在各地武術報刊上發表有關傳統太極拳的論文，《武魂》有《太極拳走俏世界之由》《渾身皆手楊禹廷》《練成空手是方家》《九鬆十要一虛靈》等，介紹筆者對傳統太極拳的認識和理解。同時在《中華武術》《太極與少林》《武林》《武當》等全國有影響的武學刊物上發表太極拳論文百餘篇，向全國太極拳愛好者介紹筆者對傳統太極拳的認識、理解和創造性的太極拳理論。為創立自然太極拳學派打下良好基礎。

有同道會說，扯十幾年前的論文有何干係？一種理論，特別是創新的理論和觀點，不是一次性認識清楚，要認識、認識、再認識。反覆認識的同時，多說多講，加深同道的認識，只有對一種新的觀點有了認識之後，方可以使同道拳友們樹立起對傳統太極拳全新的觀念。之後，漸漸推出自然太極拳。理解了自然太極拳理論，對方才有可能去修煉。歸根到底，愛好者只有改變思維，投入到自然太極拳的修煉中才會得到實效。

關於改變自身重心狀態，毫不誇張地說，筆者用了幾十年的心血反反覆覆實踐，終於找到了這一揉手理論，也可以說是揉手的核心理論。不管是哪家哪派，初學還是資深拳家，只要是揉手，而以「太極」二字冠以揉手之後，

絕對離不開改變自身重心狀態這一內功規範，這是無形無象全體透空揉手的高境界，是我們對推崇的楊露禪先賢「牌位先生」內功的忠實繼承。若想在揉手活動中有所成就，有所作為，必須把握改變自身重心狀態的揉手技術，這種拳藝並不難求。從練拳習慣講，武術人有周身的靈活性，熟悉武術的閃展騰挪可能有勝算，參加比賽也許拿個冠軍，但是對揉手的深層研究要達到想像的境界難度大、有差距。楊振基先生說過，「推手推不出功夫，太極功夫在拳裏」，這是真理性的指導性的意見。「推手推不出功夫」是真言，可是有人聽不進去。

我們提倡忠實繼承，繼承先輩的精華拳藝。李亦畬提倡「用意，不是用勁」。大家習慣說「用意不用力」，結果10個人有10個人用力。吳圖南老爺子說到要害，不用力者萬里挑一，現在看來萬里難挑出一位不用力者。不用力者接近內功，有內功方可談及改變自身的重心狀態。當你認識和理解了這一新的揉手理論，在二人揉手，當受到攻擊時，沒有任何動作而轉危為安擊敗對手，不動聲色擊敗對手就是改變自身重心狀態功夫的顯現。

改變自身的重心狀態功夫，如今以文字公佈於眾。其實在兩三年前筆者在講課時、在影像作品中也說過，那只是投石問路。這個揉手觀念在太極拳界反響不是很大，但在自然太極拳修煉者中認識、理解學練的人眾多，在香港鬆功研習班上、在武當山講拳時、在全國各地的鬆功技擊研習班上筆者也不遺餘力地引導學生在揉手中運用、研究、推介。在實踐中有的學生由於練他式太極拳時間長，習慣於身形動作大，提示他不動，是一件十分困難的事

情。自然太極拳理論有「三動三不動」，其中身形修煉有「三不動」，即不要有動意、不主動、不妄動；手上「三不動」，即不動、不丟、不頂。六不動是改變自身重心極佳的狀態，是在沒有動意、不動的狀態中，周身全體進入九鬆十要一虛靈，身上處處虛靈不掛力狀態，在接觸點上無形無象地改變重心，使對方撲空。身形和手上的六動，是當前傳統太極拳人的通病。這些朋友選擇習練傳統太極拳，他們只知道苦練，不習慣讀書。

一位先賢曾說過，學太極拳先學讀書，有一位練家買了一冊傳統太極拳的書，看不進去又退掉。有的練拳人想著先練幾年提高拳技水準，但是，不知伴隨練拳還有各種毛病，這些練拳毛病，現代人稱為誤區。像身形缺陷、凹凸、斷續三大病，手上四大病頂偏丟抗。先賢陳鑫大師有36病手之說，上世紀陳式太極拳家陳照奎先生有練拳50病之警示，我們可以將以上身上之病統稱為「太極病」，如果對太極病不甚知曉，帶病練拳也是無奈。

修煉改變自身狀態的功夫，不要說身上有太極病，身手掛力都難把握此功。請有志者思量，先在拳上練出鬆空功夫，再去研習揉手的核心理論，關要是悟，悟道而得。

改變自身的重心狀態，說起來容易，真練到身上有難度，不好求。此功一定要在練拳的基礎上方可能求到。拳練到何等層面可言改變重心狀態呢？要達到先賢王宗岳的「由著熟而漸悟懂勁，由懂勁而階及神明」的層面，如何解？

從字面解「著熟、懂勁、神明」，是傳統太極拳的三乘功夫，自然太極拳亦承襲這三乘功夫。俗話說熟能生

巧,這個著熟有豐富的內在功夫,不是一般練煉而得。首先周身上下九大關節要放鬆,而且要關節與關節之間鬆開,還要節節貫串。周身的大小關節要像佛珠,看似整體,每顆球之間又是獨立的。翻譯成太極拳語為鬆、空、虛、無,周身鬆,鬆肌肉,鬆筋鬆骨鬆關節,局部鬆空,挨何處何處空鬆,對方扶上就翻。周身內外上下一致,一動無有不動。武禹襄說得準確,「由腳而腿而腰,總須完整一氣」。也就是整體一致。這是關要,必須過這一關。

自然太極拳要求學生,手腳上下相隨,陰動腳引手,陽動手引腳,聽起來複雜,其實操作很簡單。從第一天學拳起就應進入內功修煉,練拳中解決手腳結合的問題,不能上下肢分家單練。這種習練法很科學,拳道功成內功自然上身。

到了懂勁層面,周身內外上下形成一個整體,圈內人稱為懂勁。懂勁層面,在體用結合拳藝中,有知己和知人功夫,對方心動在身體上有反映,懂勁者從接觸點的觸覺神經中,能知道對方勁路的來路和去向。

神明功夫達到精細把握陰陽動態運行的境界。有了這種功夫,當身體局部的接觸點遇到攻擊和障礙,無須閃展騰挪,在無形無象中,可以不動聲色,在接觸點上以不丟不頂轉危為安擊敗對手。

不動是上乘內功。改變自身的重心狀態,是在外形不動的無形無象中進行的。也就是在雙方接觸點上,一方力點節節貫串「無形」,留下的是空點,空點就是另一方感覺什麼也沒摸到,自然就會撲空了。

深研自然太極拳

太極拳的肢體練和心腦練

筆者在香港講學的幾年裏，認識一位當地太極拳教育家，她有數百位學員。她對當前內地和本港的太極拳教學頗有些看法，認為有人在推銷假太極拳，將初涉拳場者引入左道旁門，誤人子弟，對此甚為深惡痛絕。

假太極拳之說我並不同意，換個視角溫和地說，我們稱為肢體太極拳。自然太極拳注意內功修煉，我們稱為心腦練。初學者為肢體太極拳習練者，教授者為肢體太極拳教練，資深者尊稱為肢體太極拳家。如此不會傷人，可以和平共處，和諧友好，共同發展。當前在傳統太極拳活動中，各家各派在尊宗一種太極拳理論下，有著兩種不同的練拳法，筆者敬佩北京楊式太極拳家崔仲三先生，他在中央電視臺教授「太極操」，將武術、太極拳、體操、舞蹈融為一體健體養生，這是被圈內公認的。

當前在傳統太極拳活動中，肢體太極拳練法是普遍存在的。通俗解，肢體練就是用力練，用力練違背太極拳先賢的拳經教旨。拳經曰，「無往非勁」（陳長興），「用意，不是用勁」（李亦畬），「妙手空空」（陳鑫）。心

腦太極拳練法，是尊先賢拳經而用功，如「妙手空空，妙手一著一太極」（陳鑫），「一舉動，周身俱要輕靈」（武禹襄），「陰陽，天地之道也」（黃帝內經），「陰陽之母，動靜之機也」（王宗岳），手腳結合，「掤捋擠按須認真，上下相隨人難進，任他巨力來打我，牽動四兩撥千斤」（打手歌）。肢體練的人多，有人認為傳統太極拳就是用力練的，練的人多了，以訛傳訛，都是用力練，力練成了「正宗」，鬆體練倒成了另類。所以，心安理得，不再去進一步深研。其實「由著熟而漸悟懂勁」，往心腦練深入習練是很有希望的。

心腦太極拳練家，在習練中注意立柱式身形的單腿重心，每動到位，注意身形手勢的方向、方位。從每個動作中體驗太極拳陰陽變轉、心腦安靜、舉動輕靈、內外相合、上下相隨、手腳互引、動分虛實、虛實漸變、用意不用勁、動靜開合、輕靈圓活、手空輕扶、體內鬆淨等等豐富的深刻的內涵。心腦太極拳練家，盤拳時拳姿柔美，從陰陽變化動態運行中，手在輕扶鬆、空、虛、無，似行雲流水……

肢體太極拳練家，拳術動作較快，八十多式幾百個動作，掄著兩隻胳膊以力行拳，全然看不到用意，只是在用力伸屈且不輕靈，腳下雙重或方位不明，全然看不到陰陽變化，上下肢不隨，內外不合，沒有中正安舒，腳下雙重，觀看者看不到虛實漸變，兩隻手平均運動，看不到拳的虛實動靜，總體論身形手勢，比較僵緊，晃動身軀，手腳上下妄動、主動，整體觀看，只有速度，沒有具體過程。有人說太極拳很抽象，抽象說是肢體習練家的習慣，

因為他們不善也不會具體而細膩的練煉。

關於雙重，是肢體練家的常見病，請看先賢拳論是怎樣說的。拳論云：「每見數年純功，不能運化者，雙重之病未悟耳。」（王宗岳）。在這裏不厭其煩、反反覆覆引用先賢拳論拳訣，意在提示拳友注意先賢論道對深研有益。先賢云：「太極拳術以分虛實為第一義。如全身坐在右腿，則右腿為實，左腿為虛；全身皆坐在左腿，則左腿為實，右腿為虛。虛實宜分，而後轉動輕靈，毫不費力。如不能分，則邁步重滯，自立不穩，而易為人所牽動。」（楊澄甫）。

重心是什麼，分虛實是什麼，是陰陽！王宗岳在《太極拳論》開篇寫道：「太極者，無極而生，陰陽之母，動靜之機也。陰不離陽，陽不離陰，陰陽相濟。」楊式老譜有「天地為一大太極，人身為一小太極，人身為太極之體」之說。向我們明示，腳下功夫是太極陰陽的根。

上世紀北京太極拳名家楊禹廷對行拳中的重心有定論，他提倡「立柱式身形單腿重心，實腿實足，虛腳（腿）虛淨」，這是對習練太極拳者腳的要求，陰陽虛實分清，才有可能練好傳統太極拳。也可以說，腳下重心是習練太極拳最初的築基功。此外，還有拳論，「其根在腳」（武禹襄），「由腳而腿而腰」。

上世紀下半葉陳式太極拳家陳照奎大師也特別關注腳下根基的修煉。他在總結太極拳功夫時，有練拳50病問世，其中有「跪膝、雙重、拔根、喝風（腳掌外緣離地）、擰鑽子（屬腳下拔根）」五種腳功不規範的說法。可見，太極拳先賢和近代拳家都特別關注提醒後學，注意

腳腿的基本功。由此也說明了腳（腿）在太極拳運用中的
重要性。

以上先賢大師對太極拳腿（腳）的論述，受到太極拳
心腦練家的重視，在拳中體現出來。而肢體練家的腳下就
不夠清楚了。雙重是最重要、也是最不被肢體練家注意的
腳下築基功。兩條腿平均用力可以嗎？5/5為雙重，雙重
是步法虛實變化中經常出現的過度。7/3、6/4可以嗎？如
此也屬雙重。修煉太極拳根基不解決，很難上到內功的層
面，十年二十載也困難。

太極拳講究身形、手勢，其根在腳。身形決定練家對
傳統太極拳的認識和理解。

陳式太極拳先賢陳長興（楊露禪師）有「牌位先生」
之讚譽。心腦太極拳練家遵循宗師教誨，練拳注意中正安
舒，身軀不動。後學有「不動、不丟、不頂」之法則。反
之，肢體力練久之，身形集三大病：缺陷、凹凸、斷續，
手上四大病：頂、偏、丟、抗。

陳鑫大師在36病中對身形之病有「猛撞、躲閃、拔、
推」之警言。陳照奎大師關心後學，在練拳50病中提到
「晃肩、探肩、架肘、挺胸、凹胸、弓背、彎腰、突臀、
前俯後仰、左右歪斜、忽高忽低」等身形的毛病，以警示
後學注意在練拳中修正。可是先賢大師的關愛提醒，與我
們後學修煉者的關注成反差。君不見，當前有不少朋友在
練拳和表演中身形晃動、左右歪斜、低頭、蕩胯等毛病顯
現。如此練法，難以打開身上的通道，內功難以上身，練
來練去也練不好太極拳。

先賢拳經告訴我們後學，「一舉動，周身俱要輕靈」

「形於手指」（武禹襄）「妙手空空」（陳鑫），楊式太極拳家汪永泉有「接手四梢空」的教導。修煉太極拳一定要把握「輕靈」，手指為形，不要著力，空手是妙手。可惜，有的朋友手上用力，以力行拳，拳頭緊緊，手掌勁撐著前推下按，肢體通道封閉內功如何進身？先賢有「行氣如九曲珠」（武禹襄）之語，令人難以理解，開闊思路，檢查周身，我們破譯為腳（腳趾）、踝、膝、胯、腰、肩、肘、腕、手（手指）等大關節放鬆。九曲珠以氣貫穿，大關節的氣自然流動，如果用力大關節必然會僵緊，練拳只能是似兩根肉棍子掄來掄去。楊禹廷大師提倡鬆肩、垂肘。筆者把握每個動作都鬆腳，自然鬆肩，自然垂肘，空手練拳，天長日久，自然輕靈。

在太極拳習練者中，初涉拳場或相當長時間內都有腳下、身形、手勢毛病的存在是難免的，也是修煉過程中的必然。悟性高、有靈氣的朋友在練拳中克服了，即上到內功修煉的層面。儘管如此，心腦習練者仍然是少數，肢體力練者是大多數。因為肢體練的人多，進一步向心腦練研習難度要大得多。如果注意傾聽先賢教誨，遵循他們的拳理拳法，在練拳中減去身形手勢的毛病，過渡到心腦練的層面，這是大大可能的。

再說心腦練和肢體練

最近看過一盤社會名氣不小的拳套路的錄影影碟，話外音介紹名家名拳，說：「顯剛引柔，落點始剛，剛而緊，轉換用柔。」拳家練拳的剛勇動作與話外音極為吻

合，顯現「顯剛，始剛，剛而柔」的特點。既然演練的是太極拳，為什麼要「顯剛」呢？太極拳理屬於道家，道家是不言剛的。

我們先聽聽古代哲人先賢及前輩宗師對太極拳本質的說法。

老子：「道法自然，虛極，寧靜。柔弱處上，柔以勝剛。」

莊子：「虛靜，恬淡。」

張載：「大道全憑靜中得。」

李道子：「無形無象，全身透空。」

王宗岳的《太極拳論》開篇寫道：「太極者，無極而生，陰陽之母，動靜之機也。」全文440多個字，被圈內公認為「太極拳憲法」，沒有一個「剛」字。

先輩哲人、古代思想家思想相通相承，有著深厚的內在聯繫，互相影響，互相滲透。先哲說的自然、虛靜、柔以勝剛是大道，大道如何能得，「全憑靜中得」。也有人說先賢武禹襄說過太極拳的「堅剛」，但是他在說「堅剛」之前是以「極柔軟」為前提。

我們從人類活動講，堅剛容易操作，堅剛是先天自然之能，會說話的小孩攥個小拳頭，也會說「打你」。柔軟，鬆柔就不那麼容易了。

太極拳以鬆為本，鬆柔最難以教學，因為可以鬆柔示範的師資難尋，而堅剛便容易多了，從托兒所便可以堅剛傳授。回過頭來再研究文中開篇引用的影碟的解說詞「顯剛引柔，落點始剛，剛而緊，轉換用柔」，達到堅剛並不難練，因為剛在生活中經常出現，練剛而緊比較容易，反

之鬆是難度大的訓練，因為要求與剛相悖。

看看吳圖南大師對鬆的要求，他寫道：「凡練太極拳者，皆知鬆、沉為太極拳之主要條件。鬆者，蓬鬆也，寬而不緊也。輕鬆也。放開也。輕鬆暢快也。不堅凝也。含有小孔以容其他物質之特性也。凡此種種，明示鬆之意義也。」吳圖南教授還要求修煉傳統太極拳者要進一步上到鬆、蓬鬆、寬而不緊、輕鬆暢快的層面，修煉到「脫胎換骨」。難呀！難度很大！

在鬆功修煉的過程中，吳老爺子提到身上「含有小孔」，這是了不起的發現。此論對於鬆功修煉在理論上作出了創造性的經典論述。當今西方科學家在研究樹木時，得出樹木經風雨冰雹的重重打擊，千百年不倒頑強活下來，是因為樹幹內部有無數小孔，起到千百年支撐不倒的作用。

西方科學家的研究並沒有停止，正在研究樹中小孔的排列組合，以得出大樹挺立千百年經風雨襲擊不倒的科學結論。這種研究有助於太極拳鬆空虛無研究的科學認識。如果肢體剛練、力練，無須如此麻煩了。所以，我們得找出太極拳陰陽為母、以鬆為本的切入點。

從社會上各家各派的太極拳習練和傳播上看，佔有絕對多數的是剛練，即力練。力練是武術練法，也是人類習慣的肢體活動。肢體練方便、習慣，與人類活動、武術活動容易銜接。太極內功難練，也不易把握，像鬆、柔、全體透空、局部空、虛靈、無形無象，內功難以貫通，越位練煉，就「差之毫釐，謬以千里」了。

當今有兩種太極拳練法。一類是肢體力練，也就是身

軀肢體掛著本力習練，我們可以尊稱他們是肢體習練者、肢體太極拳教練，肢體太極拳家，肢體太極拳大師；一類是以陰陽為母、以靜為最高境界的心腦自然習練，追求改變人的行為習慣，改變人體內部活動規律，以及內氣在體內的運行，經過努力潛心修煉，逐漸從平常人過渡到鬆體人、空體人，我們尊稱他們為太極拳心腦習練者。

心腦太極拳習練者在社會上是少數，但他們能量大，影響廣泛，全國各地以及世界各國都有心腦太極拳研習者，而且習練者數量還在增加。筆者舉一個例子，有一位紐約來的華人，他代表紐約華人街上的心腦太極拳愛好者來華學習，並參加以香港眾多弟子為核心的拜祖學習團上武當山尋太極拳的根、拜祖。

以《太極內功解秘》來說明，眾多的太極拳愛好者，並不滿足一般練煉，有追求太極內力的欲求。此書講了普及內功修煉內功的心法、道法和拳法，此書於2004年6月出版，3個月後第二次印刷，轉年2005年2月第三次印刷，4月第四次印刷，至2007年3月，在短短兩年多裏，已經印刷7次。其原因，書的內容適應從力練轉入心腦練的途徑。

香港一位太極拳教育家，稱肢體力練太極拳為假太極拳。筆者則認為大可不必稱力練為假太極拳，它只是太極百花園中的一類練法。肢體練太極拳人多勢眾，多為名家名拳，遠傳海外，這種力練太極拳最適合人類生存的生活習慣，在未來也不易改變。

而把握心腦練太極拳困難，其原因是首先要改變思維、改變觀念。對此類科學練法，經向專家請教，得知人

的心腦神經指揮系統和周身傳導通訊系統都要更換，不是同時，而是逐漸進行更換，以達到符合心腦練的要求。人類行為首先是主觀、主動和妄動，而心腦練太極拳最大的障礙是人類習慣的主觀、主動和妄動。可以想像，改變這種行為習慣難度之大，不是短時間內可以奏效的。

關於太極拳的訓練方法，先賢李亦畬說：「用意，不是用勁。」破譯他的話，就是練拳不用力。用力練太極拳大家都很習慣，幾十年都是力練，長久力練難以進入鬆柔、鬆空的高層面。

用意不用勁，比力練要付出更多的精力和時間，從傳播角度看，鬆柔太極拳的師資不足。頭兩年筆者去南京講學，省內的張家港市有幾位老先生從上世紀60年代就在一起練傳統太極拳，切磋拳藝中的鬆柔拳學，研究幾十年也無定論。後來筆者去張家港見到幾位老拳友，當他們在筆者身上「聽勁」後，知道了鬆柔在人體中是什麼狀態之後甚為興奮。

當前在傳統太極拳圈子裏，找到心腦練的切入點，索求心腦修煉的人漸漸多起來了。但怎麼深研，從何處突破，是個難以把握的課題。簡單點說，要把握自身對太極拳的認識和理解，找到適合自己的切入點，一時找不到深研的切入點，就請認認真真練好拳，將一陰一陽兩個動作練好，不可貪多求快。

前不久有幾位西部來的朋友，他們的共同點是都熟知陰動腳引手、陽動手引腳、八方線的方向方位、輕扶八方線、三動三不動等理論，說什麼都知道，從理論上明白，這次來京探求在身體上的反映，並深深體會到理論和實踐

的關係，回去後在網上將北京之行的感覺介紹給大家，即拙力難以體會對方關節鬆、節節貫串的走向。

心腦練頭幾年收穫不明顯，有人登門求教，筆者建議花上幾年或多年的時間去修煉。是修煉，修煉是悟，太極內功是一點一滴的積累。在準確規範練拳的同時，是周身退力的過程，是內功上身的過程，這個過程筆者走了十幾年。所以，筆者對後學者提出的多少年得到內功的問題，回答是要因人而異，要看修煉的悟性和靈氣，對內功的認識和理解。

這裏還要提到，習練太極拳，如果不是規範、循規蹈矩地練，掄胳臂大把抓練拳，也難以退去身上本力。

走出誤區

提到誤區，什麼行業沒有誤區？誤區無所不在。各行各業都有行業誤區，行業人在掌握自己的專業知識後，很容易從誤區走出來。上了一層臺階，理論知識和實踐又拓展許多。太極拳有沒有誤區呢？有！前輩拳家知道有誤區，還向後學傳授下來，那時辭彙有限，沒有誤區的名詞，而稱誤區為「病」。

在太極拳知識寶庫中，前人留下有身形三大病、手上四大病，我們以誤區解讀。身形三大誤區：缺陷、凹凸、斷續。手上四大誤區：頂、偏、丟、抗。要走出身形和手上的誤區不易，因為練習傳統太極拳是周身上下、由裏及表的綜合工程，不僅是周身、手臂的問題，最為關要的是對腳下重心的把握。腳下重心是座標點，從腳往上節節貫

串，有了準確的方向方位。從實腳的重心點放射出八門五步十三勢，才算走出身形的誤區。

手上的誤區就不那麼容易走出來，為什麼？清末民初的太極拳理論家陳鑫有36病手之說，如抽、拔、遮、架、搕打、猛撞、躲閃、侵凌、斬、摟、揖、搓、欺壓、掛、離、閃賺、撥、推、艱澀、生硬、排、擋、挺、霸、騰、拏、直、實、勾、挑、掤、抵、滾、跟頭棍子、偷打、心攤等。36病手中有23種手病，加手臂4大病，手上約30種誤區。這30種誤區哪一種也不是輕輕鬆鬆就能走出來，不付出努力是做不到的。關鍵不是你走不走得出來，而是習練者不知道自己在誤區裏游泳，不認識誤區又怎麼能從誤區走出來呢？先賢關於練拳時的勁力的使用，舉例試著和拳友們探討。

陳長興：千變萬化無往非勁。（《太極拳十大要論》一理三合。）

武禹襄：一舉動，周身俱要輕靈。（《十三勢行功心解》）

李亦畬：用意，不是用勁。（《五字訣》一曰心靜）

從字面上解，陳長興主張千變萬化無往非勁。有人曲解「非勁」是「用勁」，練拳要用勁，不用勁練什麼拳，更有甚者，盜用前輩名譽說為「太極勁」。筆者認為「陰陽變化不言勁」（《太極解秘十三篇》大展出版社149頁），太極拳的核心真諦是陰陽，陳鑫訣：妙手一招一太極，陰陽是太極拳的真諦和靈魂。武禹襄在理論上說過剛，他是這樣說的，「極柔軟，然後極堅剛」（《十三勢行功心解》）。前輩說了，後學也引用先賢大師的拳訣，

但君不見，凡習練傳統太極拳者，多以勁力練，鬆柔、鬆空練少見。

我們「自然太極拳」在傳播推廣授拳的第一課講理論「用意，不是用勁」，第二課說理，「一舉動，周身俱要輕靈」，第三課「千變萬化，無往非勁」，仍然講理論。已故京城太極拳鬆空藝術大師楊禹廷老爺子強調，打拳打個「理」，時常教育後學要鬆，鬆身，鬆臂，手平不掛力。楊氏老譜中，有「四梢空」之說，筆者理解為手腳要空，且手腳結合為一；「一動無有不動」，這句訣不是說周身亂動妄動，是內動外靜，內靜外動。這「動」應解讀為局部或點在動。手指腳趾要放鬆，本人進一步在練拳中體會，太極拳是指尖上的功夫，放在手、臂、身上都對不上號。總之要走出誤區，只能忠實繼承前輩先賢的「無往非勁」「一舉動，周身俱要輕靈」「用意，不是用勁」，沒有別的途徑。

習練傳統太極拳，追求的是輕靈圓活。訣曰，「太極者圓也，無論上下左右，不離此圓也」（《正功解》）。如果練拳缺陷、凹凸、斷續，別談圓。行拳當中總是在誤區裏晃悠，凸了，凹了，斷了，頂了，偏了，不正歪斜，胳膊上充滿勁力，抽、撥、架、挺，這拳能練輕靈圓活嗎？自然太極拳拳理提出，練拳的過程是退力的過程，退力的過程是內功上身的過程。

若要走出誤區，按照人類生存行為是走不出來的。以武術模式可以嗎？不可以！請朋友們橫看歷史和現實，很多人還在以力練、勁練傳統太極拳。

自然太極拳建議練習者到厚地毯上走一走，到厚草地

上站一站，留住在厚地毯、厚草地上的感覺，也就是以
「如水負舟行」的感覺練拳，練拳的品質就會大大不同。
或者躺在床上，周身放鬆，請你的親人抬你的腿、抬臂，
此時心法持心腦不接，解讀心腦不接，是在他人觸及到你
身上某個局部時，不要去想接觸部位，用這個感覺練拳內
功上身了，能不走出了誤區嗎？

走出誤區，不是「自然太極拳」提出來的。陳長興
主張無往非勁，還提出結果是「破之而不開，撞之而不
散」，又語重心長地說，「功以久練而後成，觀聖門一貫
之學，必俟多聞強知，方能有功。按步就序，循序漸進。
夫而後百骸筋節自相貫通，上下表裏不難聯絡，四肢百骸
總歸於一氣矣」。武禹襄接下說，「由腳而腿而腰，總須
完整一氣，前進後退，乃能得機得勢」。楊禹廷老爺子說
「手腳結合」，汪永泉大師說「內外上下一致」。手腳結
合，上下內外一致，將引領我們順利走出誤區。當今太極
拳圈子裏，仍有眾多拳友在誤區裏折騰，不是不說而是對
方還沒有認識誤區，仍然在迷惑糊塗之中，自己不糊塗了
方可走出誤區，自己悟不到走不出來老師也無奈，引不出
來，只能是誤區中人以自己的悟性解困走出來。

傳統太極拳習練者，要找一位志同道合者，結成拳
伴，互相觀摩，互相交流，互相切磋。不要問練的對不
對，要研究誤區阻隔在何處，如何走出誤區，刨根問底，
認清什麼是誤區。

走出誤區是快樂的，快樂太極拳難能可貴。但是走出
誤區不是件易事，有人從初入拳場，練習幾年幾十年，直
到鬢角加霜，可能還在誤區中晃悠。為什麼？練順了，習

慣了，習慣成為自然，不知拳上有什麼誤區。

前輩拳家有言在先，「頂、扁、丟、抗，失於對待，所以為病」。《太極輕重沉浮解》云：「雙重為病。雙浮為病，病在飄渺。偏輕偏重為病。偏者，偏無著落也，所以為病。因無著落，必失方圓。半浮半沉為病。偏浮偏沉為病。半重偏重為病。半浮偏浮為病。」相反，太極拳內功上身，雙沉，自爾騰虛、雙輕、輕靈、離虛等為妙手。先賢奉勸後學道：「若不窮研輕重浮沉之手，徒勞拙井不及泉之歎耳。」可惜有些練拳人很難走出誤區，只因為不知何是誤區。

從拳上走入誤區，是提高拳藝的過程，走出來便上了一層臺階，上到明白拳的層面上，只能靠自己，沒有救世主。上文從太極病手中歸納出36種病，下面簡單試析，以饗讀者。

心攤

在病手中是重病，心意鬆肢體鬆，心攤全體僵。如和他人揉手，心裏想著將對方打出去，越想打他人，自己越僵緊。心不攤肢體鬆，眾多的太極拳習練者卻明此理。

抽

從心態到動作都在動，手臂被對方制約，應以放鬆解困。以拳理解，手臂被對方以陽拿位，抽為陽，陽對陽難以解脫，這是錯招，敗招。應以陰虛抽出手臂。

撥

從字面解，對方來手，將來手撥開，力對力難以解脫。此法不明太極陰陽之理，來手為陽，以陰對待。對方自破。

架

為什麼架，對方來手自上而下攻來，應以陰掛對應。架為力，以力對待掤勁無法解脫困境。

排

排為陽攻。太極拳的核心理念為「陰陽為母，動靜之機」，陽攻陰解，不可陽對陽。

擋

擋與排相似都是以力對力，將自己陷入不利地位，擋是錯招、敗招。

挐

挐為陽，主動進攻，如背人之節以挐之。

搕打

是笨招，是平常人打架。

猛撞

同屬笨招，不是武術人持有的拳法。

躲閃

武術講空「閃展」，躲閃是普通人的招法。

侵凌

主動進攻之手法，看不起對手，打壓對方，看似對手弱。

斬

如以刀、斧砍物。

摟

跟抱摔差不多的招法，屬於大打小，大力打小力之類的，強弱有差距。

揎（音ㄇㄠ丶，手扶之）

將手揎下去。

搓

搓是力打制住對方，搓打，以手肘搓敵人。

欺壓

個子大，力氣大，以大欺小以力欺壓對方。因為有優勢，憑本力也能制服對方。

掛離

掛，不是將對方掛起，而是在接觸點上掛，很難鬆掛，力掛為病。

閃賺

拿對方當傻瓜。

撥

是以我手硬撥人。

推

是以手推過一旁。

艱澀

功夫較淺。

生硬

以力打人，以氣壓人，以力氣勝人，永遠取不勝。

挺

硬也。

霸

以力服人，以勢壓人。

直

直來直去不是太極拳打法。

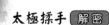
實

無虛，實只等挨打。

鉤

是以腳鉤取。

掤

對方攻來以力接力之手。

抵

憑本力拙力抵抗對手。

滾

輸手，滾地逃生免遭更大打擊。

跟頭棍子

楞頭楞腦，沒頭腦，只知打人不防挨打。

偷打

一般稱呼為「冷不防」打人家一拳踢人家一腳。

關於剛柔相濟

　　初入拳場的習練者，都知道太極拳為鬆柔之拳，但又聽到「剛柔相濟」的詞句。習拳說理，不用勁力，可是練拳人大多用力，用拙力，不難找到剛勁，找到鬆柔則要困難得多。

　　太極拳有沒有剛呢？回答是沒有剛！但沒有剛為什麼有「剛柔相濟」呢？這一問問得好，剛柔相濟的「剛」與習慣說的勁、力一樣，也可稱為剛。初涉拳場的人，對傳統太極拳認識並未深入，僅僅在初識的層面上，對太極拳及其特性不甚暸解，更談不上去理解再理解了。初練太極

拳都離不開以力練拳，當然剛字當頭，從以力練到動作輕鬆，看上去協調舒服要走一段路程。還有些朋友在習練過程中認為自己輕鬆了，但可能還不是太極拳內功的鬆空狀態的鬆，沒有脫離力練胎記，也許僅僅是一種靈活；或聽到資深力練者介紹先剛後柔的說法，於是鑽進去十年八年，難以改變心態和習練方法。如此力練來得方便，伸手便是，從幼年到青壯年，都是用力，用力容易練，所以力練傳得遠，也傳得廣，所以追隨者眾。

有意欲深研者又發問，到底太極拳有沒有剛，如果沒有剛，剛柔相濟的說法又從何而來呢？筆者以修煉太極拳多年的實踐，以及太極內功在身上的反映，也肯定地告訴深研者，太極拳有剛！有人可能會哈哈大笑或訕笑，前文你說太極拳沒有剛，後文又說太極拳有剛，豈不矛盾？

太極拳有剛，但必須遵循前輩先賢的教旨去修煉。拳經曰：「極柔軟，然後極堅剛。」極柔軟是極堅剛的前提條件，這是不能忽視的。筆者在太極拳理論專著中說的很明白，太極拳修到功成，不是嘴巴明白，而是身上明白，先賢定位為「身知，體悟」。身知、體悟功夫不是肢體練得，而是心腦悟得。太極內功在身體上的反映，如說鬆肩，可以來倆位在腋下上抬（師坐著），用力但抬不起來；肩鬆下來了，手腕當然也鬆下來，用力抓不到反關節等，這是鬆空內功在肢體上的反映。

細說剛柔相濟，剛的基礎是極柔軟，沒有鬆軟便沒有堅剛，這個堅剛不是練剛練出來的。有人打沙包，瀋陽一位自稱練太極拳的，介紹要身上綁沙袋、抖大棒子，如此訓練將永遠停留在力練的層面上，很難對太極拳的鬆、

空、虛、無等內功上身有什麼幫助。

如果不提柔軟，只說堅剛，或在習練中先剛後柔，不是太極拳的訓練方法。也不要相信「顯剛引柔，落點始剛，剛而緊，轉換用柔」。人家有人家的理論，沒有傳給我們，我們不知。顯剛的說法與太極拳心法、道法對立。以這種方法練上十年二十年，人老體力下降，肢體定型，再練鬆柔會遇到許多困難。

筆者在家中經常接待來訪者，他們經歷、文化背景不同，但均為太極拳力練者。曾遇到兩位外地拳會的基層領導人，手腕練的壯壯的，力氣很大，但他們對付不了我這七十多歲的瘦細手腕，為什麼？他們只有堅剛，沒有鬆柔。他們對我說：「師的腕力真大。」其實只是在接觸部位放鬆，不是腕力大。

話入主題，如果想練成堅剛去打沙包，抖大棒子，這是不懂太極內功的門外話。循規蹈矩習練太極拳，練拳的過程是退去本力、拙力的過程。經過練太極拳，身體變鬆，體內鬆淨、變空，全身透空，虛虛靈靈，虛無到無形無象，從一個普通人變成鬆體人、空體人，完成了太極拳人的身體結構變化。這種人體結構變化可以說是一動無有不動，一舉動，周身俱要輕靈，一處有一處虛實，處處總此一虛實的人體結構變化。具體一點，肌肉與骨骼之間鬆開，關節之間鬆開，肌肉看似整體，肌群間都應一一放鬆。資深練家都體會到，放鬆肌肉比較容易，放鬆骨關節難度就要大。

大家關心剛柔相濟的問題，從字面解，沒有剛難顯柔，身上有了鬆柔便顯出剛勁。剛不是練剛而得，不是先

剛而得，上邊說到是循規蹈矩練拳而得，從普通自然人練到鬆體人而得。再通俗解，規範練拳後，周身上下內外，一舉動，輕靈、圓活了，周身完成了人體結構改變，從腳（腳趾）到手（手指）等大關節鬆開了，身上鬆柔了，此時，剛的內功也顯現出來。此時周身的剛勁不是自己發出來，而是對方推你時，用力後而感覺到的。對方隨便輕輕扶你身體哪個部位，並沒有剛的感覺；如果用剛勁，對方接觸到的部位力大則大剛力小則微剛，以指尖觸之，指尖大的剛點，以拳、以掌勁推，便有拳大、掌大的剛點出現，很是奇妙。

關於剛柔相濟已經不厭其多地不斷闡述，希望後學細心體驗，內功是身上綜合鬆柔功夫的體現。

體悟太極內功，極柔軟，對方推上便感覺堅硬無比。筆者在梅州教學時，一位武警轉業下來的朋友很看不起太極拳，他說他一拳能打傷人，在這種狀態下，論理毫無意義，道不同不相與謀。他的夥伴很和善，有尊重傳統文化的態度，筆者滿足他的好奇，讓他單掌雙掌都推過我胸，當然極柔軟，沒推上力點感覺接觸點極堅剛了。那位先生知道此功，追著筆者希望也推一次我的前胸，說著：「聽說老師的胸是鋼牆鐵壁。」筆者滿足了他，他越用力越推不動，告別時他看著我笑著說：「真是鋼牆鐵壁。」身上鬆空對方推上感覺堅剛，這是太極拳鬆空功夫的理，是太極內功在對方手上的反映，如果自身用力屬於頂，腰必然板，不禁一推。

這種堅剛不是力練而得，是修煉鬆空之後身體的變化。有的太極拳練家，練拳時間短，力練多時，尚未對拳

理有所悟道，一時對太極內功認識不到位也無奈，所以很容易接受剛柔相濟的說法。

請同道思量，沒有鬆空的極柔軟，不會有堅剛效果，通俗點說，太極拳深研修煉只有鬆空、極柔軟，而沒有堅剛，堅剛是對方出力所遇到的，這個理要練中悟，悟中去體驗。

剛勁是不練剛而得，是空鬆練拳而得。反反覆覆講道說理，可能內功不上身的習練者一時還難以理解，只有規範練拳，大道從鬆淨中得，沒有別的途徑。

自然太極拳的圓、點和弧線

通俗解，拳結構是大自然的圓，也就是360°的圓和點組成。再解，無論多麼大的圓是360°，無論多麼微小的點，也是360°。微小的點，是組成太極拳的細胞，明白了這個道理，在拳的體用結合上，頭腦便會豁然開竅，對拳的認知會有一個飛躍。

京城楊式太極拳名家汪永泉，身後留下的《楊式太極拳述真》是一部十分重要的太極拳理論著作，書中內容深入淺出、簡單扼要地闡明太極拳術的來龍去脈以及技擊的竅要。書中對太極圈和太極點刨根問底地向後學和讀者展示在書案上，供我們研習、驗證。

太極拳的圓，也有人稱為圈或環，先賢給我們留有《亂環訣》。筆者習慣說圓，圓有圈圓和實圓，叫法不同。凡圓的東西，都是360°，點也不例外。圓和點用在拳上，在圓和點上加「太極」二字，這個圓和點就活起來

了，活的奧妙無窮，成為深不可測的太極圓學問。這個圓是先輩說的八門五步十三勢。上世紀上葉被京城楊禹廷大師發展為圓形的「八方線」圖。

上世紀上葉，在武術書籍中，八門五步十三勢介紹圖表多見於方形，如圖。

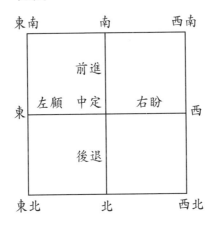

方形的八門五步十三勢圖

上世紀20年代京城太極拳青年教師楊禹廷，對八門五步十三勢方形教學圖進行改進，在方形的四等邊加了一個外接弧線，方形圖變成了圓形圖。他將圓形太極方向方點陣圖拿給恩師王茂齋審看，得到恩師的首肯，便定名為「八方線」圖。從此太極拳教學有了更加直觀的教具。宗師茂齋說，「八方線圖老師容易教，學生容易學」。八方線對太極拳教學是一個劃時代的貢獻，詮釋了太極拳的弧線形套路路線。

太極拳行功以弧形線完成套路路線，在太極拳教學中，教師向學生介紹弧線運動，掰開了揉碎了說教，還有

學生仍然習慣直線,直到將八方圖擺在這些學生面前,他們直觀看到圓形圖,便眼睛明亮,明白了,懂了。如圖。

圓形的八方線圖

不管多少度的線都是弧形線。如抱虎歸山、雲手和下勢都是走180°弧線,弧線的特點均為低—高—低的走向,拳走弧線從低到高、從高到低,這個規律不變,但操作時,注意鬆肩垂肘,實手食指輕扶八方線,手不著力,空手輕扶弧線時最長的弧線180°,最短的弧線11.25°,還有很微小的弧線,操作時上臂不動或微動,前臂動也是被動,從表像看似乎手在動,而實際上是腳動手不動,鼻為中心與雙肩成三角形,實手對鼻尖(陰動手心向內,大指對鼻尖,陽動手心向外,視線順大指內側橫紋處遠望)。

這種操作是太極拳八門最佳拳道、最好的拳法,如果通俗講,拳的圓、點、弧線運行,是太極拳的本、是鬆、是根。

習練太極拳不能掄胳膊大把抓,深研太極拳道,修煉太極拳的拳法,拳套路路線沒有直線、沒有橫線,沒有屈

伸胳膊的大把抓，行拳只有弧線。拳套路是由不同方向的環組成，弧線表現出來，只能是弧線運行，橫線、直線走不開，只有弧線任何動作都走得開。什麼叫走得開？走得開是動作在行進中遇到阻礙，也可以通行無阻，其原因緣於弧線和點的功能。

什麼是點？平常人看手和臂由肌肉、皮毛、筋骨組成，而自然太極拳人看一隻胳膊由若干個點組成，一隻手、手心、手背也是由若干個點組成，一個手指也是若干個點組成，只有走點，這是太極拳的妙法。

將臂看成若干個點，是自然太極拳人特有的人體結構認知，也是太極拳學的奧妙。掄胳膊練拳有圓嗎、有點嗎、有弧線嗎？沒有！沒有圓，沒有點，沒有弧線，練多少年也歸於盲練。

楊禹廷從創造八方線到他辭世，花去六十餘年時間，一生都在宣揚推廣他的八方線，可惜紮紮實實把握八方線的人並不多。筆者問楊老爺子：「八方線這麼好，××（楊的弟子，今健在）為什麼不練呢？」楊老爺子幾乎以哭腔回答我，他說：「他們嫌麻煩！」其實傳統太極拳的圓和點是行拳的基本功，核心是內功上身的通道。有人撰文說「太極拳很抽象」，此說阻礙了後學修煉內功的熱情和執著。

其實太極拳很具體，很細膩，很精緻，習練太極拳應該很注意每個動作的細節，周身上下內外都要照顧到，拳論有「內外相合，上下相隨」之精論，如果練拳伸著雙臂大把抓，無異於練體操。

太極拳行拳絕對拒絕橫線，不能走直線，腳下虛實變

化也是如此，絕對不能走直線。腳下虛實變化如圖。有人說左右腳變動是川字步。左腿弓步變成左腿坐步，再度回左腿弓步，均以弧形線運行，也不是「川」字步。弧形步步型是楊禹廷晚年給筆者定的步型。坐步變換為弓步時，後腳沿360°邊沿線前行，不是川字步。川字步是「直線邁進，直線後退」，有悖於傳統太極拳腳下弧形線的原則。我們練的傳統太極拳不能上肢弧形線，下肢直線。

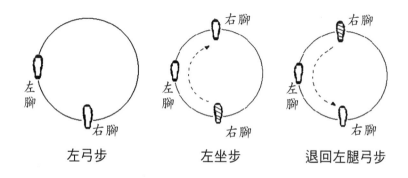

左弓步　　　　左坐步　　　退回左腿弓步

筆者在《太極解秘十三篇》以及有關修煉腳的論文裏都多次談到，習練傳統太極拳首先要改變觀念、改變思維，用人類動作習慣練太極拳成功的可能性不大。人類活動多呈現主觀性，而太極拳運動是減法、被動行為，人類活動跟太極拳運動不合拍節，唯有人類走路符合太極拳的要求，但是，人類走路有目地性，如去超市購物、到書店選書等。

而練拳沒有目的，只是雙腿的陰陽虛實變化。現在我們剖析走路的過程，人類行走以減加法動作完成，其時先有一個向前的意識。在邁左步之前，右腿為實，即身體支

撐均在右腿，左腿鬆淨方可以向前邁出去。左腳的後腳跟先落地，然後漸漸過渡到左腳前掌落地，這個過程中右腿對身體的支撐力漸漸減去，左腳落地落實後，左腿漸漸增加對身體的支撐，從虛腿變成實腿，右腿完全減去支撐力，從實腿漸變成為虛腿，再邁步向前。

邁步的過程也不是突然變動，而是右腿先起後腳跟，漸起後腳掌，再起前腳掌，待完全虛空、退力之後，再向前邁腿。邁步行走是減法，是被動的行進過程。太極拳的虛腿變化的過程，跟走路相同，也是被動減加法。步幅大小快慢都是這個過程，所不同的是，沒有向前的意念。再次，太極拳的弧形線變換虛實，不是直線邁步。

我們所解析的動作都是從自然運動而來。關於行走，同道可以試驗。自然太極拳的圓點和弧線是大道，是太極拳深研者必須遵從的大道。練拳者修煉到一定的時候，必須要走到小道和大道的十字路口，走哪條道路沒有選擇的餘地。老子說：「大道甚夷，而人好徑。」王宗岳也有名言，在《太極拳論》中他寫道：「斯技旁門甚多……多誤捨近求遠」，如果大道不行，走小路，王公勸告，「差之毫釐，謬以千里」。說到此想起吳圖南老爺子一句話，他說，練太極拳的人很多，能出內功成果者「萬里挑一」，此話是真情實意的肺腑之言。

為什麼？前輩拳家幾代人在修煉過程中遇到的障礙，不是拳的高難動作，是自己頭腦中的障礙，為什麼？首要是習慣勢力，其次是人類從小到大成長過程中的主觀、主動。遵循太極拳的圓、點和弧線，不是件容易的事，要脫胎換骨啊！

修煉太極拳的過程中，改變思維，換一個太極拳陰陽變轉的視角，成功的基礎就會在你身上顯現出來。

自然太極拳的聽勁

《太極內功解秘》（以下簡稱「解秘」）是徐才先生給寫的序，題為《弘揚太極文化》，序中有一句意味深長的話語，他寫道：「世界上太極拳運動構築的社會美景，呼喚著太極文化傳播。」我們按照這個思路完成了這部太極拳理論專著。

「解秘」以太極拳與文化，太極拳與科學，太極拳與醫學，太極拳與美學，太極拳與哲學，敞開這部理論著作的大門，從文化視角引入太極武學。我們站在讀者面前微笑著以文會友，顯示太極文化之魅力。近年來，不斷有拳友、讀者上門拜訪、試手，在來訪者中聽勁者居多，均被筆者十分客氣地謝絕，然後送上一張印有「太極文化學者」的名片。來訪者能理解，於是坐下來談論書中的解秘，議論先賢拳經，不以胳膊粗論英雄，學術交流太極文化氣氛和諧。

在「聽勁」說理之前講幾個小故事。

多年來，來訪者中試手、聽勁的人比較多，很不樂意接待這些朋友，因為他們不甚瞭解太極文化的深淺，總是以打論高低。有位黑龍江省來的陳式太極拳練家孟先生，他向筆者介紹自己，今年28歲，已經練陳式太極拳14年，在推手方面造詣很深，他所在的城市一般沒有對手，特別是近3年來以內功與拳技結合，有些練拳多年的拳家也不

在話下。然後話音一轉，希望筆者讓他試試力。

他說話的口氣很自信，再看他身形四肢顯示出力氣很大，胳膊粗壯有力，已知他練了14年的技巧增力拳，身上根本沒有退去本力，且氣勢凌人。

筆者接受了他的邀請，也沒有講遊戲規則，看他如何動作。筆者因腿傷未完全恢復，經他同意，坐在椅子上，他從坐椅上站起來，上步右手抓住我左上臂，左手抓住我右上臂，完全取得優勢而且主動。當然對於一位具有空鬆內功的拳家最喜歡的事情莫過於對方用力了。他瞬間向左摔去，爬起來又撲過來，又摔向右邊，然後他很快站起來加倍用力前撲，瞬間又蹲下去且向後仰去，撞到立櫃上，椅子也被撞出去很遠。再看找不到小孟，原來他跪在地下要求拜師。老伴端著數位相機未抓拍到精彩鏡頭，她說太快了，只拍到一張跪拜的鏡頭。在場的哈爾濱拳友馬老師看到了全過程。

還有從江南某大學來過一位體育老師，一定讓筆者打飛他才肯離去，也是很無奈。事後筆者很後悔，如果對方有隱形固疾或心腦血管病，一折騰出了事肯定說不清楚。

筆者有一位中學老師拳友，他好動手，跟一位推手，雙方倒地被咬傷肩頭，兒子介入要報復，很可笑。從此，再來試手者，一概婉言謝絕，為了滿足對方，筆者寧退一步也絕對不敢貿然動手。

在來訪者中有三撥練大成拳的朋友，筆者都熱情接待了他們。筆者是老北京，兒時在太廟見過王薌齋大師，自幼對大成拳有欽佩仰慕之情，有人說大成拳失傳了，心裏總想見見大成拳的高手。

　　第一位來訪者姓高，小有名氣。高先生在筆者徒弟的陪伴下來到，筆者十分客氣地接待他。他站樁給我看，我直言他的胯僵緊，一碰他站不住了，我學做他的一個蹲式馬步樁，他推不動。我講了鬆胯的問題，他客氣地告辭，很文明。後來發生的兩件事使我時時想念這位練大成拳的小夥子。

　　第二位來訪者有好友陪同，只好接待他。當時筆者從梅州講學返京沒幾天。在梅州一位朋友知我膝有硬傷，請來一位當地家傳專治打傷的郎中，這位打傷傳人，在傷處抹藥後，將患處打腫，過四天再打腫，連打一個月，最後兩次，只要看見他舉拳頭，筆者便心驚肉跳的。回到北京，右膝紅腫沒有支持力，左腳腕腫痛，以腰支撐，本來可以休息不聽勁，但有朋自遠方來，不能拒之門外。他陪一位大學朋友來，這位大學工作者練大成拳，上來便雙手抓住筆者左右上臂推搡，如果腿無疾患，最歡迎對方來力，今腰發板無法應變，喝水時想了想還是讓他推，看對方還有什麼動作。第二次仍然如此，筆者明白了對方除用力氣沒有薌齋大師的遺傳。

　　第三撥來了三位，是大興區大成拳習練者。他們來時，筆者正在樓下公園手搖蹬輪，告訴他們被自行車撞傷剛出院，正在練習走路。然後請他們樓上坐，筆者的藝徒在側，協助沏一壺上好龍井，落坐後，他們想聽勁。太極拳聽勁和大成拳聽勁可能不同，筆者因傷剛出院走路還困難，沒再說遊戲規則，想當然他們不會如何。

　　一位自我介紹是醫生，人高馬大，自稱勁力大，聽勁時上步雙手抓住我的左右上臂，左腿在前大弓步以膝卡

死椅子推，筆者同椅子仰在牆上（筆者的坐椅離牆有一尺），我鬆動雙臂，對方雙手用力死死鉗住我雙臂，用力過大有些氣短，慢慢雙手漸鬆，我又鬆動雙臂，他再一次加力，此時他已經氣喘吁吁，臉色變白。我對身旁的徒弟說：「他沒有推住我，咱能起來。」我左手漸漸輕靈而起，大指輕輕按住他的咽喉，其餘四指搯扶在他的右頸動脈上，如果我的大指往上或往下，他說話、呼吸均困難，然而武德在上，他們來我家拜訪，雖然對方動作粗野，人家也是客人，我絕對不能動粗。相持幾分鐘後，對方頸動企圖擺脫困境，但脖子已經淤血，出現水紅色，但他仍在加力，我看對方沒有鬆手之意，右手往上將要實施打擊。此時，老伴進來斥責他們聽勁不文明，對方放手。這位醫生已面如土色，大喘氣很是難受。筆者微笑著對這位醫生說：「上次一位美國人從正面搯我的脖頸，被我破解。」請他試試，他不肯，筆者拉他起來模仿那個動作，其實，是給他通氣化解胸中的悶堵。

這位練大成拳的朋友可能至今也不理解，為什麼雙手大弓步將筆者和坐椅推向牆面，在占絕對優勢的狀態下，我的左臂會慢慢抬起手放在他的脖頸上，使他從主動變為被動，他由於用力過大面色如土、氣短憋堵，我此時微笑從容，以逸待勞。他以力臂力推，我以點，左右手上來，走的是弧形線。學太極拳關節要鬆，其他拳恐無此傳統文化修煉。太極拳以練自己修身修德為主，從無打人佔先之心態和念頭，故肢體可以放鬆漸進佳境。

從此筆者不再在家中接待來訪者，以免動手傷人，只談論拳理拳道，以文會友樂在其中。

十幾年來，有多篇關於聽勁的釋文面世。聽勁是習練太極拳的重要一環。聽老師的周身關節節節貫串、一節一節放鬆關節的微妙變化；聽老師鬆腳對方飄浮的奇妙；學腰聽師腰，練習鬆肩聽師肩是怎樣的放鬆過程，同時可以清晰地觸及到鬆肩與空腰、溜臀、鬆胯相連的身體各部位的反應。聽勁是太極文化在人體陰陽變化中的動態運行過程，反映了老師為弟子聽勁的寬厚心胸，這是老師武德高尚在教學中的展現。

聽勁在太極拳教學中是老師大公無私的奉獻。凡練傳統太極拳的朋友，要以求真的心態虛心學習，千萬不可有聽不聽、聽過勁的無所謂的想法，也不要學聽勁去打人，打人是雙刃劍，不可不察。前文介紹的幾個小故事，如果沒有聽勁功夫，不會有勝算。

聽勁功夫上身，不是三年兩載的事情，圈內人常言「太極十年不出門」，不認認真真對待內功修煉，聽勁功夫也不會輕易上身。如何上身呢？還是老話——練拳，要規範練拳。嚴格把握方向方位，這就是八方線。八方線是太極套路的基點。每天要不厭其煩地練，循規蹈矩一陰一陽循環往復。行功離不開太極十三勢。盤拳到輕靈圓活階段方可以漸及聽勁功夫。

恩師傳授聽勁功夫要付出極大代價。鬆肩，學生以手扶老師的肩以觸覺感受，此曰為「聽勁」，用神經去聽。老師與他人較技快捷得如打閃的瞬間，這是揉手技擊，而聽勁要慢，以體驗老師周身勁路的來龍去脈。一次次令學生聽勁，是老師武德高尚的體現。

筆者在楊老爺子家中學拳，從腳到頂，聽勁遍及全

身，從踩他老人家的腳到頂上揪老人家的頭髮。老爺子平頭，每次頭髮長了，都由我到東華門的理髮店求理髮員來家理髮。頭髮長了，筆者以兩個指頭掐幾根頭髮想用力便跌出。學老師的節節貫串，從肩、肘、腕、手及手指等關節一路鬆開，這種實踐學習，體驗放鬆骨關節的竅要，是一種精神享受。

內功與太極內功

內功，泛指武術練到高深，從身體內部開發出來的、超乎尋常、超乎想像，一般人認為難以達到的能量、功能。

凡習練武術者，初始抻筋、拔骨、開腰，著重訓練底盤的腰腿功夫。其練法剛猛激烈，竄蹦跳躍，閃展騰挪，練來練去練的是外家硬功。此種練法勞其筋骨，是體力腑髒消耗極大的肢體訓練。肢體功夫練到頂峰極致，像古代的俠客、劍客，當代的李小龍等英雄豪傑，不管他們的功夫如何，是長壽還是短命，對中華民族的武術發展都有著難以估量的貢獻。

三豐祖師認識到這種練法對身體傷害極大，難以彌補。他上了武當山放棄外家練法，「復從而翻之」，提倡「意氣君來骨肉臣，益壽延年不老春」，「欲天下豪傑延年益壽，不徒作技藝之末也」，以自身說法，推動養生，視動手動腳耍橫為技藝之末。京城也有貪功求名者，嘲諷太極拳鬆空藝術大師楊禹廷「不會推手」。楊老爺子以拳健體，以拳說理，以拳養生，96歲壽終。這位嘲諷者、太

極推手可圈可點的人物，可惜僅僅61歲便直奔西方正路而去。

（一）太極鬆功

鬆功看得見摸得著，便於操作。聽易懂，學易會，易操作。

自然太極鬆功是從太極拳內涵悟道而得。傳統太極拳有兩種練法，一種是肢體練，一種是心腦練。心腦練是修煉拳之內涵，諸如陰陽變動，舉動輕靈，內外相合，用意不用勁。有人只知道練太極拳，而對太極拳的內涵是什麼不去琢磨，練來練去只練了一套拳，仍然是肢體運動。自然太極拳習練者從初始便被告知要認識和理解太極拳的豐富內涵，學拳同步練鬆功。「太極拳內涵豐富，核心就是內功。你把握了太極拳的內涵，也就是得到了太極內功。得到太極內功後，在盤拳修煉中體驗太極拳的豐富內涵。諸如陰陽變轉、舉動輕靈、動分虛實、虛實漸變、上下相隨、內外相合、動靜開合、弧線運動、空腰鬆胯、安舒中正、不用勁力、以意行功……」〔《太極內功解秘（增補珍藏版）》第58頁〕。習練太極拳時注意它那豐富的內涵，練拳再不是乾巴巴的套路，而是有滋有味的內功太極拳。此時練拳的心態和技藝不再是肢體運動，而是昇華為心腦太極拳修煉內功了。

內功為什麼說是鬆功？前面說過，內功抽象不好把握；鬆功具體，有可操作性。鬆功從腳下訓練，告訴初學者放鬆雙腳，腳趾也要放鬆。可以到厚地毯上去站去走走，注意不要踩地。初學者到地毯上去站一站、走一走，

有一種從腳往上的上浮感，把他的感覺向老師回饋回來，老師的教學有了效果。如果讓學員站在地上請他鬆腳到頂，學員一時找不到感覺，到地毯上走一走，就能很快找到上浮感，增強他們的學練信心。

從鬆腳鬆腳趾開始往上鬆踝、鬆膝、鬆胯、鬆腰、鬆肩、垂肘、鬆腕、鬆手（鬆手指），學員易懂易學易操作。鬆功有兩種，靜鬆和動鬆。

（二）靜鬆和動鬆

靜鬆有三種練法：站、坐、臥。學員學一兩個月感到手梢麻酥，周身很舒服，輕飄飄的，吃得好，入睡快，睡得香，每天精神愉悅，說明鬆功在初學者身上有了反映，此稱為「人體反映」。

堅持一段時間，再告訴他們，經常習練自然太極拳，規範行功，周身達到鬆、空、虛、無狀態，從平常人成為鬆體人，再修煉，成為空體人，健康來了，這是習練鬆功的最高境界。

靜鬆，放鬆肌肉、骨骼、關節等，關節還要節節貫串。此時的周身狀態就像《授秘歌》說的「無形無象，全體透空」。

動鬆，是在行動中有靜鬆的效果。行動中、練拳中、雙方較技揉手中，隨心所欲，運用自如。什麼部位碰上障礙什麼部位鬆空；對方推來，哪個部位受到攻擊，哪個部位便退去力點，一個空部位等待來力進攻，對方撲空了，自身便轉危為安。這是玩藝兒。揉手用意不用勁力，也是養生的一種形式。

(三) 鬆功的功能

習練太極拳的過程是退力的過程,退力的過程是內功上身的過程。圈內人常說,習練太極拳鬆、空、虛、無的目的不重要,重要的是過程。

這個過程使習練者周身鬆空,六陰六陽經絡通暢,氣道、血液循環系統通暢無淤無阻,身上內外沒有不爽的地方。這是太極拳鬆功給我們帶來的益處。

以上述的鬆功習練方法並不玄妙,不需高深難懂的理論,不需複雜的練法,自自然然,從腳往上,以放鬆「九大關節」為基本功。習練者還要注意溜臀、裹襠、收小腹、收吸左右腹股溝、收吸左右胸窩、空胸、圓背、鬆脖頸等十項要求,周身放鬆了,鬆功養生並不難求。靜功無弧形線,還是規範練拳,在陰陽變化動態運行中習練鬆功。

現今學練太極拳並不難。國家套路、傳統太極拳,陳、楊、武、吳、孫,以及武當、趙堡、峨嵋等派,還有自然太極拳。選一種最適合你的一套拳,先明理後開練,尋找一位明師指導,花上幾年功夫,邊學練邊受益,何樂而不為呢?

論太極拳的「有」與「無」
陳　俊

我是祝老師的弟子,從佛經視角,說一點對自然太極拳深修的體會。

老子說「有無相生」，「天下萬物生於有，有生於無」。天下萬物的存在是有名有形的，但有名有形的萬物必定要以無名無形的物質為根的。可以姑且稱此兩種客觀存在的物質為有物質與無物質。有物質是可見的，可以用人的五官去觸及的，是看得見，或者摸得著，或者聽得到的；而無特質是不可見的，人的肉眼無法看到，人的手無法觸及，人的耳朵無法聽到。雖然如此，但不能否認無物質的存在。

無物質雖然不能以人的身體知覺去感知，但可以通過另外的方式去體會與感覺。比如一個音樂家的樂感，一個文學家的語感，一個畫家對一幅畫的意境的體會，這些東西是不可見的，但是可以用心去感覺與體會。

《金剛經》有云，人有五眼，即肉眼、天眼、慧眼、法眼、佛眼。「肉眼」見近不見遠，見內不見外，見粗不見細，見東不見西，見此不見彼，見和合不見散，見生時不見滅，是未離欲、未得定、未證真的凡夫肉身之眼。可見「肉眼」只能看到可見的，而無法看到不可見的。而其他四眼則是具有一定的修養與境界後所具有的，能看到不可見的無物質。「天眼」，不問遠近、內外、晝夜，皆能得見，是色界天人所有之眼，凡夫若修成禪定亦可得之。「慧眼」，則是指能夠照見真實、無相之理的智慧心，須修行至阿羅漢、緣覺聖者的層次方稱具足。「法眼」，則指菩薩慈悲願度眾生而廣行菩薩道，所開展出來通達世間和出世間一切法門的智慧。修行越高，道行越深，你所能見的東西就不僅僅限於一般的可見的，諸法諸相，一切清清楚楚。

　　太極拳的修煉從本質上來說，就是去感悟那「無」的東西。《授秘歌》云：「無形無象，全體透空。」太極拳的內涵看不見，摸不著。前輩發明了「聽勁」這個詞，正因為其是「無」物質，非到一定境界無法體會與感覺，實在是妙。拳論有云「入門功夫須口授，功夫無息法自修」。太極拳與中醫一樣，特別注重師徒的口傳心授。為什麼呢？因為，真正的太極功夫不是簡單的套路與肢體動作的可見的「有」，而是需要用心去悟才能得到的不可見的「無」。既然是不可見，是無法用肉眼去琢磨的，無法用觸覺、聽覺去感知的，是要用心去感悟的，則非是口傳心授不可了。

　　所謂的「心法」，就是用心去悟道的方法，去悟那超越身體知覺的「無」物質的方法。不管用什麼樣的教法，不管什麼的工具手段，文字也好、視頻也罷，你所能感知的僅僅是「有」，僅此而已。陳鑫在《陳氏太極拳圖說》中寫道：「千言萬語，難形其妙。當場一演，人人可見可曉。落於筆紙，皆成糟粕；形於手足，亦成跡象，而更非跡象，無以顯精神，猶之非糟粕無以寫義理。」寫成文字，雖稱糟粕，但也是不得已而為之也。

　　拳論講：「由著熟而漸悟懂勁，由懂勁而階及神明。」著熟為「肉眼」階段，只是對「有」物質的把握，層次尚淺，但亦是熟練；懂勁之始，猶之佛家之所謂開「天眼」之階，「不問遠近、內外、晝夜，皆能得見，是色界天人所有之眼，凡夫若修成禪定亦可得之」，已經能夠初步把握「無」物質，有所悟了，「凡夫若修成禪定亦可得之」，即是只要心靜，中正安舒，則可拾級而上了。

而「神明」階段，則相當於佛家所謂的「慧眼、法眼、佛眼」階段，功夫極深，境界極高，脫胎換骨，無形無像，只可體會，無法言傳。

太極拳的修煉，就是去感悟去體會那拳中的「無」，而常人總是習慣於「有」，所以，太極拳修煉，正如祝大形師父所言，必先改變思維。練「有」容易，練「無」難。「有」看得見，摸得著，「無」則看不見、摸不著，非到一定程度，非有悟性，非有口傳心授之法不能成功。

有生於無，無為有之根。無為先天，有為後天。雖然，練太極拳注重感悟拳中先天之「無」，但必須以有形有勢後天之「有」之姿勢、套路開始，逐漸的從「有」到「無」，從「有」悟「無」，然後，從「無」中得道。

以上是我修煉自然太極拳的淺薄體會，磚引玉而已。

不動，是自然太極拳的密碼

自然界的事情千差萬別，教育、文化、科研、財經、衛生、工農業等各行各業，都有密碼橫在前面難以逾越，武術亦然。自然太極拳的密碼是什麼呢？不動！練拳行功不動，不主動、不妄動，我們的練功口訣：大動不如小動，小動不如微動，微動不如不動，不動是自然太極拳的真諦。

提問者問，我練自然太極拳時，遇到不明白處是點、弧形線和輕扶等問題，和不動有關係嗎？修煉自然太極拳不動是高境界，不動是內功的根。點、弧形線、輕扶是自然太極拳內功修煉中的鏈，是缺一不可的鏈。不動是自然太極拳的本，不動的源是太極腳、方向方位以及安舒中正。有了根本，自然太極拳的鏈方可一環扣一環地動起來。更深一層解，周身全體內外相合的鏈要節節貫串，一動無有不動。

不　動

修煉自然太極拳，放鬆身心，是每一個修煉者的理想和追求。早年學拳的朋友，練拳十年二十載，周身和肢體局部仍僵緊，資深練家也是如此。有的老師、教練要求學

生練拳要放鬆。當碰到他的肢體時，挨何處，何處便僵緊。為什麼？有的老師授拳，先學練套路，然後習練「太極八法」，即掤、捋、擠、按、採、挒、肘、靠，再練鬆功，可能是取先剛後柔的教學法。先剛再求柔，難度大，短時間難以奏效。

自然太極拳教學，剔除不利因素，從改變思維入手，練拳時要控制不要有多餘的動作，從不丟不頂，從簡單的動作起步。我們首先從基本功教學，手上三不動，即不動、不丟、不頂，首要是不動。身形、肢體妄動是人們自幼養成的習慣，初始要求學員管住自己，每個動作乾乾淨淨不附加小動作，隨時注意不用腕，漸漸退去腕力，雙腕先輕鬆下來。

喜愛技擊的朋友，如果雙腳腕、雙手腕鬆下來，技擊占大便宜，如此技擊會有太極用意不用勁的韻味。

練拳時注意安舒中正的訓練，動則中正，先有心神意氣的安舒，再有身形肢體的中正，其根在腳，腳要正，視線的方向、身形肢體的方位要隨時保持中正。自然太極拳內功上身是從「九鬆十要一虛靈」築基功開始的。也可以說是自然太極拳修煉始於安舒中正。安舒中正也是內功上身鏈的端頭，接下去拳套路走弧形線，輕扶弧形線行拳，「三動三不動」，動點不動點，陰動陽動，陰陽變轉等是鏈條上的環，一環扣一環地轉動起來。

什麼是中正？中正就是練拳者身體的重心，在360°的中心點上，從正面可見練拳者的實腿實腳端正在中心點上，具體為實腳的重心和頂在一條線上，此指立柱式身形單腿重心。有了心意和身形的中正鏈的轉動，便輕靈

圓活。自然太極拳的重心又多了一個名詞——中軸線，指頂、印堂、鼻往下的胸口窩、肚臍等任督兩脈的路線。單腿重心正面的腳大趾尖、膝尖、鼻尖「三尖」相對，如此鼻為中心就相當準確、相當重要了。行拳中實手是鼻的延長，鼻到哪裏，實手的食指走到哪裏，這是方向，練拳方向性明確，鞏固安舒中正，拳人身前身後身左身右的四個正方向南、北、東、西明白了，四個隅角東南、西南、西北、東北也就清楚了。四正四隅正是「八方線」，不言自明。練拳時，以實手的實指梢輕輕扶著八方線的邊延弧形線，拳法的操作也就明白了。輕扶八方線，即輕扶著套路路線練拳。

在修煉者心中有了中正的觀念，腳下有了中心點、弧形線，輕扶，將使每天盤拳摸得著、看得見。清清楚楚、明明白白地練拳，練可以功成，但要花些時間。把握重心點，周圍的360°圓自然顯現，實手食指梢輕輕扶著八方線，自然走出弧形線，內功上身，請習練者去體悟。

關於「點」的質疑。自然太極拳是圓的功夫，是圓的藝術，是圓的最小單位點的功夫，是點的藝術。筆者的《太極解秘十三篇》一書，在《太微拳學修煉篇》中，對什麼狀態下有「點」，科學的太微拳學運用，如何修煉太微點，太微點的形成和發展，都有詳盡述。太微拳是自然太極拳中的一門學問，不是一句話兩句話可以說清楚的。希望有志深研的朋友認真去研習、體驗，會有成果。以後文中還會提到太微點學。

傳統太極拳歸根結底是太極點的學問，我們在自然太極拳的太極點學道路上下過一番工夫，很有收效。平常人

眼裏，從人類學、醫學、解剖學等現代科學視角審視，人體是由各個系統，即肌肉、骨骼、皮膚等組成。自然太極拳習練者看人體是由難以計算的點組成，這種點只有在太極拳深研中顯現。自然太極拳訓練腳下重心點，頭上點為虛靈神頂點，實手食指以指梢的點輕扶八方線，與人較技時為接觸點。平時練拳首先溜臀、裹襠、收小腹、收吸左右腹股溝、放鬆雙胯，涉及7個點。

在自然太極拳中有「接點不接面，打點不打面」的道法〔請看《太極內功解秘（增補珍藏版）》一書〕。

修煉自然太極拳，只要心法正確，道法指導，拳法循規蹈矩，學練可以成功。這是許多修煉者在實踐中得出的正確認識。

最近從青海高原來了5位自然太極拳的追求者，由弟子苗世民帶到北京，他們頭一兩年接觸過《太極解秘十三篇》《太極內功解秘》和影像作品《太極揉手解秘》等，僅僅由筆者指導了8天，他們就可以自然輕靈鬆肩垂肘。自然太極拳自然練，成功的機率很高，希望朋友們成功。

鬆肩垂肘

自然太極拳的「九鬆」修煉中，肩、肘是最難操作、最難放鬆的大關節。肩是用力非常多、非常大的一個關節，不鬆肩難垂肘。放鬆肩肘很難求，因為鬆肩、垂肘密不可分，不少人將肩肘的靈活性誤認為是鬆肩。

有人介紹鬆肩四法、八法，練來練去也不理想。自然太極拳找到了鬆肩的密碼，仍然以不動、意念鬆肩法為

佳。鬆肩、垂肘，不可將肩肘主動抬起，肩肘被動而動，由指梢引領而動，常態為自然鬆肩、自然垂肘，不練拳時以意念將肩肘鬆垂在地上。筆者在習練鬆肩垂肘的過程中一開始也是動練，越練肩肘越僵緊，以後破解了不動的密碼，肩肘也自然放鬆了。

國內許多同行找上門來以力試肩肘的鬆垂，以左右手制約住筆者的胳膊往上力抬，結果越用力越抬不起來，因為肩肘放鬆了，開發出臂的能量。2008年5月在武當山巔，巧遇一習東方功夫的美國人，因為受益於空鬆肩肘，對方推空了，如果肩肘有力，後果不堪設想。不動鬆肩是功成的妙法，請試試。

練武人以不動去放鬆某部位，一般人和武術人可能難以置信。請改變思維，改變觀念，細細琢磨有關拳訣，像「太極不用手，手到不要走」「太極無手」等佳句，看一看動練出功夫，還是靜練出內功。在此，將筆者的經驗和走過的彎路介紹給後學作為參考。

筆者先後跟了兩位武師學練鬆肩、垂肘功。一位是楊式拳練家，他在公園雙手下垂在小腹前相合，前後搖轉雙肩，時前進時定步，筆者跟著他練了幾年，肩肘的僵緊狀況沒有解決。後來又隨一位大成拳的練家學垂肘。一是坐式，兩隻前臂斜放在桌子沿上，雙肘向內轉動。一為站式，站在五屜櫃前將雙前臂斜放在櫃沿上，仍然向內旋。幾年過去了，桌沿、櫃沿磨轉出兩道槽，肩肘還是不能放鬆，才知此法不靈。

深研拳理後，明白了「不動」才是太極拳的真諦。於是平時經常將肩肘「放在地上」，理念是太極功夫在拳場

以外。結果奇蹟出現了，筆者的鬆沉勁出來了，對方再用力托我的雙臂便托不起來，說「太沉了」。請各位注意，平時各位駕車、上網、寫字，乘坐車船、飛機的時候也要鬆肩垂肘。

太極拳的符號和密碼

筆者曾請教研究自然科學的專家，物質和學術技術等非物質領域，是不是有它們的符號和密碼，回答是肯定的。這種符號與密碼有公開和不公開兩種，不公開的在研究者心中。那麼，傳統太極拳有沒有符號和密碼呢？回答也是肯定的，有！

在筆者初學太極拳的時候，就聽老師們說過，學練太極拳的人多如牛毛，而功成者鳳毛麟角。近幾年也有人提出，練來練去也練不好太極拳。筆者琢磨了很長一段時間，後來有點明白了，但明白的朦朧，還形不成理論。再後來，經過再三思考，練不好太極拳的原因凸現出來，筆者很興奮。

不知太極拳的符號和密碼，這可能是練不好傳統太極拳的原因之一吧！不知太極拳的符號和密碼，在老師、名家身旁十年二十年，甚至時間更長一些，但仍停留在一般練拳的層面上，進入不到太極內功世界。

有人會問，太極大師為什麼教不出具有太極內功的學生呢？筆者認為老師很難教會學生，特別像博大精深的內功太極拳，不是老師說拳就可以教出學生來，只能喚醒學生去悟，太極拳是練得，歸根結底是悟得。

　　「天地大宇宙，人身小太極」，筆者認為每個人的思想深處都會有一個太極悟點，太極拳師去喚醒練拳人身體內部的這個悟點，被喚醒者是少數，有人自己的悟點清醒了，有人怎麼拍打也喚不醒，這就出現了多如牛毛和鳳毛麟角的辯證關係。

　　我們的先輩大師，心中有太極拳符號和密碼嗎？他們也許對符號和密碼還沒有形成理論，但內心深處有解開如何練拳的符號和密碼。上世紀活躍在太極拳教學前沿的吳圖南大師，是一位全體透空的太極拳家；楊禹廷大師坐在座位上像一個人影，似一副衣服架。

　　吳圖南大師的太極符號是脫胎換骨，他的太極拳密碼是百折不撓，大師給予它深刻的內涵。

　　楊禹廷大師的太極符號——拳式動與動之間陰陽變轉的瞬間，他的太極拳密碼——八方線。

　　上溯先賢太極大師的太極拳符號和密碼，試著破解。

　　王宗岳太極拳符號——陰陽相濟。密碼——差之毫釐，謬之千里。

　　陳長興太極拳符號——牌位先生。太極拳密碼——外三合、內三合。

　　陳鑫太極拳符號——秀若處女，不可帶張狂氣。密碼——36病手。

　　楊露禪太極拳符號——站住中定位外打。太極拳密碼——雙沉雙輕，半輕半重。

　　楊澄甫太極拳符號——棉花裹著針的藝術。太極拳密碼——拳說十要。

　　上述關於傳統太極拳的符號和密碼，只是筆者在多年

研習過程中身知、體悟基礎上的體驗，也是筆者的理性思考。還是老話，一家之言，希望同道拳友在深研中從拳之根本上找找原因。吳圖南大師對筆者說過，練太極拳成功者「萬裏挑一」，跟隨吳老爺子學拳的許多人都知道他的這種觀點，並重複這個觀點。

也許有人不認為有那麼嚴重，我們可以橫豎看太極拳發展史，一代有幾位太極拳名家？從19世紀初至20世紀末的一百年，陳、楊、武、吳、孫五式太極拳名家只有30位左右。從上個世紀50年代進入了太平盛世，大約出現了30位左右的名家。二百年大約60位太極名家，這僅僅是金字塔的塔尖，而塔座之大，難以用十萬百萬計算。二百年間有多少人習練太極拳？

筆者的太極拳符號——陰陽變化，密碼是八方線。

太極拳的符號和密碼在深研過程中有什麼意義呢？一位太極拳練家，如果想在傳統太極拳內功修為上有所進取，就要費一番心思。所有練家都知道「太極拳博大精深」這句話。正因為博大精深，那麼從何處著手深入研習太極內功呢？如何突破自己到另一個層面上去呢？

要冷靜思考、理智對待適合你的訓練方法，也就是找到適合於你進入太極內功的切入點。有許多太極拳教練朋友，他（她）們教授國家規定的套路，也可以教授傳統太極拳的陳、楊、武、孫、吳等各流派的套路，有的人還會形意拳、八卦掌，可謂全能，但又不精緻，浮在一個層面而已。沒有找到或根本沒有去找適合自己深入研習的切入點，身上的「病痛」點就會多起來。

筆者學練太極拳時，老恩師楊禹廷八十八歲高齡接納

了我，破例給我說了許多內功。我如饑似渴，但不是鬍子眉毛一把抓，而是冷靜地思考老爺子所傳授給我的內功真諦。當我找到陰陽變化這個根本符號，以方向方位的八方線作為密碼，很快進入狀態。及時找到心神意念的安舒和肢體的中正，從根本上解決了高難度內外雙修的中正安舒和上下相隨，從而將行氣如九曲球難懂、難以習練的看不見摸不著的玄奧名詞，通俗解釋成從腳（腳趾）到手（手指）的九大關節放鬆。陰陽變化符號和八方線密碼解決了筆者進入太極內功修煉的管道。

　　筆者的太極拳符號和密碼，對於深入修煉傳統太極拳內功是適合於自己的方法，同道拳友可以根據個人情況試試。

《授秘歌》探秘

《授秘歌》出自唐朝李道子之手，給太極拳練家指明了太極功夫的方向，練拳不動是「無形無象」，身上不能有力、用力，要「全體透空」。深研自然太極拳，不能不研究《授秘歌》。

練自然太極拳有三大要素，其一自然，其二減法，其三被動。

自　然

老子說：「道法自然。」我們生活在天地大自然之中，離開自然難以生存。「自然」好理解，練拳時不叫勁、不拿勁，鬆鬆地自然練，自然行功，越自然越好。2007、2008連續兩年，我們以香港學員為主體，還有美籍華人、加拿大華人、內地的弟子、學生組團登武當山拜祖。在三豐殿三豐祖師面前述說「道法自然」。然後，登上「武當之巔」，巧遇美國東方功夫修道者，他用勁力筆者仍然以自然回應，結果這位美國武術家自愧不如，躬身稱謝告辭（邂逅美國東方功夫練家，「山巔問道」，被「博武」攝像師攝入鏡頭，此片斷收在音像片《大道自然——祝大彤武當山講拳記》，現已出版上市）。

　　人類活動都是自然行為動作的。從早晨起床、站立行走、吃喝等一切行動無不是在自然的狀態下進行的。人體進行消化、循環、呼吸、排放都不是主觀，而是無意識地在自然而然的狀態下進行的。就說呼吸吧，想呼吸不會呼吸，氣在身體內自然流動。違背自然，人類行為也許就停滯下來。一切一切都在自然的條件下有序地進行。

　　練武尤為如此，練什麼家什麼派的武術都在自然中運動，太極拳崇尚自然。北京奧運會開幕式上的太極拳表演，在「自然」的旗幟下，一個大圓陣展示中華武術。美哉道法自然！

減　法

　　自然太極拳向世人推出減法太極。減法太極是中華民族的智慧結晶。《授秘歌》收在《太極內功解秘（增補珍藏版）》中，在「鬆功源流」一節中有試析，今只說它的減法。最早的減法踐行者為唐代李道子先師。他在《授秘歌》中率先唱出減法。

授秘歌

> 無形無象，全體透空。
> 應物自然，西山懸磬。
> 虎吼猿鳴，水清河靜。
> 翻江播海，盡性立命。

　　此歌《萬本》《炎本》《于本》有白話文本通俗釋為：

忘其有己，內外如一。

隨心所慾，海闊天空。

鍛鍊陰精，心死神活。

氣血流動，神充氣足。

李道子的減法是有根據的。老子《道德經》四十八章曰：「為學者日益，為道者日損。損之又損，以至於無為。無為而無不為。」老子要我們走「為道」的路，減損私慾。做人行事、練武都應減法行事。

歌中前兩句唱道「無形無象，全體透空」，這是太極拳的減法。減到什麼地步，心腦練達到「無形無象」，此時拳形已經不重要了。因為太極拳是內功拳，要求由「著熟」漸悟「懂勁」，懂勁是太極內功在自身內部的反映。懂勁後知道自己內功在體內的運行狀態，體用結合，同時也要知道對方勁力的來龍去脈，也就是太極拳的知己知彼功夫，故稱為「懂勁」，由懂勁而階及「神明」，按王宗岳的說法，「神明」即愈練愈精，漸至隨心所欲，也可以說掌控在陰陽變動之中。

自然太極拳要求習練者「關節要鬆，節節貫串，虛靈在中」。太極拳內涵的簡單表述是陰陽變轉、舉動輕靈、用意，不是用勁。在陰陽變動中，陰動汗毛伏在皮膚上，陽動則汗毛立起來，有「膚可立箭」之說。太極拳初練都是有形有象的，以身練習，上肢屈伸，下肢坐弓步，扭腰擺臀，周身上下難以協調。在教師的指導下，一招一式八門五步十三勢前進後退左顧右盼身形妄動，是太極拳初試的有形有象有勁力的習練，因為拳式不熟練，所以如此。初試拳腳也不懂陰陽變化，教師怎麼教，就跟著老師怎麼

練，照葫蘆畫瓢，姿勢對不對根本顧及不到，對初學者說無形無象為時過早。

什麼時候可無形無象呢？在太極拳圈子裏有「太極十年不出門」的說法。這個十年不是實數，是概數，要看學習者的悟性，悟性好的，領會能力強學習進度快，悟性差的進度慢，關鍵是要喚醒沉睡的悟點。

先賢前輩在《授秘歌》中告訴我們後學，太極拳理念為減法行功。動則減法，所以自然太極拳忠實繼承減法理念，從創建初始就刻意提到減法行拳。最有說服力的是太極腳。老子說：「千里之行，始於足下。」自然太極拳宗武氏訣「由腳而腿而腰，總須完整一氣」，腳是根是無可爭辯的。

自然太極拳從腳下的步說起。如果對減法認識和操作仍有些不理解，請你雙腳相距一肩寬平均站好，身子不許搖晃而往前邁步，此時難以提腳。若向前邁步，如果先出左腳，必先減左腿（腳）實右腿（腳），也就是我們常說的「先減後加」的減加法，左腿虛淨，右腿實足，左腳方可邁出去。但到「全體透空」還要走一段艱難的路程。所謂「艱難」，並不是拳如何難練，而是先解決思想障礙。筆者在《太極解秘十三篇》的開篇已經明明白白說過，「若想在太極拳領域中探求個深淺，用常人的眼光去審視想上幾十年，看上幾十載，什麼也想不深，什麼也看不透」。你要深研太極拳嗎？請你改變思想改變觀念，換一個視角試一試。

前幾年有一位資深拳家，先是口頭後撰文否定雙腳放鬆。習練自然太極拳首要的是有一雙太極腳，腳板、腳趾

都要一一放鬆。這位資深拳家習練他拳，問鬆腳趾能站得住嗎？一位練太極拳的資深拳家如此懷疑放鬆雙腳，怪也不怪，不知者不怪罪。

自然太極拳是提倡從腳、腳趾開始放鬆全身的，從腳放鬆不但站得住而且站得穩。對方從腳放鬆，推他胯、推他的膝是推不動的，這是經過千百位習練者試推過的。從腳放鬆，到放鬆周身內外，到最高境界的全體透空，如果放鬆不同意鬆腳趾，談何無形無象、全體透空呢？

被　動

先請太極拳愛好者橫豎看太極拳運動，近200年練拳的人多達數億人，太極拳已經走向世界，這是中華民族的盛事，是人類的盛事。「盛事」說，是「全民健身」，當然還有很多運動形式，總之人類體質增強，這是我們樂見的盛事。但是，說到太極拳內功，仍未普及。香港弟子黃佩嫻女士說：「我買了許多太極拳的書，書上沒有提到內功。自從老師的《太極內功解秘》面世以來，提到太極內功的書也多了，這個跟風局面很令人開心。」

現在可以借用革命先行者孫中山先生的一句話，「革命尚未成功，同志仍須努力」，當前我們都看到了，傳統太極拳的豐富內涵尚不被許多練家重視。關於太極拳豐富的內涵，我們已經喊了多年，在拳中反映出內涵，須堅持練拳，持自然、減法和被動。減法行功，被動便展現出來，這是自然的事情，不是練拳中刻意去「被動」，人為被動難以如願，練拳主動、妄動，豐富的太極拳內涵是不

會上身的。這是太極拳哲學。

《授秘歌》探秘

《授秘歌》僅四言八句，韻腳是押上了，但顯短。《授秘歌》唱出從內到外從裏及表拳之秘錄，全歌都是秘。從四言八句體例看像出自唐代人之手，唐詩長短有頭有尾有個故事或事件，唯《授秘歌》似乎上下不關連，東一句西一句，擺出不解之秘。再三吟讀，又似乎前後有呼應，也是令人費解之秘。

《授秘歌》被人民體育出版社中華武術文庫古籍部收入《太極拳譜》中，是有根據的。編者注，此歌出版自「萬本」，原文偽託唐代李道子授明代俞蓮舟之秘歌。萬本之《宋譜》內，此篇原無注文，夾註多從「于本」錄入，並與「炎本」相互校勘。于本所輯本篇，其題名已改做《太極拳之真義》。編選者認為本歌屬「隱語」一類。隱語常見於釋、道兩教的經典著作中。我們修煉傳統太極拳，對有關古典拳道均應學習、借鑒、研究。

從《授秘歌》中可以探觸到太極拳的真義。像「無形無象，全體透空」，傳統太極拳深研家們不難理解，一般練家就弄不明白了，傳統太極拳層次性很強，不到「無形無象」層面，對無形無象不理解，練拳身體鬆不下來，出手僵緊，就難以理解「全體透空」。這首四言八句的歌訣，隱語多多，破譯難度大。

「應物自然」似乎好理解，筆者解釋此句，「前輩大師告訴後來學子，太極技擊運用中，沒有固定法則，不動

為靜，靜中制動，動便是法，左右上下，前進後退，由進者決定。守者靜中制動，對方動，我靜，動靜之機陰陽之母，心法陰靜，以靜制動，靜待運用自如，立於不敗。這一切要有太極拳的綜合功力，也就是內功。身上有了內功，就有『應物自然』的能力」。

「西山懸磬」難以理解。「東山」可不可以懸磬？西在八卦中占金位，木生火，金不怕火，火怕水，北與西不相對應，西北為一方。先天八卦西北為乾卦，後天八卦西北占艮卦。西北、東北、西南、東南為四隅的隅線，自然太極拳在隅線位前進上步，轉換變動方位重心，我們對此不陌生，不熟悉隅位上步轉換變動重心的練家會有些難度。「翻江播海，盡性立命」有白話本釋解為「氣血流動，神充氣足」。

氣血流動──說明練太極拳動靜相兼，內外雙修，一動無有不動，外動內靜，內動外靜，慢練太極拳；外靜而內動，不是小動而是大動，似翻江播海。

人們常說太極拳保健、養生，對消化系統、血液循環系統、中樞神經系統、呼吸系統以及骨骼肌肉、開發潛能都是有益的。唐代人提到養生，五臟六腑翻江播海、水清河靜是科學的養生理論。

人們習練太極拳，是慢動作進行操練，練拳以鬆、柔、圓、緩行功，為氣道、血道、經絡通暢創造了條件。如果按規律循規蹈矩練太極拳，有可能多開通若干支微細血管，人的健康得到益處，開發潛能也是可能的。如果多開通幾支微細血管，延年益壽是肯定的。這就是「翻江播海」「氣血流動」在身上起到的應有效應。

探秘，實屬磚引玉，難以深解，有待全體傳統太極拳愛好者努力，以提高傳統太極拳整體水準。

結束語

和讀者、自然太極拳愛好者共同探討與《授秘歌》有關的問題，也是一個很有趣味的話題。筆者對《授秘歌》和它的作者李道子懷有極高的崇敬。但是總覺得此歌不像出自一個人之手。或許不是一氣呵成，寫一句放一放，在習練中有新的體驗和感覺又寫一句。或者多人湊在一起邊練邊聊，東一句西一句，弄成今天這個樣子的四言八句歌。筆者在《太極內功解秘》「學習《授秘歌》」一節中有一句話：「如果我們將《授秘歌》打亂前後排列，不同拳齡對拳藝有不同悟性的朋友，對歌之內容和內涵有不同的理解。」能否將八句歌訣重新排序，或增或刪，改為自己有更深一步理解的內容？

筆者改動的歌訣如下：

　　　　　陰手陽手，深入研究。
　　　　　須敬須恭，習者尊從。
　　　　　海枯石爛，學無止境。
　　　　　無形無象，全體透空。

　　　　　滲於筋骨，皮肉碎鬆。
　　　　　經絡臟腑，無阻暢通。
　　　　　應物自然，西山懸罄。
　　　　　八門五步，哼哈發聲。

虎吼猿鳴，水清河靜。

靜極山嶽，以靜制動。

防身衛國，族壯強種。

翻江播海，盡性立命。

　　歌是唱的，古代人以歌詩為興。《太極拳訣》中有《十三勢歌》《打手歌》《八字歌》《功用歌》《無極歌》《太極歌》《打穴歌》等等，古人多唱，唱和念感受不同，層次不同，可去玩味。筆者在函授班教材學員專用影像製品《祝大形太極內功解秘函授特別教程》（共10碟）中，在最後，講《授秘歌》一節時以歌的形式唱了四言十二句歌，以幫助學員深入瞭解此歌，請讀者參考。

　　以下向讀者、自然太極拳愛好者推薦兩篇學習「無形無象」、「減法」的體會文章，尚不完善，但作者僅僅跟著筆者學習了半年多，從拳理上認識自然太極拳真理，實屬不易。

學員學習體會

論太極拳之「無形無象」與「減法」

陳　俊

　　人天生喜歡加法，因為人人都喜歡得到，從出生一那起，人總是習慣於得到的高興與失去的憂傷。所以，加法是人的思維慣性，減法卻有悖於此，因為減法意味著失去與捨棄。

　　太極拳是「先天自然之能」（王宗岳《太極拳論》），就是說，是人一出生就具備的一種潛能，天地宇宙是一大太極，人身是一小太極，修煉太極拳只不過是一種先天返後天的「知覺」運動。太極拳是人生而固有之「良知」，修煉只是先天「良知」的「覺悟」，是為「知覺」運動。

　　既然如此，那麼先天返後天的太極拳修煉只能是減掉後天人為刻意加進去的東西，比如太極拳修煉中最忌諱的「力」，乃至「意」。武禹襄說：「用意不是用勁」，就是對太極拳修煉的一種高級覺悟與境界。太極拳的修煉過程就是退去拙力的過程，就是把自然的身體內不自然的東西減掉的過程。

　　老子說「為學日益，為道日損，損之又損，以至於無為」，正是此意。減法，是修煉的王道，也是唯一的途徑。減到最後，正如老子講的「以至於無為」，正如拳論所述「由著熟而漸悟懂勁，由懂勁而階及神明」的神明之境，這種境界就是《授秘歌》中所說的「無形無象，全體透空」。

　　「無形無象，全體透空」，起初雖懂字面意思，卻不解其意。練拳越久，聽祝大彤師父教導時間越多，認識日漸深刻，「無形無象」是描述太極拳的特點，沒有形體的變化，沒有動作，無法用肉眼去察覺，這是太極拳修煉者追求的目標和練拳時的自我要求，也是修煉到一定程度後的境界。

　　有人會想，太極拳有那麼多的式子，每個式子又有那麼多的動作，每一動都有形體的變化，怎麼會沒有形沒

有像呢？這個問題是思想上的問題，如果這個問題沒有解決，正如師父說的：「練一輩子太極拳也是白練。」所以，祝師在《太極內功解秘》裏說「太極拳要改變思維」，你的思維如果還是停留在有形有象的層面，對「無形無象」還是無法接受，那麼你對太極拳還是沒有認識，換句話說，還是不懂。「無形無象」是減法的結果，是後天之人減去非自然的東西後到達自然之境的一種結果。

對太極拳修煉者來說，「無形無象」是要求與目標，減法是操作要領。

論太極拳之「先天自然之能」
陳　俊

王宗岳在《太極拳論》裏說：「斯技旁門甚多，雖勢有區別，概不外壯欺弱、慢讓快耳！有力打無力，手慢讓手快，是皆先天自然之能，非關學力而有為也！」（人民體育出版社2008年1月版）

此句論述，字面上很好理解，即是說太極拳的旁門左道很多，雖然外形有區別，但是不外乎以體壯欺負體弱、有力勝過無力，動作快的勝過動作慢的，這是先天自然的能力，跟後天的學習沒有什麼太大關係。照這麼說來，太極拳就是透過後天的學習而得，不是人的先天自然的能力，而身體強壯有力、動作快則是先天自然之能了。

楊氏老譜《大小太極解》中有云：「天地為一大太極，人身為一小太極。人身為太極之體，不可不練太極之拳。本有之靈而重修之，良有以也。」人身本為太極

之體，本具陰陽之本，太極是先天自然之能，「良有以也」，習練太極拳不過是「重修」之。而太極拳強調修煉鬆柔功夫，老子有云，「專氣致柔，能如嬰兒乎」，剛出生的嬰兒所具有的鬆柔是先天之良，而太極修煉正如老子所說是「專氣致柔」，可見按這一版本拳論裏所述並不正確，請拳友辨之。

陳鑫在《太極拳圖說》中也說過：「學拳者，以後天人心、有知之識神，習其姿勢、規矩，久練純熟，而先天道心、不知之慧神發矣！」所以，太極拳是人的「先天自然之能」，「非關學力而有為也」。

太極大師吳圖南亦在《國術太極拳》中介紹李道子時有云：「時人名之曰夫子李雲，所傳太極拳名先天拳……」可見，太極拳之「先天」特點古已有之，太極拳是先天拳，練的是「先天自然之能」。

明代大儒、心學創始人王陽明在《傳習錄》中有云：「知是心之本體。心自然會知，見父自然知孝，見兄自然知弟，見孺子入井自然知惻隱，此便是良知，不假外求。」「良知只是一個天理自然明覺發見處」。良知本在我心，純是先天自然，太極便是身體之良知，是先天自然之能。

既然太極拳是人身先天之良，那麼以後天之人去習練，則是以後天返先天，是返工。楊澄甫的徒弟李雅軒之徒描述太極拳這一特點時說：「返工的活兒不好幹。」祝師說，楊禹廷老爺子曾跟他說：「練太極拳是難為自己。」可見，以後天之人習練先天之拳並非易事。

人自出生後，成長、生活、學習、工作都在先天鬆空

之體上增加各種東西，使得身體變僵變緊，太極拳既然是後天返先天，那麼就必然是減法，減掉後天加上去的東西，就是所謂的退力，退去無靈氣的拙力。減法就是後天返先天的操作，就是退力，就是使不自然變回自然。所以，拳論有云，「此全是用意不是用勁」，使得不自然的後天用力習慣返回到先天的不用力的本能。減法即自然，即不用力，是習練太極拳的王道。

既然是「先天自然之能」，為什麼又說「非關學力而有為」呢？難道「先天」與「學力」是矛盾的嗎？應該是既矛盾，又不矛盾，矛盾在於，先天自然的東西和學力的多少沒有一定的關係，不是你練得多功夫就長進得快，如果你是加法地去學，去練，那麼，必然是絲毫無助於功夫的進步的。

不矛盾在於，如果是減法地去學練，則自然是功夫日長，越練越深了，正如李亦畬所說：「到此地位，功用一日，技精一日，漸至從心所欲，罔不如意矣！」

太極拳《八法秘訣》試析

百年太極，楊氏老譜及各家各派的太極拳理論中，均將太極八法的掤、捋、擠、按、採、挒、肘、靠看得極為重要。在《吳家太極拳》專刊中稱八法為《八法秘訣》，可見吳家對太極八法的重視。

太極八法每一法的後邊加一個「勁」字，如掤勁、擠勁……這個說法延用至今。此「勁」非勁力之勁，應解釋為太極之術語修煉，「是精氣之內壯也」。練家如果以「勁」實實在在用於「外操」，便不是「精氣之內壯」，外力不是太極拳修為的追求。

京城楊式太極拳家汪永泉大師說，在運用太極八法時，掤裏有捋、擠、按、採、挒、肘、靠，擠裏有掤、捋、按、採、挒、肘、靠……太極拳內功是「一動無有不動，一靜無有不靜，一處有一處虛實，處處總此一虛實」的綜合功夫。太極八法的運用也不是單一的招術，如果以招術習練，「八法」秘訣的意義也不復存在了。請同道辨別明理。

太極拳習練者和深研者大多都習練楊氏傳統太極拳基本功。太極基本功為掤、捋、擠、按、採、挒、肘、靠等八種修煉方法，稱為太極八法。從太極八法揉手中又演化出八八六十四手。現將楊氏老譜秘傳太極八法介紹如下。

八法秘訣

| 掤勁義何解 | 如水負行舟 | 先實丹田氣 | 次要頂頭懸 |
| 全體彈簧力 | 開合一定間 | 任有千斤重 | 飄浮亦不難 |

| 捋勁義何解 | 引導使之前 | 順其來勢力 | 輕靈不丟頂 |
| 力盡自然空 | 丟擊任自然 | 重心自維持 | 莫為他人乘 |

| 擠勁義何解 | 用時有兩方 | 直接單純意 | 迎合一動中 |
| 間接反應力 | 如球撞壁還 | 又如錢投鼓 | 躍然擊鏗鏘 |

| 按勁義何解 | 運用如水行 | 柔中寓剛強 | 急流勢難當 |
| 遇高則膨滿 | 逢窪向下潛 | 波浪有起伏 | 有孔無不入 |

| 採勁義何解 | 如權之引衡 | 任爾力巨細 | 權後知輕重 |
| 轉移只四兩 | 千斤亦可平 | 若問理何在 | 槓桿之作用 |

| 挒勁義何解 | 旋轉若飛輪 | 投物於其上 | 脫然擲丈尋 |
| 君不見漩渦 | 捲浪若螺紋 | 落葉墮其上 | 倏爾便沉淪 |

| 肘勁義何解 | 方法有五行 | 陰陽分上下 | 虛實須辨清 |
| 連環勢莫當 | 開花捶更凶 | 六勁融通後 | 運用始無窮 |

| 靠勁義何解 | 其法分肩背 | 斜飛勢用肩 | 肩中還有背 |
| 一旦得機勢 | 轟然如搗碓 | 仔細維重心 | 失中徒無功 |

筆者根據多年修煉傳統太極拳對太極八法行功的體

驗，初探試析如下。

掤

掤勁義何解　如水負行舟　先實丹田氣　次要頂頭懸
全體彈簧力　開合一定間　任有千斤重　飄浮亦不難

　　所有太極拳練家和深研者都諳熟太極八法的排頭功法
——「掤」功。圈內習慣在每種功法的後邊加一個「勁」
字。如掤，稱「掤勁」，除掤、捋、擠、按、採、挒、
肘、靠等八種勁的說法以外，有的拳家還有斷、截、冷、
疾、打、得、落、空、引、進、接、粘、黏、依、連、
隨、滾、錯、折、磨、彈、正、側、刀、鋸、拍、撣、
拽、擎、踏、重、離等勁的說法。

　　「勁」字在《現代漢語詞典》中，解為「力量、力
氣、用勁、手勁」等。在傳統太極拳的各種打手的後面加
一個「勁」字，如掤勁、捋勁、擠勁……只能解釋為凡練
拳者都知道的術語，不能表示或代表什麼。這個勁字不能
表示是太極拳真打的發勁。為什麼？「勁」字就是本力、
拙力，人類以本人勁力顯示強健，力量顯示在競技體育中
是舉重、搏擊、田徑等項目。「勁」在任何環境中都是表
示力量。

　　筆者多年研習傳統太極拳，認為「勁」是拳技藝的一
種術語。有人認為「勁」字代表太極拳功夫的一種勁。資
深太極拳家認為太極拳用意，不能使肢體的各個部位出現
勁力。我們聽一聽前輩先賢是怎樣議論勁力的。

武式太極拳先賢李亦畬大師在《五字訣》「一曰心靜」中闡明，也是大家熟知的用意，不用勁的名言，他寫道：「要刻刻留心，挨何處心要用在何處，須向不丟不頂中討消息。從此做去，日積月累，便能施之於身。此全是用意，不是用勁。久之，則人為我制，我不為人制矣。」先賢講的拳理是拳之大道。太極拳體用，意行者得道，力行者失道，十年八載或更長的時間也難成正果。

　　太極拳習練者最早接觸的「勁」便是掤。掤是往上過頭打在對方腳後跟的勁。簡單解，特別在揉手運用中，自下而上的打法稱為掤。

　　初學者尚不知，也不懂太極拳為「用意，不用勁」行拳，最初接受和練習是實實在在地用力往上掤。在相當長的習拳過程中，初學者養成出手用力的習慣。久而久之，用勁練太極拳一代一代傳下來，太極拳成了肢體運動。再向這些用勁練太極拳的朋友說練拳「用意，不是用勁」，他們只是聽聽，如何用意，不去用力，也不深究，因為用勁練太極拳參加比賽也能獲獎，用力練也就心安，不去改進。還有人說練的是「太極勁」，力練太極拳也就習慣成自然了。

　　初學者用力練太極拳，還有的資深練家也不大相信李亦畬先賢「用意，不用勁」，向提倡用意者叫板，說：「你用意打我一次。」或者撰文，提到：「不用勁打不出去人。」人習慣用力，用力方便，用起來容易，不用力難把握、難練，練武之人年齡大更習慣用力。

　　出手不用力太難太難，自己也不好控制，大家都習慣力練也就見怪不怪了。

　　從「飄浮」拳理講，如果一方以掤打過來，手上不掛力，鬆空手掌，對方以力接，接手瞬間腳下便會飄浮似上了船，這是失去重心的表現，船左右上下擺動，腳下重心丟失沒有了根基。通常說，「拔根」，拔對方的根，使對方失去重心，這是二人較技太極鬆空高手揉手的藝術表現。掤法中闡述的「飄浮亦不難」，就是這個意思。

　　揉手者的身形手勢十分重要，身形如何決定在揉手中的地位。你周身鬆空，是一個鬆體，在雙人揉手中當然佔據勝方的地位。反之，你周身鬆功不佳，身上掛力，是一個有力的勁力體，當然要居第二位。

　　《八法秘訣》「掤」法所說的拳理無可爭辯地是太極拳妙法、絕招。「頂頭懸」，筆者在修煉中稱之為虛靈神頂，就是頂上虛靈，防止刻意頂頭懸，如此初學者難以把握。「彈簧力」要內功上身後方可體驗。唯有「先實丹田氣」，我們要研討研討。

　　楊氏拳訣，無疑都是經過搏擊場上實踐過的真理性拳法。「先實丹田氣」楊氏運用也是正確的，可惜我們「門外人」未得真傳，不知如何去「先實丹田氣」。筆者從學的幾位老拳家不提倡「氣沉丹田」，丹田氣和氣沉丹田是不是一種呼吸法，手中沒有資料。京城太極拳家吳圖南（晚年）、楊禹廷兩位大師都不提倡氣沉丹田。有一位少林寺「德」字輩高僧，親口對筆者說過，丹田練氣不存氣，也不提倡氣沉丹田，恐鬧出病患。

　　氣沉丹田的功法是氣的上乘修煉，不是初學者所能把握的。人體中的氣是流動的，自從人類在地球上出現以來就會自然呼吸，大自然的氣在人體以及一切動物的體內運

行已經形成氣動的規律。氣在體內運行不會停下來，呼吸停止人便死亡。氣沉丹田是否科學，還有待智慧的人來解決這個疑問。沒有明師指點把關，筆者認為，為了不出偏還是先不練為好。

在二人較技中，掤勁也不是技擊中的打法，或稱不是唯一的打法。筆者初學太極拳時，有幾位老師在講到掤法時，都以教學為主，不提倡將掤作為技擊的首要。以「太極八法」訓練學子，應該認為是上乘的教學法。太極拳的虛實可以解義為陰陽，請溫習陳微明先生記錄楊澄甫口述的虛實。「分虛實，太極拳術以分虛實為第一義。如全身皆坐在右腿，則右腿為實，左腿為虛；全身坐在左腿，則左腿為實，右腿為虛」。以上虛實定義，是澄甫大師的絕學立論。同道應細心揣摩，潛心體驗。

以上太極八法秘訣簡單注釋，非用功之久不能融會貫通。限於對傳統太極拳的認識和理解，只能通俗於此處，請同道補遺。

對太極八法的認識也存在見仁見智的問題。人的性格千差萬別，不同的家庭出身，不同的文化背景、不同的性格，對拳理的認識、理解各異。太極拳修煉層次性很強，初學的層面難以知道中學的修煉內容，而中學層面又不知大學的修煉內涵。

如筆者認為掤勁的勁，不是勁力的「勁」，應是術語。勁力層面的習練者不理解了，認為勁為術語說不對，大錯特錯了，怪異了。這個層面的朋友經過若干年修為，若認識到「勁」為術語說是對的，說不定他們也會不厭其煩地向勁力說去解釋解讀，這是件多麼好的事情呀！

關於勁的說法，在文中延用傳統和習慣說法，八法為掤勁、捋勁、擠勁、按勁、採勁、挒勁、肘勁、靠勁等四正四隅。筆者認為此勁的說法是太極拳術語，不是說八種勁。對勁的說法，在以後的篇章中還有專題論述。

捋

捋勁義何解　引導使之前　順其來勢力　輕靈不丟頂
力盡自然空　丟擊任自然　重心自維持　莫為他人乘

二人在揉手習練或較技中，遇到對方進攻首當其衝者為掤。對方的打手從正面向胸、臉攻來，有打在後腦、後背，再往下有打在腳後跟的威脅。

揉手的化解來力均取逢掤必捋的拳法。對方以右手打來，我將其右手及胳臂捋向我左方；對方以左手打來，我將其左手及胳臂向我右方或右後方捋去，以解掤攻之危。注意，此時將對方打來的手捋向左或右時，不是以力去撥對方的來勢，而輕輕扶對方的腕部，「順其來勢」引動他向左右。具有鬆空內功的拳家不是以手臂去捋對方，「引導使之前，順其來勢力，輕靈不丟頂，力盡自然空，丟擊任自然，重心自維持」。維持重心，以上下一條線立柱式身形最佳。

在揉手實戰中，二人較技四隻手進退屈伸，千變萬化沒有規律可循，動靜之機隨機應變。我們打手的規律萬變不離其宗，不管對方從任何方向掤來，我以化、拿、打、發化解對方攻勢，引進落空，順其來勢以靜待動，後發先

制，打擊對方。

在運用捋法時，要注意自己的身形手勢，牢記先賢大師的告誡──「陰陽之母，動靜之機」，此時不可忘記太極拳的根本，周身空鬆不掛力，手上要鬆不掛力，像陳鑫大師說的「妙手空空」是絕佳的手勢。

筆者說「四梢空接手」，是手和腳上下相隨的空鬆，四梢空接手是技擊的第一要素。這是捋法的「力盡自然空」，即手上勁力退盡，手自然空。是空鬆修為的形於手指，是空鬆四梢的妙手太極內功的空，是接觸點上的空。筆者有一訣，「對方進攻急，半個身子虛」，虛就是空，如此對方撲空。周身鬆空，你便成為鬆體，重心當然穩重。重心的穩重，這一功夫不是一天兩天練出來的。

楊氏《八法秘訣》中將「捋勁」提到全身「重心自維持」「安舒中正」，先有心神意氣的安舒，後有周身中正的重要地位。楊式太極拳家楊澄甫大師有《拳法十要》警世，其四要說的是「重心」，「太極拳術，以分虛實為第一要義」，說的是重心。

楊氏的「重心自維持」的拳理被楊澄甫詮釋後，京城吳式太極拳家楊禹廷在研習、教學實踐中明確太極拳重心，又進一步詳解拳的重心。以虛實分，左腿實，實足，右腿虛，虛淨；右腿實，實足，左腿虛，虛淨。從而確立了「立柱式身形」的中正拳道。

楊澄甫1936年在滬逝世，此時青年楊禹廷剛出道。當時中國印刷和通訊仍處在落後的局面，上海、北京交通不便，太極拳技藝不可能傳播很快，楊澄甫的重心虛實法也不會很快傳到北京。楊禹廷在研習、教學實踐中，在恩師

的指點下強調「虛實重心」，以後發展和定型了「立柱式身形」的重心維持，此法經百年實踐已成為經典。

一種上佳的技藝在實踐中被傳播運用，應該說南北二楊在相隔半個多世紀研習「安舒中正」理法時，其心靈是相通的。到我們這一代，感覺中正說的全面性有了缺憾，為了使中正學更加精確，是否我們再強調中軸線學說，以進一步詮釋中正在技擊中的重要性。關於中軸線，在以後文中還要詮述。

研習太極拳求的是自然。捋法解義中，有兩處提到自然，「力盡自然空」「丟擊任自然」。太極拳本應自然，這是無可爭論的。千百年來太極拳隨著人類文明的發展而發展，隨著人類文明的完美和完善而完美、完善。本來太極拳很自然、很簡單，被後學者給搞得刻板和複雜了。其實練太極拳越自然越好，不要刻意去練煉，欲求得到什麼，實不可取，相反要丟掉什麼，減法練拳。老子在德篇中說：「為學日益，為道日損，損之又損，以至於無為。」拳論要求「一舉動，周身俱要輕靈，尤須貫串。」「關節要鬆，皮毛要攻，節節貫串，虛靈在中。」人體結構發生的變化，不是隨意練煉可以求到的。

《八法秘訣》強調頂頭懸和不丟頂。這個「頂」可解義為頭頂的頂和二人較技在接觸點上的不丟頂。關於頂頭懸的頂，筆者在《太極內功解秘》的第八節「修煉陰陽頂」中有詮釋，不再多費筆墨。捋義解，有「輕靈不丟頂」之要求。太極拳修煉者要「不丟頂」，是習練太極拳的嚴格規範。

練拳修內功要守規矩，絕對不可以有隨意性，不尊師

教。在接觸點上不丟頂，首先，身形堅持三不動：不要有動意，不主動，不妄動（關於三不動，筆者在《太極內功解秘》第十一節有詮釋）。

楊澄甫的《八法秘訣》講的是推手要義，在推手較技中雙方接手「不丟頂」尤為重要。不丟頂屬於中定，中定在「八門五步十三勢」拳法中，是進、退、左顧、右盼、中定的正中位置，站住中定，也是身形中正，中定是重心點的位置，當然不應該亂動的。楊露禪有「站住中定往外打」的教導（吳圖南口傳）。

筆者多年研習太極拳體驗到，如果「太極十年不出門」，這個「十年」，筆者認為是初入拳場，從不知到知，從不會練到會練，從會練到熟練的過程。當然，這也是有要求的，要求修煉者，從開始要改變思維，規範動作，嚴格遵照太極拳的規律習練十年，如此初步把握內功，言「出門」還早。如果學練他式太極拳習慣力練，轉入自然練的自然太極拳難度很大很大，圈內人都知道，「學拳容易改拳難」，用力練兩年拳，改4年也不一定能入內功軌跡，有人練30年他拳，練自然太極拳4年就去另立門戶，這是自欺欺人。中定功的修煉要五年後小有成就，再進一步深研，身形可中正，有可能「站住中定」，這是多年修為太極拳綜合功夫的顯現。

二人相接，或對方的手已經進入到己方的胸、腹部位，同樣是接觸點，仍應不動、不丟、不頂。當然，這要求操作者有周身鬆體的修養，心意鬆，周身肢體鬆。要具備中定內功不是一件易事。

奉勸同道拳友，不通太極八法，關節不鬆又不熟節節

貫串的鬆功，不可輕意與人較技，否則十次要有十次失敗，除非對方是用力者。

中定內功上身要用功多年方可得到，首要是修煉「九鬆十要一虛靈」。此功法在《太極解秘十三篇》中有詮釋。九鬆，即從下往上鬆腳（腳趾）、踝、膝、胯、腰、肩、腕、手（手指）。十要，即溜臀、裹襠、收小腹、收吸左右腹股溝、吸左右胸窩、空胸、圓背、弛頸。關於頂，王宗岳提到「虛領頂勁」，筆者從習練中體驗到，資深拳家對「虛領頂勁」不難把握，這一拳藝對初學者有難度，脊柱和頸梗易僵緊，不好操作。筆者認為「虛靈神頂」即將精神置於頂上，此法便於把握也易操作。說明白點，人類生就有頂不須再練，「虛靈神頂」，只是提醒習練者頂上自然就可以了，不要刻意管頂。

虛靈神頂，在操作時，頂上不要放意念，虛虛靈靈就可以了，將神氣、精神放在頂上一寸，便是虛靈神頂。腳下鬆，經腳、踝、膝、腰、脊椎到頂。練拳時每動都鬆一次腳，鬆腳意識往上到頂，也就是鬆腳到頂，日久形成虛靈神頂，中正安舒有了。從實腳下重心點往上，上下一條線。安舒中正的中定內功出來後，再較技，勝多敗少，很有興味。

太極八法，任你自由運用，演示出八八六十四手，視鬆功而言，也不一定是死數六十四手，周身鬆空功夫上乘，「因敵變化示神奇」。遇到什麼強手、高手，化中走開，美哉，太極揉手。

《八法秘訣》有八八六十四句訣，演釋出八八六十四手，這是圈內很多修煉家都知道的功法。但詮釋有難度，

不是不努力研修，而是未入楊氏門說不清門內話，不是過謙，隔行如隔山嘛。

太極拳功成不是聽你說了什麼，也不是單單練一趟拳。可以這麼說，太極拳是心靈和頭腦的功夫。太極內功講究身知、體悟，意思是身上明白，從身體反映出來的，驗證太極拳理的功夫。

練拳在初級階段要鬆，做不到全身放鬆，要將從腳到手的九大關節鬆開，進而心、神、意、氣，骨與肉之間也要放鬆。到中級功夫，達到全體透空，進而修煉到無形無象的無——周身上下摸到哪個部位，哪個部位沒有力點，對方接觸的部位什麼也摸不到。化解對方進攻，以捋化之，此時的捋不要有動作，小動、微動也屬下乘，上乘功夫是不動。老譜一訣：「大動不如小動，小動不如微動（我加一句，微動不如不動）。」

太極拳有層次，不在一個層面上，絕對對這個層面上的功法一無所知，也不理解。修煉到高層次功夫，也就是「鬆、空、虛、無」，「不動」是上乘功夫，不在這個層面，很難明白，很難理解。

二人較技，周身內外放鬆，也稱為規置好自己。前輩大師經常教育告誡後學者，「太極功夫在拳裏」，經常練拳，本力漸漸退去，內功上身。修煉太極拳，人體是載體，載體不空不清理乾淨沒有通道，內功怎麼上身？如我們買房，空房我們才可以入住，身體內外鬆淨，內功方可上身，就是這個理兒。

我們對初學者不提倡練推手，引導學生練拳，功夫真理，「太極功夫在拳裏」。

擠

擠勁義何解　用時有兩方　直接單純意　迎合一動中
間接反應力　如球撞壁還　又如錢投鼓　躍然擊鏗鏘

　　擠勁比較好理解，簡單解，直接往對方身上用勁，或者往對方身上推。

　　拳裏擠式很多，如第二式攬雀尾中第二動為右打擠，第四動左打擠。右打擠，右掌為實手，左掌為虛手，右掌掌心對左虛腕脈門，用意由左虛腕打對方的胸背；左打擠，左掌為實右掌為虛，左掌掌心對右虛腕脈門，用意由右虛腕打在對方的胸背。

　　在揉手較技中，初學者還不習慣運用虛實、陰陽變化，不管單手還是雙掌，接觸到對方肢體，沒有內功，不是用意，而是用力生推硬揉。這種動作也屬於擠勁範疇之內的技藝。

　　從太極拳習練解，太極拳套路均以弧線運動，沒有直線和橫線，也最忌走直線。太極拳技擊也最忌直來直去直線推向對方。此動作屬於危險動作，對方轉動即被跌出。以直勁攻擊對方，對方如果不具備太極內功，硬碰硬，對方向左右轉動上身，即可化掉來勢轉危為安，雙方打一個平手。在直來直去的推手中，陳鑫大師在36病手中，第十八位的「推」字被列為病手。

　　聰明的太極拳習練者或資深拳家，不會以直勁去攻擊對方。如果被攻擊方身上有內功，九大關節鬆且節節貫

串，你攻擊對方身上，對方周身鬆空，又似彈簧，你打出直勁結果會「如球撞壁還」，沒有別的出路。

初學揉手者不要上場就跟人家試手，除了失敗沒有別的出路。那麼經常推，日久會不會提高技藝呢？不會，只能增加肩臂的靈活性。如何提高揉手技藝呢？一練拳二練拳三仍然是循規蹈矩地練拳。有的朋友不練拳喜好推手，這是「全民健身計畫」，找幾位志同道合者，經常推手也有益健康，這是另一種形式的推手，與太極陰陽變化中的內功揉手不是一回事。

太極八法是不是僅為掤、捋、擠、按、採、挒、肘、靠？只此八法又如何演化出八八六十四手呢？京城楊式太極拳家汪永泉大師對太極八法的運用有獨到之處。他在教授我們推手時，每化解一次來手威脅時，要耐心解釋，每一種手不是單獨運用的，如果使用不當，在對方威脅下難以解困。太極較技千變萬化，雖然太極拳打法厲害、出手見輸贏，但技藝多變，技擊者在八法運用中也應隨機應變，要有實戰的應變能力。

拳式中的擠，右掌打擠左臂虛，左掌打擠右臂虛，如果打擠左右掌同時有力，這是最忌諱的敗招，此為雙重。在打擠時，直去的效果不佳。如果右掌打擠，在擠中向左偏10°～15°，如果左掌打擠，在擠中向右偏10°～15°，向對方左肩或右肩的方向攻擊，對方就不舒服，這是擠中有採，請在實戰或訓練中研習。

太極揉手技擊，內功修為是第一位的，肢體僅僅靈活不是太極拳人追求的目的。順便說說，練傳統太極拳的健體強身祛病延壽養生為第一要義，自然太極拳以拳靜養，

不提倡揉手，拳中體驗太極拳的文化內涵，以體驗拳理，和諧太極以文會友，深修拳道。

按

按勁義何解　運用如水行　柔中寓剛強　急流勢難當
遇高則膨滿　逢窪向下潛　波浪有起伏　有孔無不入

按勁，從字面解是下按之意，有句俗語，按下葫蘆起來瓢，在太極揉手運用中，按勁是陰動還是陽動呢？以太極拳的特性定位，按是陽動。不弄明白「按」勁在太極拳和揉手運用中的陰陽屬性，很難在技擊中有所突破。

從動作解析，從上往下按多為呼氣，呼為陽，凡呼氣的動作多為主動進攻之意，按為主動，下按故為陽。實戰應用、生活中勞作也是如此。

你外出幹活帶著長把工具，如鐵鍬，習慣扛在肩上，到達目的地，將鐵鍬從肩上取下。此時放下鍬的人，不知不覺或稱為下意識地在放下鐵鍬的瞬間是呼氣動作，隨呼氣同時放下鍬鐵鍬，或者這麼說，隨放下鐵鍬隨呼氣，這個動作是自然的生理現象。

太極拳講究呼吸，但內功尚未上身時，在修煉的過程中最好不要管呼吸，管呼吸便不會呼吸。很多太極拳大師教授學生時，大多不教呼吸。

筆者過去從不在書文中解呼吸，在詮釋按勁時，多用些筆墨將太極呼吸盡可能闡述明白。

太極拳修煉首先要解決認識問題，筆者第一部太極拳

理論專著《太極解秘十三篇》開篇寫道：「若想在太極拳領域中探求個深淺，用常人的思維去想，用常人的眼光審視。想上幾十年，看上幾十載，什麼也想不深，什麼也看不透。」

有人問，對方擠上來，是陽按還是陰按？應以陰虛對付攻來的陽攻，太極拳人面對進攻，陽隱陰顯或陰隱陽顯，這是很自然的太極陰陽學說在實戰中的應用。對方單掌進攻掌向胸部推來，或雙掌向胸勁推，都稱為擠。此時如果以力下按，按十次十次失敗。因為你出力了，犯了太極拳「用意，不用勁」的道法，所以你無法解困。聰明的拳家此時可以用左右採挒技法。

此文說的是按，暫不談採、挒。在化解對方進攻，以按解困的拳法時，請注意手上去掉拙力，思想不可去想按對方進攻的手，以虛按、空按為最佳道法和拳法。這一法則，可以試驗。甲乙二人，甲雙掌推乙胸，乙方以兩隻力掌應對，力按準失敗。力按的掌，等於幫助對方推自己。乙方雙手空掌輕輕扶上甲力推的雙手，輕到手輕輕扶按在對方進攻手的汗毛之上，左手扶對方向右歪斜，右手輕扶對方向左歪斜。這種結果要細心揣摩，是很有意思的太極陰陽之理。

請注意，欲化解對方向胸部的正面進攻，任何動作都是多餘的。只有遵照太極拳的特性，將自己周身內外，從腳到頂，鬆腰空腰，上鬆至手梢，下鬆到腳梢，以「九鬆十要一虛靈」虛空身體，如果你內功修持層次高，成為鬆體人，那麼任何進攻速度，不管進攻有多麼大的力量，都比較有把握解困為安。

筆者的說法是有根據的。《打手歌》云：「掤、捋、擠、按須認真，上下相隨人難進。任他巨力來打我，牽動四兩撥千斤。引進落空合即出，粘連黏隨不丟頂。」這首歌訣，與古典哲學家傳道不傳藝不同，歌訣既傳道又傳藝，訣中告訴你，練太極拳，掤捋擠按是太極基本功，要認認真真習練和揣摩，在太極八法中要認真練好四正手掤、捋、擠、按。進而修煉採、挒、肘、靠四隅手。「上下相隨」是關要內功。楊禹廷大師稱為「手腳結合」；京城另一位楊式太極拳家汪永泉大師，他提倡周身上下內外「一致」。上下相隨是繼承，手腳結合和一致是現代太極拳家的重要發展。

太極拳發展到20世紀下半葉，只有繼承沒有發展，在技藝上還不全面，只有發展，才能賦予傳統太極拳生機，使太極拳運動有可能與時俱進，不斷前進。所以我們在2007年的年會上有「科學發展」的理念。

凡太極拳愛好者，以傳統練法，遇擠便按，按勢沒有錯，一定要把準陰陽。按式多為陽動。擠為陽，不能陽對陽，陽對陽頂牛，太極拳的陰陽學說是以陰動對待陽攻，這是解困取勝的首要要素。

再通俗講，陰按為虛為吸，不是大口吸氣而是微吸，請同道試驗。有人提出氣沉丹田操作下按時，以吸氣陰動為佳，這裏有呼吸的問題。

關於氣筆者知之甚少，不敢貿然說氣。《黃帝內經》中多處提到氣，人類身上簡單說有陰陽二氣，太極拳家多提倡氣沉丹田，筆者認為練拳和揉手以不管氣為好。拳訣中有「氣遍身軀不稍滯」的說法。從有人類以來，氣在身

體內流動，已經形成「氣遍周身」的規律，可以說氣在身體中無處不在，為什麼要將氣固定沉在丹田呢？老前輩曾提到氣沉丹田，但沒有留下操作方法的文字，至今不知氣如何沉丹田，是動沉還是靜沉丹田，是坐沉還是臥沉丹田，我們全然不知。沉的是陰氣還是陽氣，我們也沒有文字資料，所以不能貿然將氣存在丹田，以免影響健康。否則將一敗塗地。

現將陰按式的動作道方法介紹如下。

在二人較技雙方接觸之前，你要以「九鬆十要一虛靈」規置好自己，虛位空鬆體以待。當對方攻來時，要四梢（手梢和腳梢）空接手。如此站位，安舒中正，對方已陷入你的空鬆陷阱，此時，進攻方不但不敢進攻，心裏想著如何儘早逃離，以解危機。如果對方不察此危機，仍進攻胸部以挽敗局，雙手以勁力前推，前邊已經細解，這時我方是求之不得的。換一種思維方式，對方以雙掌勁推我方胸部，我取陰式以不掛力的雙手輕扶在進攻者的汗毛上，或輕扶在對方雙臂的衣服上，對方當即六神無主，雙腳發飄，只想著退出進攻早點逃走，其結果，對方逃不走，進不去，只等待著挨打。

請朋友們試驗試驗，一方雙掌向胸部推來，接方雙手千萬千萬別出力，按規範雙掌輕輕扶在對方臂上，驚人的結果會出現在你的面前。

採

採勁義何解　如權之引衡　任爾力巨細　權後知輕重

轉移只四兩　千斤亦可平　若問理何在　槓桿之作用

　　單從「採」的字面解，動詞，陽動，以力採摘、採掘。採的動作有意有動，是急動緩動結合的動作，總之是主動、主觀的動作。

　　在太極拳各式中，採的動作是很多的，如果細心分析拳結構，任何一個拳式中都會找到。

　　在拳中得太極內功是唯一準確的途徑。但是不是只要練傳統太極拳就可以得到內功呢？不全是！必須循規矩練拳，這個規矩是習練者遵從的太極拳心法和太極拳道法，還要循太極拳規律，而練太極拳離開了太極拳的規律甭談內功上身。前面在「太極腳」和「太極手」文中都有詳盡而具體的操作法，例如，習練者應該循太極腳的規範訓練腳，循太極手的規範訓練手。

　　太極手的要求，手掌、手背、手指、腕、前臂等部位都應放鬆，肘應自然下垂，肩應自然放鬆。如此訓練，肩自然放鬆，肘自然下垂，自然肘的內功為鬆沉，有人試驗用力托自然彎肘者，托不起搬不動，極度鬆沉。有了太極手再練採，手上有分寸，採勁得以運用自如，應物自然。

　　幾個拳式中的採手，在習練中要注意。如攬雀尾第5、第6動，第5動（陰），右掌回捋、俯掌，視線視右掌食指梢，鬆左腿，鬆左腳，右腿由實漸變虛，腳跟虛著地，腳尖上揚，左腿坐步，實足。此時，右掌為右後走向的採式。第6動（陽）右掌前掤，掌心向上，是反採，內功把握同第5動。左右掌的採式動作有許多，幾乎式式有採。但採勁，在拳式中陰動採和陽動採都有特性表現，習

練者一定要把握住陰陽動的操作。在操作中，不管是陰動還是陽動，取採式手上不可掛力，一羽不能加，加一點點力也不可以，只有淨淨的空手，輕扶。這是向深層面修為的要求。

在練拳和實戰運用中，採式絕對不可用力。用力難以達到「如權之引衡」和「權後知輕重」，即權衡輕重、虛實、陰陽，若掌有力難以達到陰陽平衡，如果有力輕重便顯現，便成為對方的拐棍。在用掌的較技中，很多老前輩經常告誡周圍的從學者，如二人較技，絕對不能出力給對方當拐棍，所謂拐棍，臂用力架著對方來手。筆者認為練拳和較技手腳均不能用力，要呈「四梢空」狀態，陳鑫的「妙手空空」是太極拳的真諦。

捌

捌勁義何解　旋轉若飛輪　投物於其上　脫然擲丈尋
君不見漩渦　捲浪若螺紋　落葉墮其上　倏爾便沉淪

捌勁是周身太極功夫在手上的表現，正如拳經所說，「其根在腳……形於手指」採手和捌手均應把握「形於手指」，手掌不得出力，出拙力，僅僅掛一點力也不可。手是形，僅僅是形。

採勁和捌勁都是手上的功夫，歸根到底，是腳上內功。腳上內功是周身上下內外的綜合功夫。筆者有一訣：「上下一條線，腳下陰陽變，頭上虛靈頂，雙手空靈轉。」抹去前三句，僅留「雙手空靈轉」，手上是不出力

的，請練家在實踐中體味。

在實戰操作中手上出力是太極拳運用中的最大忌諱。實戰手不出力，在練拳中手上也不應有力，從拳中訓練自己空手輕扶拳術套路路線，養成手上不著力、太極不用手的習慣。習慣成自然，在體用結合上，手自然不掛力，不掛力便是退去手掌的本力，這是內功上手。手上不用力很難練，但說難也不難，練拳時手不掛力，日久，習慣了，手力會退掉。

前輩提到空手，強調太極功夫是拳上練出來的。筆者忠實繼承，在論文中不斷呼籲「空手輕扶」。空手輕扶，在操作中手不著力、不掛力行拳。空手輕扶套路路線是很有興味的。但輕扶一定要拳法上循規蹈矩，按照八門五步十三勢方向方位，如此習練效果上佳。

我們都知道兩個人掰手腕，力大者勝。太極拳功夫打破了這種千年不變的真理。前不久從黑龍江某市武校來了一位總教練，說到掰手腕，他說：「我不動，對方掰累了，我再掰他，他便失敗。」

筆者跟他掰手腕，對方比我小三十六歲，本力比我大，論手力我掰不過他，但我以太極陰陽之理他就掰不過我了。我以陰對付他的陽，靜中待動，他想掰我的手腕，有動意，又主動進攻。動意，主動進攻是太極拳之大忌。我手空，他敗下陣去。朋友們可試驗。可以說「九鬆十要一虛靈」是靈丹妙藥。

圈內資深練家都明白在對手以擠式進攻，我方捌其左右肘彎處，使對方向左或向右方、右後方翻出。在雙方較技對決中，拳打兩不知，若不知道對方問什麼（進攻

手），對方不問，我不應答。若對方單掌或雙掌向胸部進攻，不管對方是直來還是垂肘進攻，我方多採取捌術將其打翻。在雙方較技中，瞬息變化，不能預測對方是如何進攻。但被進攻方要規置好自己，嚴陣以待。所謂規置好自己，凡練武人都明此理。我們太極拳，要以九鬆，即放鬆腳（腳趾）、踝、膝、胯、腰、肩、肘、腕、手（手指）等九大關節；十要，即要溜臀，要裏襠，要收吸左、右腹股溝，要收小腹，要收左右胸窩，要空胸，要圓背，十個部位要放鬆；還要頭上虛靈頂。筆者多次不厭其煩地重複「九鬆十要一虛靈」，是要求學練者加深認識，加深理解，便於習練，放鬆全身。

練太極拳，周身放鬆是第一要素。《授秘歌》提示「全體透空」，並且也是反覆提示太極拳習練者，修煉空鬆體。透過太極拳修煉，改變平常人的固有狀態，成為一個空鬆人。記得李雅軒大師說過，骨與肉間，骨與骨縫隙，也要退去一切力。空手採、捌，鬆手空接，反映太極拳人的鬆空功夫，太極鬆空手，可以詮釋出不可思議的太極打手。妙啊，太極妙手空空。

肘

肘勁義何解　方法有五行　陰陽分上下　虛實須辨清
連環勢莫當　開花捶更凶　六勁融通後　運用始無窮

肘勁的用法，若是理解透是很困難的。因為檢驗太極拳修煉的內功層次，是以身上明白，感性知之，不是口頭

分析出來的理論。肘勁的「八法」是楊氏老譜承傳下來。運行肘功時的感受，從字面解是陰陽、五行、虛實變化的輕靈圓活。體用結合在練拳和實戰應用中，掤勁裏有捋、擠、按、採、捌、肘、靠等勁的靈活運用，缺一不可。也可以解析為上下相隨、內外相合的周身上下內外一致的肘與膝合、肩與胯合、手與腳合等外三合。

太極拳僅有「肘底看捶」一個提到肘的拳式，式中肘還不是主角，主角是捶，看捶。還有一個式「彎弓射虎」，要掩肘，提到肘功。除此，全套拳沒再說肘。武術的肘法能叫上名字的有七八十種，各兄弟拳種及少數民族武術中的肘法之多難以統計。已故武術家王培生先生曾向筆者介紹，他有八九七十二肘法的運用，而對方從上而下泰山壓頂式的撲來，一個朝天肘對方很難接住，是十分厲害的絕學險招。

太極拳對肘的運用不專注提倡，而每式每動肘法又無所不在。筆者在《太極內功解秘》中寫道：「太極拳沒有單挑出來講肘，但肘在套路中無所不在。肘在肩、腕中間，肘滯上肢僵，在技擊上吃虧，練拳肘僵也難以將拳練通、走順……肘在九大關節中地位重要，在習練太極拳的過程中，肘以自然下垂為規範拳法，以意墜肘明顯意大，沒有自然垂肘顯得輕靈鬆沉。在行拳時，肘並不單獨行動，多以『鬆肩垂肘』相配合，在『外三合』功法中，肘與膝合，對『上下相隨』拳法，起到十分重要之作用。」

太極拳深研者都很清楚，拳式的每一個動作不是運用哪個部位就想哪個部位，那是動意。而太極拳的肘法不是刻意去練，那麼怎麼去練呢？

根據筆者多年修煉太極拳的體驗，在每天的盤拳習練時，自然鬆肩自然垂肘就可以了。天長日久，、鬆肩垂肘成為習慣，習慣成自然，肩和肘自然放鬆、自然退力，內功上肩上肘，肘的鬆沉勁便上了層次，在二人較技中有較大的優勢。

說到練拳，每天24小時，以三分之一計，8小時睡眠，一日三餐和一些日常生活瑣事8小時，工作8小時。在生活瑣事裏擠出1小時，再少睡1小時，每天練拳兩小時，不少了吧？每天兩小時，一個月60小時，一年720小時，確實也不少了。但人在社會生活中，有妻兒累在房，心意難安，周身僵緊，還有工作的勞累、煩惱、氣不順，這一切一切，還能練好拳嗎？筆者由實踐認為每天靠擠出的兩個小時練拳，時間遠遠不夠。筆者有一種練拳方法，向拳友推介。

「太極功夫在拳外」，意思是，你每天練拳後，離開拳場，是不是離開拳場今天的練拳活動就結束了？不是！離開拳場，不等於今天練拳活動結束。你要繼續練拳，但不是練套路。走路時，兩腳平鬆落地，腳趾也要鬆開，上身自然鬆肩垂肘，平時走路、工作、休息、用餐，用意將肘放在地上。如果你住在10層高樓，請你用意將肘放在一層。在室內生活或練拳時，將肘放在地面。日久，功夫上身了，這是太極功夫在拳外的良好效果，請你試試。

肘勁訣中，有「陰陽分上下，虛實須辨清」之句，肘有陰肘陽肘之分。打手歌中有「上下相隨人難進」之語，是技擊、打手之精華。上下相隨是自己的手腳結合，也就是訣中的「陰陽分上下」，這是「動之則分」的學問。秘

訣有「虛實須辨清」。虛實是陰陽的另一技藝的稱謂和把握。《太極拳論》有「陰陽為母,動靜之機也」之句,動之則分陰陽,「沒有陰陽就不是太極拳」(王培生語),請太極拳修煉者在運動中辨清陰陽,陰陽不可以鬆緊替代,要詳辨。

靠

靠勁義何解　其法分肩背　斜飛勢用肩　肩中還有背
一旦得機勢　轟然如搗碓　仔細維重心　失中徒無功

靠勁的運用,除提到的「斜飛勢用肩」一式外,在太極拳套路中,有「野馬分鬃」式,運用的也是靠勁。一旦得機得勢,對方難以承接,會遭轟然失勢的滅頂之災。在較技推手技擊中,一般地講,不會從掤到靠經過多個回合方見分曉。

從太極拳的特性和規律講,雙方較技出手見輸贏,有一沒有二,瞬間分出高低。這是太極的打法,所謂:「以靜制動,以虛待實,後發先制」,亦稱為「四梢空接手」,化中有打。如實戰,若內功修為欠佳,手上帶力進攻,攻到對手身上,一旦遭遇空鬆高手,不可能及時變換戰術,撲空了,下意識吸氣想逃,結果,意念暴露,被攻方化中有打,攻者只有敗下陣去。

在二人友情揉手研習或實戰中,取靠勢絕對是失勢,因為靠勢半邊身子都僵緊。靠勁是「八法」的最後一個勁,在對陣較技中聰明的技擊家是不會取靠勢的。在太極

拳技擊中，最高境界不是出擊也不是主動進攻，而是「以靜制動」，後發先制。在技擊中還有一個實踐記錄，老前輩說，太極拳打人有一無二，出手見輸贏，絕對沒有大戰多少回合鳴金收兵下次再戰的說法。

如果拆解，此靠勁並不難，但在雙方較技中很難用靠，多用掤和擠勁。掤和擠是陽攻，多為進攻方常用的戰術，因為掤和擠二勢進攻勢頭強勁，一般功夫、無鬆空功夫者作為後盾難接住對方的進攻勢頭，用身體是擋不住的，只有失敗。從太極拳特性剖析，此時的弱勢失敗者如果聰明，主動認輸再戰，也比以力硬頂高明。修為太極拳道者，不採取硬頂的敗招。

在太極拳套路中，靠勢僅二個式，但靠勢的使用以肩為主要元素，靠肩的肩應自然鬆肩，放鬆後的肩不掛力，自然鬆肩，肩關節周圍、骨肉之間也要放鬆，讓對方在肩上找不到力點。把握鬆肩要貫串套路的始終。所謂「失中徒無功」，這句訣從自然鬆肩的內功中很好理解，肩出力，是失中徒無功。

對太極拳基本功法掤、捋、擠、按、採、挒、肘、靠太極八法的述暫到此，不能稱剖析，也不敢說詮釋，僅闡明筆者對「八法」的學習體驗，悟得的體驗。隨著時間的推移，相信會有對八法深層面的認知和理解。

楊氏老譜和吳公藻《吳家太極拳》均稱此八法為「八法秘訣」，不是門裏人不知門裏之奧秘，待我們太極拳深研者共同努力去破譯「解密」。如何去破譯「太極八法秘訣」呢？只能用楊振基先生的說法，推手推不出功夫，太極功夫在拳裏。練拳，規範練拳是最好的切入點，去認

識、理解、詮釋、把握太極八法秘訣。

太極拳講究陰陽。「陰陽之母，動靜之機也」。沒有中正安舒，沒有陰陽，練拳兩隻胳臂平均用力，為雙重之病。沒有陰陽，也不是太極拳。王宗岳在《太極拳論》中一針見血地指出雙重為病，他寫道：「每見數年純功不能運化者，雙重之病未悟耳。」雙重，幾年練下來白練，走了一段大彎路。方向方位不準確，也難陰陽。陰陽不是王宗岳的專利，更不是我祝某人的定義，有地球就有陰陽，三千多年前的《黃帝內經》指出：陰陽是綱紀，陰陽是本始。陰陽是神明之府。

最後還要重申兩個問題。其一，八法秘訣中勁的提法，根據筆者對太極拳的修為，「太極八法秘訣」的掤、捋、擠、按、採、挒、肘、靠，以八法的每一法後加一個勁字為佳。這個勁應該理解成是太極拳的術語，不是勁力之「勁」。

在上世紀很長一段時間裏，太極拳愛好者大都認為八法的勁字為勁力的勁，於是八法習練都在認真習練掤勁、捋勁……因為每個法字後面加一個勁，用力練好練，大家都這麼認識，都是這麼練。可是練來練去幾十年、上百年過去了，沒有再出現楊無敵第二。為什麼？

武術門規，不入門得不到真傳。從字面上解析，八法又孕生出八八六十四法，法法精粹，精義深邃，要粗讀細閱，精研深入研修，也許能探得一二。

經幾十年對太極拳的研習，筆者認為太極拳的層次性很強，試將太極拳分小學、初中、高中、大學四個層面。小學層面認為掤勁是用勁上掤，逢掤便捋，使足勁往外

将。而中學層面上認識，掤勁的掤不是勁力的「勁」，而是術語。到大學層面，甲乙雙方揉手，甲手往對方額頭前一放，乙方接手，甲方意識到乙方身後，比實掤的威力大若干倍。甲掤，乙将，乙以空手空腕接住對方來手，意思向左（視對方來手方向向左或向右），意識便可以無須用力。先賢李亦畬說「不是用勁」，在不用勁中討消息，美不勝收。

其二，「太極八法秘訣」是對門內高層次拳家而言，一般初學者難以駕馭。秘訣多論及推手、技擊上乘功法，我們門外練習者難以深入，只從字面上剖釋，也是見仁見志，個人體驗而已。

筆者認為太極功夫從拳中得是真理，先賢說過，太極功夫從拳中研習出來是悟得。太極拳愛好者、初學者以練拳為佳，最好不去推手，推手就是推力，要以更多的時間研習拳中的陰陽和陰陽變化，陰陽是本始，是萬不離宗的宗。

何 為 功 成

　　一般太極拳習練者心裏都很急，希望儘快練出功夫來，可以理解。先賢前輩有一句耐人尋味的話語：「太極十年不出門。」什麼門？家門、鎮門、區門、縣門、市門、省門、國門，粗分有七道門。

　　以自然太極拳為例，從「九鬆十要一虛靈」、陰鬆陽鬆、三動三不動等功課做起，扎扎實實練，身知體悟，到鬆空虛無也就差不多了。

關於三明三昧和糊塗

　　習練傳統太極拳，前輩早有「三明三昧」警言，後人又加「三迷惑，三糊塗」之句，三明三昧三迷惑三糊塗，將練拳人帶入玄妙奧秘之中。

　　傳統太極拳的承襲，不像現代學校的學制，走出幼稚園，上小學，升初中到高中，考入高等學府，然後研究生、博士生按部就班直線上升，傳統太極拳不是這樣的。人是拳的載體，太極內功不是順利進入人體，而是一點點、慢而循序漸進開發人體的潛能，人體結構在這一過程中也會漸漸起到變化。當修煉退力，內功滲入人體各個部位進入上身的過程中，忽然不知道該怎麼往下進行了，迷

惑糊塗了。到「三昧」階段，怎麼辦，老師引導暫時不起作用了。

　　說到這種狀態，要講一講，太極內功的獲得，不是嘴巴上明白，而是身上明白，周身上下全體的悟道，怎麼理解呢？要求從腳往上九個大關節，要一節一節往上鬆。肩、肘、腕、手的關節節節鬆開，一隻臂就可以了，空了，對方再推便有一種推空的感覺，明明眼前一個物體——人的上肢胳臂，當你往前推這只胳臂時，推空，什麼也沒摸到，而且失重，腳底下感覺飄浮。

　　推空，香港弟子子賢說：「這時候最可怕！」這時候聽勁者糊塗了，筆者有諸多糊塗的體驗。

　　楊禹廷老爺子在他家中給筆者說「陰陽接頭」，陰陽接頭，就是陰陽變化，拳訣說，「變轉虛實須留意」（王宗岳《十三勢歌訣》），「虛實」即是陰陽。楊老爺子對式中陰動和陽動的變轉稱「陰陽接頭」，陰陽接頭在整體太極拳修煉中是十分十分關要的步驟，如果習練者不明白、不把握此功夫，將使整套拳失去「陰陽之母」的靈魂。一個陰陽接頭，楊老爺子給筆者說了四個多月。

　　每次離開他家的時候，楊老爺子都要問我一句「明白了嗎？」筆者規規矩矩站立回答：「明白了。」向他老人家鞠躬告別，但走出大門，卻又感覺糊塗了，身上手上沒有東西了，回身進屋可以再問一句，可是不能回去，剛才回答「明白了」，怎麼能剛走出門就說不明白呢？一路騎自行車，想啊，默默回憶剛才楊老爺子給我是怎麼說的，以及陰陽接頭的來龍去脈。可是全忘了，好像完全沒有發生過，楊老爺子也沒有說過此功一樣。凡修煉者，深研太

極內功，沒有不陷入「三明三昧」迷惑糊塗的。

有人問，既然太極內功深研者，每每相遇三明三昧，能不能不遇呢？不可能！橫豎看傳統太極拳內功研究家，沒有一位不是從明昧間、糊塗明白間走出來的。有人可能要說學生糊塗了，老師領出來不就得了。昧和迷惑、糊塗不是能由老師引領出來的，思想深處的東西，別人是引領不出來的。

關於昧、糊塗可不是壞事情，修煉幾年太極拳糊塗了，是大好事，是提高，是練拳的過程，是退力的過程，退力的過程是開發潛能的過程。內功上身的過程中糊塗了，這種糊塗狀態，多長時間可以走出來，筆者也說不清楚。總之很苦惱，甚至不想再練了。我的經歷告訴我，走不出來先放一放。筆者在修煉太極拳的過程中，何止三明三昧，又何止九糊塗，總是在糊塗明白之間晃悠。

那時北京人多騎自行車上班，路上可以說車擠車，我早上騎車繞遠也喜愛穿行於公園之中，特別是街心公園。過去北京有很多公園准許自行車入內，像繁華區的東單公園、正義路街心公園、前門內松林廣場（後改建為毛主席紀念堂），多了。在穿行公園中看到一圈一圈人跳舞，兩個人輕鬆愉快，翩翩起舞。先是看後是學，跳一陣舞，身上不僵緊了，放鬆開來。跳舞時心裏總是想著太極拳，漸漸從糊塗中走出來，也許是跳舞的功勞。

太極拳的「三明三昧」是前輩拳家留給我們的文化遺產。先輩幾代人，摸索著，體驗著，破譯了練拳中的「明昧」。我們要十分十分珍視這個警示。「三明三昧」和「三迷惑三糊塗」文化，是先賢給我們留下的遺產，要繼

承，正視。

有人將糊塗當做攻擊、挑撥離間的工具，挑唆師徒、師兄弟之間的關係。這種人也許不明「三明三昧」、「糊塗」之理，不明者不怪罪，如果心懷鬼胎刻意挑撥和諧關係，不要理會，唾棄為好。希望同道在修煉自然太極拳的過程中，在明昧、迷惑、糊塗中內功潛能在身上開發出來，否則要糊塗，永遠糊塗下去。

我練拳還是拳練我

不要刻意去練拳，讓拳練我試試。

怎樣練好傳統太極拳？筆者集幾十年對傳統太極拳的研習與孫思邈養生家學醫武結合，在《傳統太極拳練法》一文中，從改變思維視角，認識太極拳結構以及被動練拳等諸專題闡述習練之道，此文就習練傳統太極拳「我練拳還是拳練我」的關要進行剖析。

「我練拳還是拳練我」是一個有趣的命題，也是擺在太極拳深研者面前的嚴肅課題。廣大太極拳愛好者是太極拳運動大軍中的積極普及者，有普及便有提高，在傳統太極拳習練者中，必然有少數修煉者去深研拳理拳藝，他們可稱為太極拳界的志士仁人。由於深研家們文化背景不同，對太極拳拳理的認識和理解各異是正常的。但是，在「我練拳還是拳練我」的修為大道上，應該有統一的認識、深刻的理解，應持拳練我的理念。

太極拳修煉說法有三：練拳、打拳、盤拳，說法不同，但練法相同，都是主動練拳。

　　世間萬物都有自身的運動規律。自然太極拳有自己的運動規律，修煉要遵循拳的運動規律。太極拳有它自己的特性，有它自己的規律和運行軌跡，我們人類有我們自己的運動規律和生活軌跡。

　　顯然，人和拳兩種運動規律和兩種運行軌跡難以統一到一個運動軌跡上來，兩種運動規律也難以融合為一體。這便產生了一個有趣的現象：太極拳習練者是以自身的運行軌跡練拳，改變拳的運行軌跡呢，還是自我改變服從拳的運行軌跡呢？如何認識和理解太極拳的拳理拳法是極為重要的。這時你須停下來思考，從自然太極拳特性的角度思考……你符合太極拳的規律嗎？

　　這就是文中的命題，是「太極拳練我，還是我練太極拳」，這是理論和實踐的統一。君不見太極拳圈子裏有相當數量的傳統太極拳深研者，讀太極拳百年的理論和技術書籍，鑽進經典著作中去尋覓，或是去拜訪名家、大師，更不惜時間、金錢去拜訪名家、大師，結果仍然不知太極拳為何物。

　　筆者身邊有幾位50歲以上的拳友，一般練太極拳二十多年，還有兩位練拳五十年以上者，仍是手上僵緊，行功沒有太極拳的「味道」。太極內功不上身潛能能量開發不出來，就還是一個常人的身體。為什麼，他們過於認真練拳，要練好拳，他們缺少案頭讀書和思考，不去研究上下相隨。手腳要結合很重要，《打手歌》中有一句：「上下相隨人難進，任他巨力來打我，牽動四兩撥千斤。」上下相隨即是手腳結合，將自己的手腳結合在一起形成整體是很難的，沒有幾年時間是很難將自己的手腳弄到一起

的，拳練我，手腳上下相隨就不難了。

什麼是太極拳的規律呢？在研討這個課題之前，我們先要認識太極拳的特性。先賢王宗岳在他的《太極拳論》中，開篇佈道：「太極者，無極而生，陰陽之母，動靜之機也。」陰陽之母，動靜之機，動則分陰陽，最具太極拳之特性。武禹襄大師在拳經中說道：「一舉動，周身俱要輕靈。」輕靈與拙力是拳理拳法上一對不可調和的矛盾，輕靈也最具太極拳的特性。但是，不能遵照太極拳的規範行功，主動去練。

練拳之前，先學習拳理，陳鑫大師在《學拳須知》中提示：「學太極拳先學讀書。書理明白，學拳自然容易。」學拳明理對學好太極拳是十分重要的，是認識和把握太極拳規律的重要手段。凡太極拳修煉者都知道武派太極拳名家李亦畬，他在《五字訣之心靜》篇中寫道「此全是用意，不是用勁」，被眾多太極拳愛好者口頭傳播，說白了，「用意不用力」，也就是告誡後學，凡傳統太極拳要純以意行，不能用力練，更不可用拙力。

陰陽、輕靈、用意是傳統太極拳眾多特性中的主要特性。具體詮釋，動分陰陽，陰動的起點是陽動的止點，陽動的起點是陰動的止點。此為陰陽變動。舉動輕靈，越輕靈越好，用意不用力，千萬不可有動意。太極拳是「點」的運動，在拳勢活動中，一舉動周身俱要輕靈，一動無有不動，運行路線為弧形線，這是太極拳的規律，也是太極拳學的重要規範。我們習練太極拳不遵從拳之規律、規範，練的還是太極拳嗎？

清末民初的陳式太極拳家陳鑫大師將點和圓精解為

「其大無外,其小無內」。可見太極拳的點和圓在拳法中是重要的特性。

行功練拳時左右腿經常以虛實陰陽變換,實腿腳下是360°圓環的中心點,是立柱式單腿重心的重心點。拳的運動路線是360°圓環的邊緣。所謂360°圓的邊緣,由不同的45°、90°、180°弧線組成,如雲手第一動、抱虎歸山第二動是180°(1/2)的弧線,攬雀尾、太極起勢是90°(1/4)的弧線。一套81式自然太極拳328動,即運行328次弧形線路。

弧形線的特點,像拱橋的橋孔,似陝西的窯洞,均為拱形,不管橋身長短,均從低點走向高點,從高點再走向低點,太極拳的弧形線,長短弧線不同,相同的是從低點到高點再運行至低點,其運行軌跡為低—高—低。

以拱橋為例,從東到西為上拱橋的弧形線,則從東到中到西為低、高、低;低點為0°點,180°點,高點為90°點;90°所以為高點,是因為它在弧形線的最上端。如果把這個拱橋變為立環,運行規律仍是低高低,只是這時其中的兩個低點,一個在我們的視線的最低處,而另一個則在我們的視線的最高處,高點則在我們視線的中心點上。這是太極拳的規律和運行軌跡,我們練拳定要依拳的運行軌跡行拳,此時應該就是「拳練我」。

自然太極拳每一動都不能離開弧線,絕對拒絕走直線、橫線。可見弧形線是傳統太極拳的絕對路線。走弧形線是太極拳的規律,習練太極拳一定要遵循弧線規律,長此以往一定能得到太極內功,反之,直線、橫線走拳難以得到太極內功。

有許多太極拳愛好者不認真練拳，每天聚在一起推手。推手是一項健身運動，並不是太極拳的弧形線運動，很難得到太極功夫，僅僅使腰胯肩肘轉動靈活而已。楊式太極拳大師楊振基先生在一篇文章中說：「推手不能長功夫，功夫是拳上練出來的，不是推手推出來的。」當然，如果你遵循太極拳的規律和規範，循太極拳陰陽學說習練，練拳、揉手是可以得到太極內功的。

　　以上種種說的都是拳的運行軌跡和拳的規律，循拳的軌跡和規律，扶著拳套路路線行拳，簡單說，拳練你，你已經握住成功的勝券。

　　話說回到本文的命題，遵循太極拳的規律行功，不要想著練拳，「拳練我」行嗎？行！從我練拳到拳練我，有一個過程，也許是一個長過程，但這是一個可行的行拳方法。

　　天天練拳，你的周圍已經有拳套路路線上下左右、四正四隅圍繞著，也可以說是一個看不見摸不著，又確實存在的「拳架子」，每天練拳，實手的食指輕輕扶著拳套路路線，也就是「輕扶八方線」，這種行拳法就是——盤架子。從練拳、打拳到盤拳架子，是由著熟到懂勁的過程，再進一步修煉就達到「階及神明」的境界。

　　如果太極拳修煉者不是以太極拳的點、弧形線運動，拳勢之間不以陰陽變動為根本，操作中直來直去……以自身的運動規律和運行軌跡替代太極拳的運動規律和運行軌跡，怎麼可能練明白太極拳呢？

何時功成

學生們問我，習練自然太極拳何時何日可達到內功上身功成的境界？功成境界不是只練會一套拳，而是將太極拳豐富的內涵融入拳的每個陰陽動作之中，在陰陽變化動態運行中，漸漸改變人體結構，從拳的「八門五步十三勢」的不斷演練，求得輕靈圓活，進而體驗鬆空虛無太極內功在人體中的反映，從平常人進入鬆體人的佳境，再鬆空修煉到空體人的境界。

功成問道是每一位傳統太極拳深研者須求索的終極，如果如此，請筆者引用武術家王培生先生一句話。一位記者向王先生提問：「你的功夫幾乘？」王培生大師回答：「活到老學到老，學無止境。」

這個回答是繼承傳統的說法，而事實確實如此。未見哪位專業家說自己學到最高層了呢！下面說說拳學拳道。一個人從最高學府出來，投身傳統太極拳的研習，思想觀念不轉變，年齡從 25 歲研習到85歲也難以功成。太極拳學不是一個人一生可以研習到高端層面的。

上世紀 90 年代，筆者在太極拳學的研習中，不止一次談到傳統太極拳水準的提高，不靠一個人一家一戶去提升，而是一代人去鑽研，一代人的努力，才有可能提高太極拳的整體水準。要達到如此境界，有個真理條件，要以「忠實繼承，科學發展」為基礎，循拳道規範去修為。

陳長興公有訣曰：「夫太極拳者，千變萬化，無往非勁。勢雖不侔，而勁歸一。夫所謂一者，自頂至足，內有

臟腑筋骨，外有肌膚皮肉，四肢百骸相聯為一者也。破之而不開，撞之而不散。上欲動而下隨之，下欲動而上回領之；上下動而中部應之，中部動而上下和之。動，如龍如虎；靜，寂然湛然。靜無不靜，表裏上下，全無參差牽掛之意；動無不動，前後左右，均無遊稱抽扯之形。四肢百骸總歸完整一氣矣！」（《太極拳十大要論》）

武禹襄拳理更為科學，有訣曰：「由腳而腿而腰，總須完整一氣，前進後退，乃得機得勢。虛實宜分清楚，一處有一處虛實，處處總此一虛實。」（《十三勢行功要解》）科學發展，簡明扼要，實為全句真言。

前輩拳訣代代相傳，只要重視學習，真知運用，便會獲益良多。在這裏，筆者要誠懇地說說練拳的心態，不要迷信血統，企盼自己有血統該有多麼好，便是傳人。老子說：「天道無親，常與善人。」普通人更會奮發圖強，只要肯努力，便是「善人」，鍥而不捨，按太極拳規範行功，沒有不成功的。

也許有朋友欲問，一個人一生難以功成，還練什麼拳呢？練太極拳要先瞭解認識你選擇的拳種，我們人體是太極拳的載體，天地大太極，人身小太極，人類最適合習練太極拳，初時鍛鍊身體以養生益壽為主。

習練太極拳不要欲求過高，要減法練功，不要想著練到如何如何，不要急，功到自然成。自然太極拳內功上身不是一朝一夕，三年五載的事情，練拳的過程是退力的過程，退力的過程，是內功上身開發潛能的過程，內功上身的過程是漸漸進入鬆、空、虛、無的過程，這個過程，是「由著熟漸悟懂勁，由懂勁而階及神明」。這裏的「著

熟」不是一般的熟練，而拳中體現陰陽變轉，舉動輕靈，內外相合，上下相隨，用意不是用勁的具有太極拳品格的「著熟」，是由腳而腿而腰，總須完整一氣的「著熟」，是無往非勁，破之而不開，撞之而不散的「著熟」，是虛實清楚，一處有一處虛實，處處總此一虛實的「著熟」，是……多難呀，知難而退嗎？

　　筆者期盼天下拳友們、有志深研者，花上三五年甚至十年八年，將閒聊、亂侃的時間，一切業餘可擠出來的時間練拳。筆者有一句禪語：太極功夫在拳（場以）外。乘車船、飛機，在行進的路上，在休閒娛樂的時候，心練，氣練，想著練。思維中、記憶裏，血液、氣道、經絡中，通通是拳，能不成功嗎？

　　再重複，不要欲求過高，從「九鬆十要一虛靈」做起，先有一雙「太極腳」，生活中分秒鬆肩垂肘，時時放鬆腳踝、手腕，手指腳趾的小關節要鬆開，分分秒秒溜臀、收吸腹股溝……基本功紮實了，九大關節鬆開了，節節貫串，手腕腳踝放鬆不掛力了，鬆體人了，難嗎？不難！但要堅持。如果練過其他拳，修煉要比普通人時間長，這個長過程是必要的，太極內功上身是漸變，不是突變。但只要下功夫，沒有不成功的。君不見，練琴人，在公車上的椅靠背上走手指，時時空彈，沒有琴鍵的物體上都是鍵盤。各行各業都一樣，功夫在場外，破除迷信，改變思維，沒有不成功的。

　　肥胖是一口一口吃出來的，千里之行，始於足下，不會走怎麼能跑，一口吃不出胖身體，功夫是一秒鐘一秒鐘的結果。自然太極拳修煉者要研究拳道，深究拳學，目標

明確：鬆空虛無，逐漸成為鬆體人，進而修為空體人（全體透空）。

這裏還要闡明，深研太極拳，稱為修煉，修煉包含兩方面內容：一為心腦修煉，一為肢體修煉。

心腦修煉抑制急躁，欲求過高等文化修養和品德，這是一個事情的兩個方面，習練自然太極拳不單是透過練拳健體強身益壽延年，而是人生追求明確，提升文化品味，武德高尚，嚴以律己，對他人寬容，如此也是修煉太極拳的成功。

習練自然太極拳從初級、中級到高級修為，也就是從肢體練漸漸進入心腦練，「由著熟漸悟懂勁，由懂勁而階及神明」，更深層體驗太極拳自然、減法、被動微妙，融太極與哲學為一體，對從事的工作更為出色，有極強的創造，這又是一個高層面的功成。我期待拳者的這個結果！

自然人 · 鬆體人 · 空體人

習練自然太極拳，從自然人深研太極內功，到鬆體人，進而空體是可能的。

從習練太極拳鬆功上身，進一步修煉成為鬆體人、空體人，要經過相當長的路程。圈內語「太極十年不出門」，如果方法不對，恐兩個十年也難以「出門」。但若拳法對路，從太極鬆功上身，修到鬆體人並不難求。

凡修煉傳統太極拳者，每秒每分鐘心裏想的，嘴上念叨的，每個動作，都應不斷追求內功的鬆、鬆淨。筆者在《太極解秘十三篇》中開篇寫道，「太極拳機理要求太極

拳習練者，將體能練成為鬆柔體」，修煉者的周身本應如此。力練、肢體練拳者耗費更多的時日，也難以達到鬆的層面，但不是不可。

有習練者，想找到樣板，以手上觸覺接觸鬆體人，以體驗太極拳的鬆是什麼樣的感受。當今傳統太極拳圈子裏找鬆體人並不困難，但找尋鬆、空、虛、無的空體人就要困難得多。

上世紀七八十年代，京城太極拳家楊禹廷大師是一位高境界的太極鬆空人。他老人家坐在椅子上休息養神或是喝茶看報，跟普通的老人沒有什麼兩樣，如果你去注意他，看他，以精神去專注他，你的感覺立即起了變化，老爺子似乎變成一個人影或是一個衣服架子，似乎空空的。他居住的房子很小，在北京北池子臨街的房屋，街門坐西朝東，門道有一個門坐南朝北，屋裏為兩間自然間，西面是玻璃窗，東邊牆開兩個窗，靠西牆是張八仙桌，兩把太師椅，南邊是老爺子坐，北邊一把老師母歇著。靠東山牆是一個連三條案。

我來了都是站在條案前老爺子面前，我們之間的距離約有一米半。筆者欲往前走時，和老爺子對眼光，再想抬腿往前邁步，兩條腿便提不起來了。兩條腿按自然規律，一腳踩地，向前邁另一條腿，老爺子看著我，我便動彈不得。此時，老爺子的頂似乎長高了，這個反應我一生難忘，楊老爺子絕對是身形鬆、空、虛、無的空體人。

過去有些初入拳場的朋友，大都問一個同樣的問題：「對方出手快怎麼辦？」楊老爺子的精神和身形狀態大概解決了提問，對方抬不起腳還有快嗎？拳論有「動急則急

應，動緩則緩隨」，這個「急應」和「緩隨」，不是肢體動作的急和緩，而是精神的或者說是神意的。這是不是空體人？筆者認為是！

我們是晚輩，沒有功力也沒有全面認識空體人從表及裏的鬆空功夫，沒有資格評論，僅僅是介紹世上有空體功夫的存在，身體為鬆空虛無的狀態。筆者聆聽過楊禹廷、吳圖南、汪永泉等老一輩教導，所以並不是妄言。

對於老前輩的空體，體驗尚淺，只能著重介紹鬆體人。

凡練傳統太極拳者，應經常思考並在每招每式的操作中，將「鬆」字放在前邊，用極大的精力更多的時間執著地追求太極鬆功，這是對的。有人用勁用力練來練去，追著追著追不上了，十年二十載，甚至一生一世盲練，與太極鬆功無緣，不知太極鬆功是何物。

今天我們討論的是鬆功和鬆體人，關於如何修煉鬆功，請聽楊式太極拳一位資深拳家是這樣說的，「太極功夫是拳上練出來的」。筆者也在多篇論文中經常地提及要多練拳，太極功夫在拳裏。有一位摯友最喜愛推手，不怎麼練拳，不練拳功夫也不會有太大的出息。

有朋友練拳八十多勢、一百多勢三四百動，十幾分鐘收勢，這麼快，方向方位、陰陽變動怎麼體現？歸根到底還是肢體練。楊澄甫說：「不得有直勁，恐日久入於滑拳。」請注意，周圍的滑拳家還少嗎？

在介紹鬆體人之前先說一說體能。競技體育對運動員都有體能要求，像足球運動員有3000米跑，散打運動也有3000米折返跑等體能要求。

　　平常人做體操，沒有體能要求，要求練體操能站立，隨領操員的口令肢體做屈伸運動。太極拳習練上升到太極鬆體人層面上，是不是應該具有「關節要鬆，節節貫串，虛靈在中」的體能，太極深研家有了深研太極內功的體能，方可談論鬆體人層面上的鬆功。

　　下面以筆者多年的修煉試著介紹鬆體人的狀態，以磚引玉，與同道共勉。

　　圈內人都知道，上世紀90年代筆者以《話說太極腳》《再說太極腳》（以上兩篇論文發表在《中華武術》）將太極鬆功始於腳下修為公諸於世。解秘從腳（腳趾）往上踝、膝、胯、腰、肩、肘、腕、手（手指）等九大關節都一一鬆開，關節間節節貫串，達到「一處有一處虛實，處處總此一虛實」的境界。

　　如果對方拿住我的肩和肘，從接觸部位會感覺到肩往下鬆開，放鬆的路線到肘時，感覺接觸部位放鬆又往前運行，此現象稱為鬆肩垂肘的節節貫串，是自然鬆肩、自然垂肘的內功。自然鬆肩垂肘內功，不同於沉肩墜肘，刻意沉和墜不純淨。試驗鬆肩垂肘時，請對方以左手抓上臂、右手攢住前臂往肩上力端（不是橫推），問不動，試推者也難以站住。

　　放鬆周身九大關節，肩關節是最難放鬆也是九大關節最後放鬆的一個重要關節。因為肩關節在成長過程中，擔當著人類繁重的勞作任務，扛、拿、拽、撐全賴肩用力，所以肩養成用力、妄動和主動的習慣。修煉鬆肩十分有難度，提醒同道注意肩的鬆功修煉。九大關節放鬆成功後，雙臂自然放鬆便會出現絕妙的效果。對方看到袖筒裏有

臂，手推上將驚訝，因為推空了，連胳臂的臂骨似乎瞬間也不存在了。

筆者在教學中對國內及香港、臺灣的學員（包括國際同道），經常不厭其煩地要求他們時時鬆肩垂肘。有了鬆空內功，再去推對方的臂感受鬆空，也可以推腰，也可以推胸。在香港有學員說別的教師是不允許推胸的，筆者說無礙，這兩個部位都是空的，不入力。

有鬆功的人雙腳相距一肩寬站好，可以從正面、後面以及左右兩面推其大腿或膝蓋，結果不入力，也推不動。這是為什麼？

是鬆體人在接觸部位，空掉對方的推力點，也就是沒有著力點，接觸點在接到力點勁推時，不動、不丟、不頂，瞬間在接觸部位空開，對方便會感覺什麼也推不到，也就是不入力。不入力，單從理論上講，扶上對方空點，勁力出不來，力量出不來的原因是推者腳底下發飄，失去根基，故使不出力。

總之，太極深層修煉只說陰陽變化，不言勁力。先賢李亦畬語：「此全是意，不是用勁。」先賢的體驗是千百年來一代代承傳下來的，唐朝李道子有「無形無象，全體透空」之真言。上溯春秋，老子有「上善若水。自然。柔弱為上」等絕句。聖人之道「為而不爭」，有爭強之意難以鬆體。

用力練難於鬆體，但是人類習慣用力，熟習肢體力練，因為用力出拳蹬腳是自幼小就會，是先天自然之能。經常力練，身體仍然是平常人。舉上肢一例說明，一動，整只胳臂齊動。

　　太極拳的動應為「關節要鬆」，也可以解釋為開。關節開，也相連，前輩說關節間「節節貫串」。所以在修煉太極拳時，要丟掉平常人的習慣動作，丟掉用力的習慣，當然首先要改變思維，改變觀念。

　　在太極拳世界，各家各派的功夫是一代代承傳下來的前輩的智慧和汗水。人類是萬物之靈，沒有不能練到的。雜技的高難動作，競技體育的花樣滑動作，看起來難度大，但有人成功了，世界比賽拿金牌，只要努力。

　　人從小成長，經過少年、青年、壯年這三個重要的成長階段，都是經歷長力氣、長身體的重要過程，因為生存和生活的需要，力大是自我保護的必然。人練武術剛猛激烈可以博得喝彩，打500下沙袋比較容易，大汗冒出效果自顯。如果將衣服懸掛起來，請推500次，推者很不耐煩，其實這是太極鬆體功夫的入門。三豐祖師原練長拳，自上武當山後，自覺年長體力遜於青壯年，「復從而翻之」，研習用意不用勁的太極拳。

　　到此筆者想起紐約來的華人王文光先生，他帶來一面錦旗，題「太極內功 太極大道 造福人類」，署名為「美國紐約心腦太極拳愛好者」。

　　據介紹，紐約華人街有一個自由廣場，每天都有各國各家各派武術太極愛好者在推手、搏擊。文光他們有許多心腦太極拳愛好者，追求自然太極拳，研究自然太極拳的鬆、空、虛、無內功。王文光作為代表來華跟隨筆者學練內功，以體驗太極拳的陰陽、虛靈、不用勁的要竅真諦。王文光拜師，跟隨筆者兩個月，將腿上的陰陽變化拿去了。

太極鬆功不難求，改變思維、改變觀念後，循規蹈矩按規範行功，內功上身養生是可能的。

請拳友注意，要一生練習輕靈，自然太極拳自然練，不是力氣活，京城楊式太極拳大師朱懷元前輩說：「你將別人推出去有什麼用，練太極拳養生是最重要的。」太極鬆體人，祛病延年是順理成章的事情。

太極拳問答

祝大彤答《精武》編者問

祝大彤先生為人耿直，心口如一，談太極拳從不隱諱自己觀點的作風，引起人們強烈的興趣。他提倡的「輕扶八方線」的太極拳練用法則，不僅轟動了國內太極拳界，也在海外武壇上引起反響。他著述的《太極拳解秘十三篇》《太極內功解秘》也是一版再版，受到廣大讀者的歡迎。近來收到一些讀者來信，希望介紹一下這位深受太極拳愛好者推崇的著名太極拳家的有關情況。為此本刊訪問了祝大彤先生。現將訪問談話記錄刊載如下，以供讀者借鑒，參考。

——編者

問：祝先生是從何時對太極拳發其景慕之忱，並開始追隨楊禹廷先生左右的？

答：我是北京人，自幼喜武，圈內人沒有不知楊禹廷大名的。

楊禹廷諱瑞霖（1887.11.14－1982.11.15），享年96歲，北京市人。九歲習武，先後拜多位名家為師，壯年已

是京城聞名的武術家。精通回漢兩門彈腿、少林拳、黑虎拳、八卦掌，對刀、槍、劍、戟、棍等十八般兵器樣樣精通。對太極剌杆功夫別有洞天，碰上老爺子手中的杆便動彈不得，想跑便必跌。如今聽起來似神話，因此，圈內人沒有不知楊禹廷大名的。

楊老師自拜太極大師王茂齋（1862—1940）之後扔棄所有武功，專心太極拳修煉，從平常人修煉成為鬆體、空體人，被尊稱為太極拳的「鬆空」藝術大師。

1956年我從海軍轉業回到北京，父親領我到中山公園看望楊老師，父親不同意我練太極拳，另因我在酒仙橋上班太遠，這一次和老爺子擦肩而過。1966年「文革」期間上班稀鬆，為了接近楊老師，先跟他的學生張德瑪、李秀三、孫大夫、程工程師等人學練楊禹廷83式太極拳。

60年代末，楊禹廷老師早晨到故宮東闕門外東宮牆下溜早（他家在北池子）。聞風而動，太極拳愛好者有時聚七八十位追隨者，我也在眾人之中。散拳後，隨老爺子一路回家，他的手杖橫放在身後雙手握著。在徵得老爺子同意後，我於1974年到他家中深造，直至1982年老師仙逝。師母不止一次對我說：「老師拿你當乾兒子。」後來他的長孫楊鑫榮到我家也說：「爺爺當你是乾兒子。」他還說，「在大場合，我亦要證實這一點。」並讓我攝像，將來有條件將給老爺子行義父大禮。其實我是跟隨楊禹廷老爺子左右時間最長的弟子之一。

問：楊禹廷培育了一大批德藝雙馨的太極拳大師，請問當年楊老是以何信條律己教人的？還有一個問題，楊禹

廷是一個品質高尚、豁達大度的太極名家，關於他的不爭名利、團結武林同道的佳話一定數不勝數，請祝先生一併簡略介紹一下？

答：楊禹廷恩師武德高尚在京城是出了名的。楊老爺子身後留有《楊禹廷太極拳系列秘要集錦》，多位弟子以肺腑之言為書作序：

門惠豐在首頁作序：「楊禹廷老師太極拳技藝精湛。沒有門戶之見，常常引薦學生拜師訪友，廣學眾家之長，顯示了楊老師的寬廣胸懷和高尚武德。而可貴的是他不保守，不固步自封，經常鼓勵學生向自己提出問題。」

楊禹廷弟子曹幼甫寫道：「於上世紀30年代曾托人介紹欲托其名下，禹廷君謙虛而言：『上有老師健在，下有諸師兄在前，自己功夫尚淺，不能收徒。』引曹拜王茂齋為師，但禹廷君代師傳藝。禹廷對太極拳發展之功績非小，其艱辛歷程亦非一般人可比；其志之堅，其心之誠，其學之精，其功之深，傳播之廣堪為師表。」

王培生、李經梧、李秉慈等九位名家弟子在序中寫道：「楊老師以誠、信、謙、和、胸懷若谷、坦蕩無私、廣結武界善緣，與人較技，點到而止，絕不傷害，敵怨無人，德藝雙全。」

關於楊禹廷老師的武德表現，僅舉兩個例子。早年在北京太廟教學，鄰場有位大師對學生說，他（楊老師）教的拳是挨打的拳。此位學生告訴楊師的學生，學生又稟告楊師，楊師說：「咱是挨打的拳。」於是將場地往外挪開。其二，他的弟子馬某欲拜吳圖南大師為師，楊師領著馬某拜在吳圖南門下。

這兩件軼事，被京城圈內傳為佳話。

問：祝先生對太極拳知之甚深，請問是誰為太極拳命名的？

答：關於太極拳命名，諸多練家見仁見智，我承京城吳圖南（1884—1989）之考證。太極拳叫法，首見許宣平（唐）三十七式。又名長拳，因其滔滔無間也。

（編者注：在楊露禪之前，太極拳舊名綿拳、長拳。「太極拳」三字究竟是從何時取代了以前的稱呼？張方先生在《精武》今年七期《太極拳凌空勁陰勁亂採花及其它》一文開頭便說：「自清光緒的帝師翁同龢給楊露禪演練的拳術命名為太極拳後……」不知是否屬實？希望明者提供明確資訊。）

問：你是怎麼樣融合了吳圖南、楊禹廷、汪永泉三位大師太極心法所長的？

答：太極拳「理為一貫」。吳圖南、楊禹廷、汪永泉三位大師均尊宗王宗岳的《太極拳論》，因文化素質不同，性格各異，也形成各自大師的風範。吳圖南教學先教定勢，每動3～6口氣，說推手，二人較技開導學生，要「撒手」鬆開，勿膠合在一起。不當眾傳授鬆功，在教學中貫徹鬆功意思。我吸收大師鬆腳鬆腳趾的啟示。

汪永泉大師多練拳示範，邊練邊說，很注重理論，大師的內外「上下一致」是使我獲益一生，得到太極內功的重要途徑。

「文革」期間，一次我單獨去看望吳圖南，室中央有

一堆被紅衛兵剛抄完家的雜物，老爺子自嘲從垃圾堆裏找出一分錢和老伴平分，他說：「我是半分堂主人。」吳圖南是北平故宮博物院專門委員、古磁專家，他有一件柴窯器皿價值連城，紅衛兵抄走後未歸還。因某種原因我僅跟大師學藝三年，此是我一生中最為興奮的經歷。

問：聽說你已全面掌握了八方線的內在邏輯，並練出楊禹廷沒說出來的東西，實令人欽佩之至。請問你是什麼時候吃透太極拳的，在太極拳學的治學精神上，你主張什麼？

答：從1974年進入楊禹廷家門，「登堂入室」之後，對傳統太極拳認識逐漸深刻。外面有一種說法，說老爺子「口緊」，純屬對楊師不理解。記得在教陰陽轉換功夫時，老爺子手把手連說4個月，以後的多年習拳，楊師經常給我手把手復習。

關於「八方線」，是太極拳內功上身的精華。在我對「八方線」的方向方位有領悟時，問楊師，這麼好的內功，×××（指他的早年弟子）為什麼不學呢？楊老師感慨良深地說：「他們嫌麻煩！」對「八方線」的學用和傳播，我在上世紀90年代在多種武術期刊上發表有關八方線的論文，在《精武》發表有《話解八方線》《輕扶八方線》《手腳不離八方線》《修煉的鑰匙輕扶八方線》等。以上論文收入《太極解秘十三篇》的《太極八方線修煉篇》一節中。

我認為習練傳統太極拳要循規蹈矩按太極拳的規律靜心修煉，紮紮實實，不要急於求成，要以沖淡平和、謙虛

做人為本源。

問：太極十年不出門，這句話令人望而生畏，你贊同嗎？

答：我收徒時一般向學生提出要踏踏實實地修煉20年。悟性好的十年可以把握太極內功。「太極十年不出門」，是先賢制定的授徒時間表，比較合理、準確。我認為十年的「十」不一定指時間十，這個十是神秘數字，有悟性的三五年，領會慢也許十年二十載。

問：對於初學太極拳者，攻下哪一關就可舉一反三，四通八達，換句話說：太極拳有母勢嗎？

答：楊禹廷大師鼓勵學生的肺腑之言是「一通百通」。他在給我說拳時，強調雙腳平鬆落地。我又體驗，將腳放在地上不是踩地，從腳往上鬆的承傳中，又延伸有了「九鬆十要一虛靈」的一通百通，在修煉放鬆九大關節的修煉中，我的十個手指和腳趾的小關節也漸漸空鬆。

楊禹廷83式太極拳共326動，即163個陰動163個陽動，有攬雀尾、摟膝拗步、雲手等八大式，也可以說是母勢。經常練拳八門五步，內外雙修。陰動的起點是陽動的止點，陽動的起點是陰動的止點，循環往返陰陽變化太極內功上身。近年來我脫胎於吳式太極拳傳播「自然太極拳」81式（328動），2006年11月在京出版《自然太極拳》一書。（正體字版：大展出版社）

問：「一勢單鞭不為奇，左右循環乃相宜」這句八卦

掌歌訣講的有道理嗎？

　　答：對八卦掌我沒有深入研究過。天下武術是一家，所有武術都要虛實結合，不能雙手平均用力，所以有「單換」「雙換」之功，手腳應把握鬆空。

　　問：你對太極拳研究有素，你認為王薌齋在《意拳正軌》一書中對太極拳的評價中肯嗎？

　　答：這個問題令人難以對答，很難中肯。

　　我對王薌齋宗師很敬重。我對《意拳正軌》還沒有細讀，精讀後方可發表意見。話說回來，「隔行如隔山」，太極拳有陳、楊、武、吳、孫等五大門派，當時歷史尚未細分，但門派是存在的，如吳式拳分為長江南、北兩派。王薌齋宗師對太極拳的評論不知針對哪一門派而言，只有請武術史學家去評論。

　　問：豐子愷說：「讚美的話不足道，批評的話才可貴。」對於祝先生的太極學術觀點，目前是同聲贊成，努力實行的占多數，還是不以為然的占多數？

　　答：一位美國朋友告訴我，網上不同觀點者只有3％，如果是不同意見者有30％，對我們更是一種鼓勵。自然太極拳同道仍須不斷開拓進取，要花上幾代人的努力去傳播。

　　問：有人說祝先生的「鬆、空、虛、無」所見不過如斯，種種神奇，似乎都是藻飾之詞。祝先生可有雅量不予計較或者乾脆來個「捨己從人」？

答：「鬆、空、虛、無」不是空談，其中有很豐富的內涵。細解鬆為鬆柔，柔軟筋骨及骨關節，鬆肌膚，空為「全體透空」。虛為虛靈，周身無處不虛靈。空以外是虛，輕扶是虛的修煉。無是無形無象，在對方看不到動作時，被制的接觸點從點中走掉。

太極拳內功層次性強，沒有修煉到「鬆、空、虛、無」境界，說也聽不明白。

有說藻飾者，請何時見到我，請看我雙臂在袖筒內，僅手外露，請推，此時空鬆，您是推不到胳臂的。

問：人道「學問深時意氣平」，習太極者亦復如是。祝先生「西山懸磬，雅量高致」，對於西安原寶山先生在學術方面的不同意見，心態上能否做到「一羽不能加」？

答：原寶山先生提出來的問題，由於師承不同，對楊禹廷大師的心法、道法、拳法知之甚少，他的問題不客氣地說是表面的。我認為理論研究應持從表及裏的修為，會中肯和諧。

原寶山先生作為一派資深拳家，將問題擺在桌面上探討，是有勇氣而負責任的。可惜他已長辭於世，不能面對面研討，很可惜。

問：大才少通才，祝先生除太極拳之外，對其他優秀拳法也有所涉獵嗎？

答：沒有。有武術表演和比賽，我都去觀摩，學習各家之長。

問：在祝先生心中，目前誰是太極拳界的領軍人物？

答：各家各派有他們自己的領軍人物。那些努力練功，在一線勤奮教學者是當代無可爭議的領軍人物。

問：祝先生為楊禹廷太極拳之代表，你對簡化太極拳有何看法？

答：我僅僅是對楊師崇敬、忠實的追隨者。

簡化太極拳有五十多年的歷史，是成功的教學改革。廣大體育愛好者認同，並參加習練。簡化太極拳的發展是成功的！傳統太極拳心腦練注重內功修煉，簡化太極拳肢體練，易學好練，有不同的理念。

問：有一種說法，十三勢原指用順其自然的方法修煉吾人之四肢九竅，即老子所云「生之徒十有三，死之徒十有三」之謂，而非今日太極拳界俗傳的十三個動作或掤、捋、擠、按、左顧、右盼、定等之謂，祝先生乃今日太極拳界名家，對此觀點，尊意以為然否。

答：太極拳屬於武術，但是，太極拳頑強地保有它的特性。太極拳的特性諸如陰陽變轉，舉動輕靈，內外相合，上下相隨，心靜膚淨，手腳要空，手腳互引，動靜開合，手空輕扶，無往非勁等，總之自然、減法、被動通俗解，將拳盤得輕靈圓活為本。

注意不能用武術的模式，練武術的思維和動作，人類行為練太極拳成功者可能很少，人類走路是先減後加的太極拳練法，不同之處，沒有前進、後退之意。如果細心靜研人類行走的動作，離太極入門也就不遠了。

問：武術界之最大陋習為保守，祝先生著書立說，反其道而引之，其原動力為何？

答：多年來武術界被誤解為保守。實際上，沒有一位拳師不想把他的拳藝，對拳的認識、理解和研習以及教學經驗傳授給求知者。往往是大學生教托兒所，心、口、耳不對路，說得越多、越詳細對方越聽不懂，可能的結論是保守。

我認為刻意保守是不道德的，故弄高深也是不道德的。凡來我處求教者，「小學生」我講初級課文，「初中生」說中級課程，「大學生」授高級課程，根據求教者習拳水準授課。做求知者的朋友，將複雜難懂的拳理選通俗易懂的形體說明白，這也是功德。

問：祝先生所著之書一版再版，成功之關鍵在何？

答：《太極內功解秘》兩年多重印7次（2004年6月至2007年3月），臺灣、香港都有出版。有很多朋友讀書後，來電來信讚揚書之通俗而真實可信的內容，也讚揚大公無私，說練拳十年二十載不知道什麼是太極拳、怎麼個練法，讀書後明白了。一位大同讀者來訪讚揚「解秘大膽內容太多」。

其實我只是在書中介紹了對太極拳的認識、理解、體驗，總之說的是真實體會。

透露一點消息，《太極內功解秘》出版時刪去上萬字，此書將在再版印刷時全文出版。前購書讀者少讀上萬字，表示歉意。

作者注：國家圖書館收藏祝大彤先生港版《增補太極

內功解秘》《太極解秘十三篇‧修訂版》等兩部。臺灣版
《太極內功解秘》《太極解秘十三篇》《自然太極拳》
《太極內功養生法》等4部。（大展出版社出版）

問：怎樣練習才能做到「太極任自然」的上乘境界？

答：自然太極拳須自然練，越自然越好。如吃飯用筷
子很自然吧，婦女織毛衣雙手持毛衣針很自然吧，生活中
輕鬆的事情太多太多。吳圖南大師強調，修為太極拳者要
脫胎換骨。我認為不要刻意去練拳，練拳自然為好。陳長
興宗師說「無往非勁」，心、神、意、氣靜、極靜，肌膚
淨、極淨，可達上乘境界。

問：在推手與技擊中怎樣分清敵我之陰陽，進而隨心
所欲？

答：習練太極拳要時時改變雙手平均用力的毛病，拳
論曰：「接手分清你和我，彼此之間不混合。」如對方進
攻是陽，虛、空、無是陰，以陰接手便是。久之知陰陽，
會操作，進而隨心所欲。

問：「左重則左虛，右重則右杳」這句拳經，祝先生
是如何理解的？

答：跟上個問題一樣，願同道牢記這句拳訣：「一處
有一處虛實，處處總此一虛實。」太極拳練家應有虛實
手，不可雙臂同時平均用力。

問：如何在推手中杜絕「頂牛」的現象？

答：實對實、力對力就是陽對陽，剛對剛，練上幾十年也還是「頂牛」。太極拳不是力氣活，只有虛對實，意對力，陰對陽，柔對剛，較技不再頂牛。「頂牛」的問題不是兩句話可以說清楚的，習練者要多琢磨。

問：太極拳是一門省力的學問，你反覆強調的「力點」真的很重要嗎？

答：太極拳無往非勁，太極拳的初學者，或者練拳十年八載，本力不退，周身上下從表及裏，神意氣，筋骨肌膚，摸何處何處出現力點，說具體些，力點是挨打的點。前問已解，我的胳臂沒有力點，不是不謙虛，為了普及內功，可做出任何動作陪你們試驗。

二人較技時，接觸點上鬆空、力點消失了，這是太極拳接觸點上的功夫，所以我時常提醒同道，循規蹈矩練拳，先賢拳家常說太極功夫在拳裏。練拳的過程是退力的過程，退力的過程是內功上身的過程。全民健身退不退力點不影響健體強身，但深研太極內功有必要退去力點，使身體進入鬆空境界。

問：用意與用勁的區別何在？用意與「懂勁」關係大嗎？

答：拳論「由著熟而漸悟懂勁」。「懂勁」的勁不是勁力的勁，懂勁是太極拳的術語，如掤勁、捋勁、肘勁……不是勁，是術語。勁是力，是用力，懂勁是身知體悟的功夫。對方來力已知化中有打。經訣：人不知我，我獨知人，英雄所向無敵。

意大是力，是動意，有時意和勁不好區別，修煉不到一定的境界，難以區別意和勁。

問：把「十要」中的「展胸」改為「空胸」，是標新立異還是勢在必行？

答：展胸是為了吸胸窩以助鬆肩，我是修煉展胸進而鬆肩的，同時胸部自然放鬆。初學者難以把握，去年在網上改為空胸習練，空胸練法易於操作。這是十要中的基本功。

問：怎樣理解「四兩撥千斤」才正確？

答：「四兩撥千斤」是有條件的。前邊有「牽動」，「牽動四兩撥千斤」（打手歌），牽是動詞，陽動，有力、主動的意思。太極內功應把握被動、減法。故用「引動」一詞，配以「捨己從人」、惟妙惟肖。「捨己從人」是修煉到高境界的代名詞。

問：聞說日前祝先生在寓所將一來訪之太極名家輕擲丈外，可否談談你當時是怎樣做到一觸即發的？

答：沒有那麼神，我家房子僅有40平米。跟學生習練推手擲丈外，不算什麼。有來訪者撲上來，我本著「一處有一處虛實，處處總此一虛實」的主旨，對方雙手勁按我左右上臂，我鬆一個臂對方趴下，我的口訣「對方進攻急，半個身子虛」，對方按空了，當然要飛出去。對方推手用拙力，高手為無力方是很高興的，便於化拿打發。太極鬆功修為的人挨何處，何處空鬆，所以用力進攻吃虧。

問：用太極拳為社會做點事，整體提高全民的身心素質，祝先生願意向這個方面努力嗎？

答：我一直在努力用太極拳為社會做點事。我是太極拳技藝的傳播者，當然要努力傳播推廣全民健身的太極拳。我期望有更多的人從習練太極拳中獲得健康。為此一年中有幾個月奔走在全國各地教拳、講學，每一句話，每一個動作，都為傳播太極內功而忙碌。放鬆小指和大指是不花錢而健康受益的好方法：

(1) 平時注意放鬆小指（小指有兩條經絡，即手少陰心經和手太陽小腸經）。小指放鬆可使胸腹的經絡暢通，周身舒服，精力旺盛，減災祛病。

(2) 在行動中養成挑大指的習慣。走路挑大指不跌跤或少跌跤，減少跌跤機率。

特別是老年人，應把握這兩個養生、健身的功法。保健康，少去醫院，也節約大量醫藥資源和時間。同時也向外國朋友介紹這種手指養生法。

問：祝先生對太極拳愛好者及推廣者可有金石之語相贈？

答：2007年5月在浙江臨海杜橋鎮召開自然太極拳年會。年會理念：和諧太極，以文會友，忠實繼承，科學發展。

修煉太極拳，決心練好且深研，要把握真諦。按規矩練拳，把握安舒中正、方向方位，空鬆手腳且上下相隨，內外相合，無往非勁。投明師，修大道，道法自然。

武學評論研究

　　文學有批評，武學也有批評。文學批評注意提高作家的素質，注意和諧的文學精神，以及道德審美。

　　近幾年，在武術期刊上關於拳道拳法評論質疑和對拳人的批評文章時有所見，讀了這些評論文章，總覺得有主觀片面成分。中華武術門派林立，武術教師數以百萬計，一個師傅一種傳授，怎麼說人家不對，你對呢？人家怎麼不對，你又是如何對呢？武術沒有一個統一的練法，百位教師百種練法，千位武師千種傳授，還有獨傳、嫡傳，怎麼人家不對？批評者不是同位師傅，又不瞭解被批評者的拳術，以什麼標準衡量對方呢？不排除你批評的恰恰是武術的精髓和真諦。

　　我國人民政治生活是百花齊放，構建和諧社會。不能我花開放他花殺，批評者是不是想過，隔行如隔山，太極拳有陳、楊、武、吳、孫等五家，還有武當、趙堡、峨嵋三大派，太極拳拳種中，還有太極拳扇、太極操、全息、三星、如意、東嶽、古老等派。不尊重後來者嗎？我們自然太極拳的自然派是小弟弟，北京奧運會開幕式的太極拳表演是在「自然」的旗幟下面向全世界觀眾展現，這不是巧合，太極哲學有它內在的聯繫。互相尊敬為好，將國家的事情辦好，群眾習練可有選擇的餘地。批評他人要注意

自身的形象，武學評論要注意政治。

太極拳評論

　　筆者的第一部太極拳理論專著《太極解秘十三篇》脫稿於1997年，2001年1月由京華出版社在北京出版。扉頁上有前中國武協主席徐才和原北京市武協主席劉哲先生的題詞，時間清晰可見為「1997年」，此書可謂命運多舛，時隔三年，此書才面世。

　　在出版社的鐵櫃裏鎖了兩年多，由總編室主任李女士將書稿解放，可以說李女士是《太極解秘十三篇》一書的「救命恩人」。此書於2008年1月又由人民體育出版社出版，同年5月第2次印刷，9月第3次印刷。這一冊書在出版過程中，有可人可趣的軼事。有位好友勸筆者將書名更改，「解秘十三篇，太刺激人了」，更有甚者說出版此書前有狼後有虎，筆者知道凡勸阻者皆出於善良之心，我十分十分領情。但社會上有許多成功人士經驗證明，心裏認為對的，不要怕狼怕虎，往前走就是了。要忠實繼承，科學發展。

　　好友勸說不要用「解秘」一詞，豎看歷史，幾百年誰對太極拳「解秘」過？手把手都學不會，解什麼秘。還有至愛親朋說「解秘」一書有可能引來「殺身之禍」，將會一生麻煩不斷。筆者從心底感激這些朋友，沒有第一個吃螃蟹的人，怎麼會嘗到蟹肉的美味呢？

　　近年來，時有批評《太極解秘十三篇》見刊，有人說，你陰陽沒有他鬆緊科學。在這裏筆者很感謝對方，將

陰陽高帽放在我頭上，很不敢當。兩千多年前的《黃帝內經》在《陰陽應象大論篇・第五》開篇說道：「陰陽者，天地之道也，萬物之綱紀，變化之父母，生殺之本始，神明之府也。」王宗岳《太極拳論》開篇曰：「太極者，無極而生，陰陽之母，動靜之機也。」筆者學習太極陰陽是一個虔誠的小學生，解秘何錯之有，至於科學不科學就不是祝所能及之事，只能說是誤會，如果批評文稿發出之前查看陰陽的出處，不會生此誤會，只能說對方僅僅是治學不嚴而已。

自然太極拳為減法行功，改變思維觀念，用加法十位有十位失敗。僅舉一例，有公開篇章述及鬆肩有八法，加法鬆肩，別說八種方法，加一法也是彎路。放鬆雙肩是九大關節放鬆中最難的，也是最後放鬆的一個關節。

太極拳界的朋友可能注意到，我們不參予圈內不同意見的討論，也不回應任何質疑和反對意見。為什麼，因為避免口水，怕臉紅脖子粗。不應答可以化解矛盾，易於和緩緊張氣氛，以構建和諧。

到此，再重複，武林界門派林立，不要滅人家興自家，各家各派傳承到今天，沒有獨到之處，會自我淘汰。要學會容人，共同發展，不要互相指責，沒有見到的東西是存在的，我們未知的東西太多太多。請問以前聽說過在人的頭上、肩上、掌上跳芭蕾舞嗎？筆者七十多歲，觀看二胡演奏，演員坐在臺上，今天女子樂手站著演奏二胡也別有風味……以上實例，過去沒見過也沒聽說過，但是實實在在站在我們的面前。

武人團結，社會和睦，都是中華民族的子孫，都在承

傳武術，說別家不好，是往中華武術臉上抹黑。前國家體委老領導李夢華主任，對武術界語重情長說過很多話，其中有一句筆者記得牢牢，他說：「可以說自己好，不要說人家不好。」為此，申奧期間筆者在《武林》發表一篇感言，企盼武術進入北京奧運會，可惜，中華武術和北京奧運會擦肩而過，我們武林同行，灑淚惋惜。現將《可以說自己好》一文附後，供拳友研究。

武學評論研究

上世紀50年代，黨的「百花齊放」政策，大大繁榮了文學和武學園地，伴隨著文武二學的發展，武學評論也很活躍。

從上世紀90年代起，筆者在武術期刊和地方平面媒體上多有武術太極拳論文面世。同時也讀到不少武學評論。武學評論要有論理，有介紹，有說服力，令人信服，武學評論的作者要有一顆平常心，客觀、公證、寬容和容忍。評論一個門派一位作者要做調查研究，以事實為根據，論理要有說服力，令人欽服，與人為善，評出水準，評出人品，評出武德，評出和諧，以推動武術運動向前發展。

近年來有的評論以自家門派為楷模，以自己練武和對武術的看法為標準，對兄弟拳種和練拳人橫加指責，對其他門派說三道四，不是從善意出發，將武德、人品置於身後。更有甚者，對名人名家加以「莫虛有」的評論，以打擊他人，提高自己的知名度。

凡此種種評論不利於武學健康發展。中國武術期刊只

有寥寥幾份，資訊少而慢，發行量低。如果想把刊辦好，靠子虛烏有傷害他人擴大發行量，長此以往是靠不住的。

附：可以說自己好

這個題目是半句話。

很多年以前，體育界的老領導李夢華（原國家體委主任）針對武術界的互相批評說過一句話，大意是，「可以說自己好，不要說人家不好」。

今年夏天，筆者去看望退下來的武術界老領導徐才先生。他對當前在武術期刊上時有互相批評的文章，又提到李夢華說過的「可以說自己好，不要說人家不好」的話。二位前武術界領導人，關心武術動態，是對我們武術人的極大關懷，這是意味深長、具有深刻內涵的親切警示。

李夢華老主任對武術技藝爭論批評的意見無疑是準確的。中華武術幾千年，由於承傳關係和承傳人的文化背景、道德、文化修養不同，承傳的方式方法不同，對拳道和拳術的認識有差異，這是十分正常的事。古代武術是什麼樣子，我們只是從有限的史料武俠小說中瞭解點滴，而武俠小說的著作者，多為近代或現代人，無疑他們的視角和世界觀，嚴重影響著小說的創作。

金庸先生並不是武術家，但他為吳公藻先師《太極拳講義》的「跋」中寫道：「練習太極拳自己的每一個行動中不能有錯誤缺失。只要他想來打倒我、攻擊我，遲早會有弱點暴露出來。練太極拳學，練的主要不是拳腳功夫，而是頭腦中、心靈中的功夫。」這是金庸先生在上世紀80

年代對太極拳學的認識，有很高的境界。24年後的今天，我們對拳道的認識和理解也有很高的參考和學習價值。

同時代的武術人由於只習練自家的功課，對博大精深的拳道武學，也只是認識冰山一角而已，要想將武術都看一遍也是很難做到的。舉一個例子能說明這一點。

中國有56個民族，單漢族人的活動區域就非常遼闊，各省都能找到漢族人。像廣東的漢族語言，我們長江以北的漢族人似聽外語。中華武術綿延傳承幾千年，有多少拳種數得清嗎？單說螳螂拳，就分為八步螳螂、七星螳螂、六合螳螂、玉環螳螂、光板螳螂、秘門螳螂、梅花太極螳螂、梅花螳螂、硬螳螂以及摔手螳螂等數種，佛門有南北少林，少林門的拳種更多。

太極拳大家熟知的有陳、楊、武、吳、孫等五式，而式中有派，長江南北的練法大相徑庭。北京吳式太極拳83式，香港則108式。北京楊禹廷承傳為雙腳平鬆落地，哈爾濱市的吳式太極拳練家則主張五趾抓地，一師之傳結果不一樣。而各家各派武術中的掌指拳法和我們熟知的肘法不知有幾百種。楊澄甫宗師步幅大，而北京的汪永泉大師兩腳間距僅一肩寬，請教結果是步幅小靈活，他並沒有說步幅大不靈活。

在相互評論中，有粉擦在自家臉上無可厚非，但說人家不好，其實質是貶損人家練的拳種，歸根到底是往傳統武術臉上抹一層黑，劃上一道痕！

一個拳種承傳下來必然有承傳下來的優勢。多少年來幾代人傳下來至今有生命力，這是承傳人將自己的精氣神注入拳中的結果。不同階層的練武人受時代背景的影響，

加上家庭貧富、個人秉性脾氣及文化道德修養不同，練出的拳架套路，大都帶有個人性格和文化色彩，什麼文化、什麼思想，繼承什麼模式的拳法，不可過多指責別人，嚴格說無端地指責他人這是武德修養的問題。

俗話說一個師父一個傳授，一娘生九子，性格各不同。不可偏科，也不要偏激。你認為自己對的，幾年後也許你自己就會否定自己；你認為不對的，也許多年後人家遍傳四海。不要以自己為中心，強讓對方服從自己，指責貶損人家。我們六七十歲的是上世紀50年代人，我們受黨的教育很正統，其中有一句是「批評要注意政治」。與時俱進，當前批評要顧全大局。什麼是當前武術人的大局呢？武術進北京2008年奧運會是最大的大局。擺在我們面前的大局是中華武術進入2008年北京奧運武術成為競賽項目。

中華武術尚未進入2008年北京奧運會，這件事使我們武術人寢食難安。我們中國武術人夢寐以求的是中華武術進入奧運，我們每一個武術人都應該行動起來，團結一致，讚揚中華武術，弘揚中華武術，傳播中華武術，讓中華武術之花開遍世界各地，只要有人類文明存在的地方，有人類活動的聚集地，就應該有中華武術。

如果能做到如此地步，要跟同道拳友商量一件事，大家都要真心實意遵從武術界老領導、老朋友李夢華說的「可以說自己好，不要說人家不好」。關鍵是不要說人家不好。請給前方中國申奧官員一點點支持，不要互相指責，指責一通不過是個人看法和練法的不同，互相批評也許是小學生和大學生的爭論，為奧運休兵，從此養成尊重

對方的禮儀習慣。自家紮紮實實練功，多在中華武術傳統文化上下工夫，不要瞪著眼睛盯住人家。如果我們自家都打個不停，想想國際朋友會怎麼看？人家會說，你們中國武術家互相都說不清楚武術，到奧運會怎麼能說清楚呢？請給國際奧會官員一個空間，請給世界各國的武術官員一個空間，給世界中華武術愛好者一個廣闊的空間，讓他們瞭解中華武術，熟悉中華武術，認識和理解中華武術，支援中華武術，為中華武術成為北京2008年奧運會正式競賽項目創造通暢的條件。

吳圖南《鬆功論》

　　吳圖南教授的《鬆功論》，對於追求鬆功的朋友有實用價值。練可健體強身，修可放鬆心身進入傳統太極拳大道。考此源於明代宋遠橋古譜《太極功》。

　　吳圖南不拘泥古，忠實繼承，科學發展，經過實踐，在近百年前，經過長期實踐，從拳中體驗寫出《鬆功論》，為後學留下寶貴的太極拳學財富。吳老爺子在《鬆功論》中透析鬆功，講道：「鬆者，蓬鬆也。寬而不緊也。輕鬆也。放開也。輕鬆暢快也。不堅凝也。含有小孔以容其他物質之特性也。凡此種種，皆明示鬆之意義也。」

　　其金句心語「含有小孔，以容其他物質之特性也」，點出人體放鬆核心理論。在多年前，破解其難，在文中寥寥面世，不敢洋洋，以待吳老爺子身邊近者洋溢詳釋。

　　得此手抄本，欣喜之極不敢獨食精神食糧。圈內言傳播無罪。手抄本真假無可考證，是真是假由君自辨。話說回來，手抄本是否忠於原作不敢畫等號，真的當假的送，假的按真的看，各取所需自辨真偽，不是不恭。因在文中及影像作品中曾透露此事，謹摘其精華，以饗讀者。

吳圖南太極功目錄

太極功小序

太極者，理合氣也。無此理，則氣無以存。無此氣，則此理無以明。是以在無極之中而有昭然不昧之本體存焉，太極之謂也。然依此天地自然生成之理，推之人體生生之所以然，然後洞悉祖國醫學太極拳對人體五運六氣生生不已之原則說明，氣分陰陽，機先動靜，則自然之規律得焉。得其大者，身心俱妙，應物自然。得其次者，卻老延年，長春永壽。於是乎太極功尚焉。語曰「識得內功（即太極功）休再問，貫徹拳經千萬篇」，即此義也。茲將太極功之鬆功，略述如下。使學者先略明太極功鬆沉之理，以及其所以然，作為練功入手之階，然後再及其他。要之，在學者之能否體會而已。語曰：「可以使人規矩，不能使人巧。」其是之謂乎，雖然吾以生平所學，筆之於者，以示學者，盡心焉耳矣。學者宜三復斯言。

辛亥年冬立春日
八十四歲吳圖南序

鬆功論

太極拳其根在腳，發於腿，主宰於腰，形於手指。由腳而腿而腰，總須完整一氣。向前退後，乃得機得勢。有

不得機得勢處，身便散亂，其病必於腰腿求之。凡此皆是意，不在外面。意欲向上，即寓下意，有前即有後，有左即有右，此為太極拳通論，人所共知也。然何能至此，迄未言之，此予鬆功論之所由作也。夫人體猶植樹然，根深則蒂固，本固則枝榮。樹之所以經大風而不傾折者，在根深而本固也，太極拳之所以推挽不移者，如是也。於是乎鬆功尚焉。雖然，予創此鬆功，乃由多年體會、多年實踐所得之結論，並未集思廣益，雖免無閉門造車之弊，深望廣大太極拳愛好者，不吝教言，共促祖國醫學太極拳能在普及基礎上有所提高，則幸矣。

凡練習太極拳者，皆知鬆、沉為太極拳主要之條件，而於練法與原理，則未見其著述。因此不揣愚陋，略為論述，並創上肢鬆功，軀幹鬆功，全體鬆功，凡十五章，大膽嘗試，作為磚引玉而已耳。即言者無罪，聽者有戒之義也。

鬆者，蓬鬆也；寬而不緊也；輕鬆也；放開也；輕鬆暢快也；不堅凝也。含有小孔以容其他物質之特性也。凡此種種，皆明示鬆之意義也。功者，勞績也；成效也；事物之效用也；行為之效用，所生之作用也；對事物所顯著之功用與力量也；生理氣官之本能，如關節之動轉也；鍛鍊所費之時間也。凡此種種，莫不皆明示功之意義也，鬆功鍛鍊過程，常有每個關節動作不如己意之感。精進不已，漸覺略感隨意。久而久之，方感動作欲如，隨心所欲，處處靈活，此時方知各個關節聽我所用，周身隨意肌方能隨意也。不然，我之周身並不聽我所用，活人乎？病人乎？實難言也。故祖醫學太極拳能有對人體慢性病與病

後恢復期能起顯著療效者，良以此也。（下略）

甲　上肢鬆功
太極拳鬆功

太極拳之鬆與沉，為人人皆知之重要部分。至於如何方能達到目的，則始終無詳細之記載。眾說紛紜，莫衷一是。予在六十年前，曾著有鬆功論，惜為人竊去，不知落於何人之手。但其中立論已甚陳舊，以現在目光視之，實為糟粕耳。容有時間再補著可也。

現在僅就個人所體會，及限於個人之水準，草擬鬆功練法若干則，以授學子。缺點和錯誤在所難免，希同好者給予批評指正，則感謝獲益良多矣。

第一章　提舉鬆功

提舉鬆功之預備勢說明：

身體直立，面向前方，如太極勢，而後即以左右兩肩為軸，由肩到手，手背向上，整個兩臂循弧形向前提舉，有如臂上壓有千鈞之力，徐徐隨提隨舉，至兩臂與身體上下成一直線為止。此時指、腕、肘、肩各個關節均伸展至極限，不可用力，即全部關節伸開，然後練習鬆功。

其練法有五。

（1）前鬆功：

以前一勢為準，提舉之兩臂，倏忽循身體之前方鬆勁下落，任其左右兩胯側前後自由擺動，任其自己停止，則

肩、肘、腕、指之關節，有如斷線珍珠，魚貫而下，漸漸
鬆開，不可用主觀意識來指揮，任其自由落下，久而久
之，各個關節無不鬆開矣。

（2）後鬆功：

仍以前一勢為準，提舉之兩臂倏忽循身體之後方鬆勁
下落，其要求與前鬆勁同。

（3）左鬆功：

仍以前一勢為準，提舉之兩臂倏忽循身體之左方鬆勁
下落，其要求與前鬆勁同。

（4）右鬆功：

仍以前一勢為準，提舉之兩臂倏忽循身體之右方鬆勁
下落，其要求與前鬆勁同。

（5）左右鬆功：

仍以前一勢為準，提舉之兩臂向左右分開循身體之左
右方鬆勁下落，其要求與前鬆功同。

第二章　頂上盤鬆功（略）

第三章　肘盤鬆功（略）

第四章　腕掛、叼、鉤、抖、彈鬆功

平掌向內為掛，向外為叼，由上向下為鉤，腕部向斜
上方餞擊為抖，鉤由下而內而上而外為彈。

腕掛、叼、鉤、抖、彈鬆功之預備勢說明：

身體直立，面向前方，如太極勢，而後即以肩為軸，

兩臂向前平舉，至手與肩平為度，肩至前臂（肱）平伸不動，而後腕、指各個關節均伸展至極限，即全部關節伸開，然後練習腕部鬆功。

其練法有五。

(1) 掛鬆功：

以前4勢為準，雙手手心向上，以小指領先，五指循序而進，以腕為軸，平掌由前而內而後平掛，鬆腕隨指旋轉，至小指約與肱接近為止，然後還原。注意循序漸近以免扭傷。

(2) 叨鬆功：

以前4勢為準，雙手手背向上，以小指領先，五指循序而進，以腕為軸，平掌由前而外而後平叨，鬆腕隨指旋轉，至小指約與肱接近為止，然後還原。注意與(1) 同。

(3) 鉤鬆功：

預備勢，雙手手背向上，以小指領先，五指循序而進，以腕為軸，五指由前而下而後下鉤，鬆腕隨指旋轉，至小指約與肱接近為止，然後還原。注意與(1)同。

(4) 抖鬆功：

預備勢，雙手手背向上作鉤，鬆腕，用腕部向斜上方餤而抖擻，然後還原。注意與(1) 同。

(5) 彈鬆功：

預備勢，雙手手背向上作鉤，鬆腕，以大指領先，五指循序而進，以腕為軸，五指由下而內而上而外，彈而甩擊，如彈物狀，然後還原。注意與(1) 同。

第五章　手部鬆功（略）

第六章 空拳全臂鬆功

空拳者，十指鬆攏作空拳，使十指均能發揮其作用。祖國醫學有五指所司內臟之作用之學，如小指——腎，大指——脾胃等。因此空拳全臂鬆功，有其重要意義，將來在功能練習時，再作詳述。

空拳全臂鬆功之預備勢說明：

身體直立，面向前方，如太極勢，而後即將左右手各鬆猶握一空拳，如拳中握一雞蛋。此時肩、肘、腕、指各個關節均鬆開伸展，然後練習空拳全臂鬆功。

其練法有二。

(1) 預備勢，而後用左手掐著右腋下前後兩塊肌肉，然後右手握空拳，由右胯側而前而上而後而下，以肩為軸，鬆勁伸展，倏忽做一圓圈，則全臂在空拳帶動下，肩、肘、腕、指各個關節無不鬆開。其左手練法與右手同。

(2) 後鬆功：預備勢，而後用左手掐著右腋下前後兩塊肌肉，然後右手握空拳，由右胯側而後而上而前而下，以肩為軸，鬆勁伸展，倏忽做一圓圈，則全臂在空拳帶動下，肩、肘、腕、指各個關節無不鬆開。其左手練法與右手同。

總之，透過全臂鬆功之練習，使全臂有如一條七節鞭，在將來應用時，打下良好基礎。無論是分節應用，是整個應用，均能裕如從心，或搜，或掃，或掄，或抽……節節貫串，絲毫無間，而沉亦在其中矣。是故練習太極拳

者，能於此中加意研求，則鬆沉之法斯過半矣，要在學者之間細心體會耳。

乙　軀幹鬆功

第七章　肩前後鬆功

肩係頸項下與臂連屬之部分，前有鎖骨，後有肩胛骨，為臂與頸項連接之處，如不能鬆，則最易由於臂之失勢而影響頸項及軀幹，故為免去牽動周身之僵直，鬆肩極為必要。學者須加意研求，萬勿忽視之也。

肩前後鬆功之預備勢說明：

身體直立，面向前方，如太極勢，而後即將左右肩鬆開，隨左右臂向下鬆沉，使肩關節伸展至極限，即全部伸開，然後練習肩前後鬆功。

其練法有二。

(1) 肩前鬆功：

預備勢，而後用右肩關向前鬆勁一擊（合鎖骨與肩胛骨），一敲即回，然後返原，其左肩之動作與右肩同。（均用鬆勁）

(2) 肩後鬆功：

預備勢，而後用右肩關節向後反甩，用肩胛骨帶鎖骨，一甩即回，然後返原，其左肩之動作與右肩同。（均用鬆勁）

注意：因係倏忽之間敲甩，宜防扭傷。

第八章　頸項鬆功

頸者，連接頭部與軀幹之部分，在前曰頸，在後曰項。頸椎者，頸部之脊骨。頸肌者，功用在於轉動頭部。如果頸、項、頸椎、頸肌不能鬆開，則頭部不能動轉自如，對全身之動作影響極大，故為虛頸頂頸及頂頭懸，使周身輕靈，練習頸項鬆功實為必要之途徑。學者注意焉。

頸、項鬆功之預備勢說明：

身體直立，面向前方，而後頸項向上虛領，使頸椎各關節伸展至極限，即頸關節全部伸開，肩部向下鬆沉，頭向上頂，然後練習頸項鬆功。

其練法有六。

(1) 頸項前鬆功：

身軀不動，以頭頂領先，向前俯，頸椎由上而前而下鬆勁彎曲，使頸部關節及頸肌全部鬆開為度，然後還原。注意循序漸進，不可猛練，以防扭傷。

(2) 頸項後鬆功：

身軀不動，以頭頂領先，向後仰，頸椎由上而後而下鬆勁後仰，使頸部關節及頸肌全部鬆開為度，然後還原。注意與(1) 同。

(3) 頸項左側鬆功：

身軀不動，以頭頂領先，向左側彎，頸椎由上而左鬆勁左屈，使頸部關節及頸肌全部鬆開為度，然後還原。注意與(1) 同。

(4) 頸項右側鬆功：

身軀不動，以頭頂領先，向右側彎，頸椎由上而右鬆

勁右屈，使頸部關節及頸肌全部鬆開為度，然後還原。注意與(1) 同。

(5) 頸項左顧鬆功：

身軀不動，以頭頂領先，向右顧，頸椎由前而左鬆勁旋轉，使頸部關節及頸肌全部鬆開為度，然後還原。注意與(1) 同。

(6) 頸項右盼鬆功：

身軀不動，以頭頂領先，向右盼，頸椎由前而右鬆勁旋轉，使頸部關節及頸肌全部鬆開旋轉自如為度，然後還原。注意與(1) 同。

總之，頸部為人體之重要部分，其頸靜脈向內軀體前伸張，經過頸部之一對大靜脈。其頸椎神經，分佈於頸部、肩部、上肢胸部、膈膜等之神經，共有八對，故頸椎鬆功之練習，如果能得其法，對於人體功能、生理機能裨益良多，是以學習太極拳者，對此功練習，宜加意研究，萬勿以為平常而忽視之。

第九章　胸背鬆功

胸者，人體頸下腹上之部分。胸骨者，胸部中央之骨。背者，胸之後面，即背脊也。脊者，人體背部中央之骨。胸椎者，胸部之脊椎骨。即十二胸椎。肋骨者，在軀幹上部，胸膊兩旁之骨，共十二對，前接胸骨、後接脊椎骨而成胸廓。胸廓者，人體三大腔之一，心、肺、兩髒均藏在內。故胸背之能否鬆開，關係到人體血液循環與呼吸。習太極拳功能練習者，對於胸背鬆功，務須加意體

會，不可以其簡易而忽之也。

胸背鬆功之預備勢說明：

身體直立，面向前方，如太極勢，而後即收胸背、肋骨各個關節均鬆開伸展至極限，即全部伸開，然後練習胸背鬆功。

其練法有二。

(1) 胸背前鬆功：

預備勢，而後兩肩鬆勁後背，以兩肩胛骨行將對頭為度，胸骨及肋骨向前突出，然後還原。

注意： 胸腔為心肺所在地，必須鬆勁徐進，不可勉強從事，以防扭傷。

(2) 胸背後鬆功：

預備勢，而後兩肩鬆勁前合，以兩肩胛左右分開至極限為度，脊椎骨及肋骨向後拱擊，然後還原。注意與(1)同。

第十章 腰腹鬆功（略）

丙 下肢鬆功

第十一章 胯提舉鬆功（略）

第十二章 膝盤鬆功

膝，人體股、脛相接之部分。脛，從膝至腳跟之部分，即小腿。脛骨，下肢骨之一，形如杆，在小腿中與腓骨並列，上連大腿骨，即股，下接足部之跗骨。腓，小腿後面肌肉凸出處，俗稱腿肚。膝蓋骨，膝髁前栗狀之小

骨。故膝關節在人體下肢部分為一重要關節，若不鬆開，對於太極拳之動作，不能取得滿意之效果，動作之靈活全賴此關節之靈敏性。練習膝部之鬆功，實為必要，學習須注意焉。

膝盤鬆功，因前有膝蓋骨，小腿不能向上盤旋，故在練習時，有如膝下設一覆盤，與肘盤鬆功適得其反，僅在膝下盤旋。學太極拳者，須體會之。

膝盤鬆功之預備勢說明：

身體直立，面向前方，如太極勢，而後尾閭正中，精神貫注百會，氣沉丹田，虛靈頂勁，此時胯、膝、足、趾關節與肌肉，均伸展至極限，即全部伸開，但不用力，然後左右手抱肘，左腿向前提起，以左胯為軸，至左足與左胯平，成一前後直線為度（其右腿練法與左腿同）。然後練習膝盤鬆功。

其練法有二。

(1) 內盤鬆功：

預備勢，左腿股平伸不動，以左膝為軸，小腿鬆勁以足跟領先，由前而內而後而外而前，在膝下做一平圈，然後還原。推係倏忽動作，須防扭傷。其右腿練法與左腿同。

(2) 外盤鬆功：

預備勢，左腿股平伸不動，以左膝為軸，小腿鬆勁以足跟領先，由前而外而後而內而前，在膝下做一平圈，然後還原。推係倏忽動作，須防扭傷。其右腿練法與左腿同。

總之，下肢均係單腿鍛鍊，最忌上身及底腿搖動，學

者應特別注意掌握為是。

第十三章 足跟（即腳腕或稱腳脖子）
叼、拐、潑、揚、奔鬆功

足，人體下肢之最下部分。足骨，分跗骨、趾骨、蹠骨三部，屬下肢骨範圍。足跟，腳之後部。跗骨，在下腿骨與蹠骨間之骨，共七枚，即腳背。趾骨，在足尖端，左右足各十四枚。蹠骨，即腳底板。

足在人體與地面相接觸，支撐人體之站立，負重、行動等之作用。在太極拳鍛鍊過程中，做出各種動作，無論雙足落地，或一足提起，一足落地，或跳躍動作之雙足提起，均賴足之活潑敏捷，方能動轉自如，因此足關節之能否靈活，實關係到全體之動作優美與拙劣，故足關節之能否鬆開，乃為太極拳重要關鍵之一。故足之鬆功，實為必要，學者須注意。

足跟為下腿骨與足接連之處，其關節之動轉自如為重要，故必須鬆開，方顯活動適用。叼者，如小貓以爪叼魚，由前向內向後，輕快異常。拐者，由前向外向後轉移方向，如行路之轉角。潑者，如潑水。揚者，如揚塵。奔者，如水勢急流，形容疾而伶俐也。故用此五法以活動下肢與足之間之關係較為適宜。既能載全身之重量，又能收靈活之效果，實一舉兩有裨益，學者當細思之。

足跟叼、拐、潑、揚、奔鬆功預備勢說明：

身體直立，面向前方，如太極勢，然後左腿上提，至膝與胯平為度，左小腿下垂，足與膝上下成一垂直線，足

跟、跗骨、蹠骨之各個關節均伸展至極限，亦即全部伸開，但不用力（其右足與左足同），然後練習足跟鬆功。

其練法有五。

(1)叼鬆功：

預備勢，然後左足向上鉤，以左足跟領先，由前而內而後而外，鬆勁做一平圈，亦即以足跟內掛而由內向後拉之謂也。然後還原。其右足與左足同。

(2)拐鬆功：

預備勢，然後左足向上鉤，以左足跟領先，由前而外而後而內，鬆勁做一平圈，亦即以足跟外掛而由外向後拉之謂也。然後還原。其右足與左足同。

(3)潑鬆功：

預備勢，然後以左足跟為軸，以左足大趾領先，由前而內而上而外，鬆勁做一立圈，有如潑水狀，動作輕脆，宜防扭傷。然後還原。其右足與左足同。

(4)揚鬆功：

預備勢，然後以左足跟為軸，以左足大趾領先，由前而外而上而內，鬆勁做一立圈，有如揚塵之狀，勁作輕脆，宜防扭傷，然後還原。其右足與左足同。

(5)奔鬆功：

預備勢，然後以左足跟為軸，以左足大趾領先，由前而上而後，鬆勁做一前後上半圈，其輕鬆勇猛之達，有如萬馬奔騰之狀，因需奔力，宜防扭傷。然後還原。其右足與左足同。

總之，此種練習，係活動足跟、跗骨、趾骨、蹠骨五個關節，胯、膝、足關節均須鬆開一致，不可認為只係足

部運動，實為下肢之整體運動，此學者所當知也。因係單腿之動作，必須保持軀幹及底腿之平衡，以腰為主宰，頂頭上懸，精神提起，意識集中，方能收鬆功圓滿之效，學者不可認為局部之動作，而忽視整體之意義也。學者須細心玩索，然後方能得鬆功之要領，不可以其簡單易學而忽視此鬆功。

第十四章　足踢、踩、踏、蹬鬆功

　　足之關節，足趾為足之末梢，左右足各十小枚，為支撐人體平衡之主要關節。當人體行將滑倒之時，足趾即顯其作用，用力抓地，即可不倒，故該部之能否鬆開，方能顯示其各趾之功能。

　　足掌在足趾之前，為著地之緊要關節，為維持身體之前後動作平衡不可缺少之部分。足心如一弓形，發揮彈跳之力，為足部起緩和之作用。足跟為支撐全體重心之支柱，故以上足之四部，在練習太極拳者必須注意之關鍵所在，動足之輕重，實有賴此四部之靈活，學者須細心體會，方能收全體輕靈敏捷之效，故鬆功尚焉。

　　踢，以足尖蹴物，輕脆不使人知之謂也。踩者，用足掌踐物，踩在腳下。足踏，以足心踐物，用腳踐踏。足蹬，用足跟履踐，以足跟踹之。太極拳足之踢、踩、踏、蹬使足之各個關節均能動轉裕如，則進退屈伸各盡其利，全身之靈活實利賴之，此學者所當知也。

　　足踢、踩、踏、蹬鬆功之預備勢說明：

　　身體直立，面向前方，如太極勢，然後左右手握拳抱

肘，拳背向外，與左右肋貼緊。左膝向前提起與左胯平為度，左小腿下垂，胯、膝、足跟、足心、足掌、足趾各個關節均伸展至極限，即全部抻開，但不用力。其右腿與左腿同。然後練習足踢、踩、踏、蹬鬆功。

其練法有四。

(1) 足踢鬆功：

預備勢，而後以左足跟為軸，繃腳面，吸腳心，以左足大趾領先，用左足趾尖端向前鬆動單踢，一觸即回，如戳物狀，然後還原。其右足與左足同。

(2) 足踩鬆功：

預備勢，而後以左足跟為軸，足趾向上鉤，吐足掌，吸足心，用左足掌向前鬆動平踩，一踩即回，如踐物狀，然後還原。其右足與左足同。

(3) 足踏鬆功：

預備勢，而後以左足跟為軸，揚腳面，鉤腳尖，吐腳心，用左足心向前鬆動平踏，一踏即回，有如踐踏之義，然後還原。其右足與左足同。

(4) 足蹬鬆功：

預備勢，而後吐足跟，鉤腳面，鉤足趾，吸腳心，用左足跟向前鬆勁平蹬，一蹬即回，如踹物狀，然後還原。其右足與左足同。

總之，足部各個關節之鬆功，均起活動輕巧靈敏之作用，足部在人體下肢之末梢，與地面直接接著，支撐全體之重量，一舉一動關係到周身，前傾後仰，左歪右斜，均能起調和之作用，一身舉止無不賴足部之動轉，所謂舉足輕重即指此也。

學習太極拳者，可不於此加之意乎？學者須細心體會之，對於動作之活潑靈利輕靈奪巧，益莫大焉！

丁　全體鬆功

第十五章　全體鬆功（雲鬆功，
遊蕩鬆功，抖擻鬆功）

中國醫學太極拳之鬆功，為學者易於接受與練習，先將上肢鬆功、軀幹鬆功、下肢鬆功等，按各個關節分別闡述局部鍛鍊之意義與練習之方法，使學者瞭解生理功能與解剖病理之部位，為將來研究功能練習，打下良好基礎。

現將全體鬆功再為論述，使學者在局部練習基礎上提高到整體練習，方能吸全部鬆功之效益，亦即由頭至足均能本乎人生天然優美之發育，順先天後天自然之能力，使全體得充分之發展，謀一生永久之健康，身心兼顧，靈利活潑，自頭至足無一處不輕靈，無一處不堅韌，無一處不沉固，無一處不順遂，通體貫串，絲毫無間。無病者透過鍛鍊可以增強體質，預防疾病。病患者（尤其慢性病）通常鍛鍊配合醫藥，可以提早痊癒。對於病癒恢復期，透過鍛鍊，可以迅速恢復健康。經由各地太極拳之實踐證明，確於體療方面有所裨益，然必須持之以恆，堅持不懈，方顯功效，學者須注意。

茲為學者易於瞭解起見，先將全體鬆功分作上肢與軀幹鬆功、上下肢聯合鬆功、全體鬆功，作為三部分鍛鍊與練習，接受易，收效大。透過練習，能達到暢運血脈，活

動筋骨，通體柔韌，推挽不移，顯示出太極拳體療之特點，又為自衛技擊打下良好基礎，對於保衛祖國，起良好之作用，洵一舉而有兼顧之利焉。

雲鬆功者，上肢與軀幹之鬆功也，其動作如雲之旋繞周身，前後左右無處不到，既鬆且勻，甚為活潑。遊蕩鬆功者，上下肢起落遊蕩，如表之擺，來去有時，既有節奏，又有規律，上下起落活潑自然。抖擻鬆功者，頭、頸、項、肩、肘、腕、指、胸、腹、腰、胯、膝、足、跟、趾之各個關節，無不精神抖擻，輕快異常，全體有如一七節鞭，節節靈活，處處鬆韌，一處受制，別處不受牽連，有各自為戰之能力，但不失整體之觀念。

故透過全體鬆功之練習，周身節節貫串，分之則起局部之作用，合之則起整體之作用，無絲毫遲滯間斷之弊，對於通體健康，身心發育，益莫大焉。學者不可以其簡而易學而忽視之。

全體鬆功（雲鬆功、遊蕩鬆功、抖擻鬆功）之預備勢說明：

身體直立，面向前方，如太極勢，然後全體各個關節均伸展至極限，即全體全部抻開，任其自然，但不用力。然後練習全體鬆功。

第十六章　雲鬆功（略）

第十七章　遊蕩鬆功（略）

第十八章　抖擻鬆功（略）

吳圖南跋

　　總之，祖國醫學太極拳，在定勢練習時，務求姿勢正確，動作自然，此為太極拳之基本功，必須耐心鍛鍊，持之以恆，自能收增強體質之效益。然後再做連勢之鍛鍊，不可草率從事，勢勢送到家，處處不走樣，而能收太極拳全套連為一勢，一氣呵成，顯示輕靈活潑、敏捷連貫之妙。自然感有輕快舒適之意味，則達到身心同時發育之目的矣。然而此時嘗有感到周身關節不活，動作缺乏柔韌，往往有勢不隨心之感。予針對此一問題，經過數十年之實際體會，創此太極拳鬆功若干則，計十八章，簡而易行，收效亦宏，頗為學者所歡迎。

　　鬆功練過之後，對於盤架子確實有所提高，此為學者所公論，予亦略堪以自慰耳。若以鬆功現已練熟，再能做進一步之研究，實有必要予再提出問題數則，以供學者參考，想亦為學者以樂聞焉。

　　(1) 同方向又同時。
　　(2) 同方向不同時。
　　(3) 不同方向同時。
　　(4) 不同方向不同時。

　　學者如在此方向與時間兩者之變化加意探討，則一心二用之妙自在掌握之中，對於推手練習，大有裨益也。要在學者之細心體會耳。

吳圖南鬆功初探

前不久《中華武術》組織各派傳統太極拳的代表人物撰文太極拳鬆功並公開發表。這是一種善行，對廣大太極拳愛好者習練鬆功，具有滾雪球式的普及太極內功的現實意義和修煉鬆功的指導性意見。此舉必將大大推動傳統太極拳的整體水準提高一步。

文中說的是傳統太極拳，不涉及國家套路，國家套路是太極拳教學改革比較成功的，它統一教材，統一教練，統一教學，統一掛圖，統一音樂，很好地解決了群眾性習練太極拳的普及問題。

(一) 自然太極拳內功

自然太極拳的內功，包括鬆、空、虛、無等高境界內功。說簡單了，就是靜、淨兩個字。即為靜、安靜、極靜；體表淨，乾淨，極乾淨。我們在《太極內功解秘（增補珍藏版）》中有「普及太極內功」一節，從減法、改變觀念、人體反映等三個方面介紹內功。

要普及必須簡捷，各界習練者都可以聽師講課，易懂，易學會，易操作，我們稱為「三易」工程。從學練太極拳開始，習拳過程可以形容為冰（用力）化水（漸退去拙力），水升為汽（周身關節鬆且節節貫串），能不能解析為冰體人、水體人、汽體人，待進一步剖析，簡單說為鬆體人、空體人。這麼說如果仍欠通俗，我們暫且將傳統太極拳習練者分為兩種練法，一種是肢體習練者，一種為

心腦習練者。欲求得內功,第一步要經歷肢體練或稱為冰化水的過程……

我們在這篇理論短文中著重介紹鬆功。什麼是太極拳的鬆功呢?吳式太極拳家吳圖南教授著有《鬆功論》說理深入淺出,將太極鬆功說得清清楚楚明明白白,入門有路,習練簡易。

(二) 吳圖南鬆功

吳圖南大師在《鬆功論》中,開宗明義明示鬆功之真諦,大師在《鬆功論》中寫道:

「凡練太極拳者,皆知鬆、沉為太極拳之重要條件。」

「鬆者,蓬鬆也。寬而不緊也。輕鬆也。放開也。輕鬆暢快也。不堅凝也。含有小孔以容其他物質之特性也。凡此種種,皆明示鬆之意義也。」

順著吳老爺子論鬆功的路子走下去,體會到我們傳統太極拳習練者和深研家在拳藝活動時要把握拳的豐富內涵,首先是陰陽變轉,即陰不離陽,陽不離陰,陰陽相濟,在動態運行中注意周身放鬆,反反覆覆溜臀、收小腹、鬆肩、垂肘、鬆掌、鬆指、鬆腕……大師說的鬆,從腳到頂,手腳及周身各個骨關節、肌膚要鬆,蓬鬆開,任何大部位和小部位應一一放鬆,不要掛力。

大家可以回憶自己從腳到頂,從頂往下整體和局部,不注意時,下意識局部便僵緊。筆者對拳友有一句進言,即「太極功夫在拳外」。在每次練拳收勢後上班或是回家,騎自行車輕輕扶著車把,鬆肩、鬆胯,雙腳蹬車不可

用拙力。平時放鬆小指，手小指有一陰一陽兩條經，陰經為手少陰心經，陽經是手太陽小腸經。經常放鬆小指，胸腹暢快、舒坦，有協助放鬆雙肩之功效。平時走路，雙腳平鬆落地的同時放鬆腳趾，並且腳趾要一一舒展。

總之，拳場以外周身內外九大關節有許多功課要做，對於放鬆全身有意想不到的收益。「太極功夫在拳外」，是一個很好地把握內功上身的不錯的好拳法，只要認真去做肯定有效，因為別人每天練1～2小時，我們把握這種拳法，每天可練16小時。單說放鬆小指，只要想著放鬆小指，乘車、駕車、飛機上、餐桌上，不忘鬆小指必然成功，既養生又對鬆肩有絕頂功效。

自然太極拳的鬆，內求神意氣鬆，外求筋骨皮肉鬆，這僅僅是內功的整體與局部，還有空、虛、無。但鬆功是空、虛、無的基礎，周身不放鬆，勿談空，空為局部空和全體透空，沒有周身內外的鬆功，難以求全體透空。平時生活中有時不注意，周身各個部位容易出現僵緊。例如，吃飯時不注意，左臂或其他部位局部僵緊。「太極功夫在拳外」，要很好地解決在不知不覺中周身局部或大部的僵緊。

鬆功是什麼，是吳圖南老爺子說的蓬鬆寬而不緊，輕鬆、放開，輕鬆暢快，可稱為鬆功的階段要求和變化。自然太極拳將鬆的過程解析為冰體—水體—汽體—鬆體人。初涉拳場，拙力本力僵緊是冰體，冰體溶化成為水體要經過相當長的過程。

從理論上講，要對所學練的拳術認識、認識再認識，對拳有了認識之後，操作中要用意，不是用勁。如何用

意，不去用勁，要理解，再理解，掰開了揉碎了去理解，從理論到實踐去認識，在操作中去理解，理解吳老爺子鬆功教旨和各個階段的要求。

目標明確，習練自然太極拳和傳統太極拳必須在練拳過程中體驗吳老爺子鬆功在習練者軀體中的微妙反映和變化。可以這樣說，吳老爺子的鬆功不難上身，但操作一定要循規蹈矩。不管什麼人，只要按規矩練都可以鬆功上身。這個規矩是築基功的「九鬆十要一虛靈」。

自然太極拳的基本功是通向吳老爺子鬆功的必然之門徑。豎看傳統太極拳發展史，陳長興說「無往非勁」，李亦畬說「用意不用勁」，陳鑫說「妙手空空」，吳圖南鬆功與先賢差別不大。橫看傳統太極拳近代發展史，楊振基說「推手推不出功夫，太極功夫在拳裏」，楊禹廷老爺子說「太極拳就是一陰一陽兩個動作，一動百通」，說簡單了，傳統太極拳各家說的鬆功之路都差不多，一脈相承。而吳圖南與眾不同之處，老爺子縱談鬆功之道，與眾人說法有異但內容相似，但是，他最後一句「含有小孔以容其他物質之特性也」是金句，大大發展了傳統太極拳鬆功理論。吳圖南教授的鬆功理論有獨到之處，「含有小孔」不是人云亦云對鬆功的議異，這是老爺子對傳統太極拳鬆功理論和實踐的忠實繼承和科學發展。

筆者手中有兩個《鬆功論》的手抄本，一本屬摘抄的不完整，到上世紀80年代初又得到一個完整的《鬆功論》，隨《太極揉手解秘》作為附件發表。「小孔說」困擾了筆者二十多年，直到21世紀的頭幾年在《參考消息》科技版頭條新聞有一則消息，是「充滿孔洞才真正堅固」

的標題。這個標題使筆者眼前一亮，急速閱讀，是英國《新科學家週刊》發表威爾‧奈特的文章。

「怎麼才能使某種組織結構更加堅固呢？答案可能就是讓它充滿無數的孔洞。這看起來似乎有悖常理，但是孔洞可以吸收壓力或外部作用力的能量，從而增加材料的彈性。研究人員已經研究出關於這種孔洞的最佳尺寸和排列方式的方案。

「這種方法是受樹木的啟發，因為在幾百萬年的進行過程中經受住了最惡劣的天氣條件（可能不包括閃電）。2002年，由英國巴思大學朱利安‧文森特率領的研究小組，用電子顯微鏡對在硬木裏發現的直徑為10～150微米的微小孔洞進行觀察。他們發現，孔壁的彈性可以吸收對樹木施加壓力產生的能量。這就解釋了為什麼山毛櫸、櫟樹和柳樹等樹木密度並不高於其他很多木材但卻特別結實的原因。」

吳圖南教授的孔洞說和英國人的孔洞說不謀而合，只是區分在於木材和人體不同，但均為活體。在這裏引用可能有些牽強，但是我們對孔洞的認識有了探索的依據。

吳圖南老爺子發表孔洞說早於英國人孔洞說20多年，當時能提出孔洞說很不一般，豐富了傳統太極拳理論寶庫。我們的中定勁肌肉筋骨的內部，結構充滿小孔所以產生無窮威力。

筆者認為人體和木材體不同，孔洞的排列組合也不可能相同，要進一步研究探索。我站立著有人用力推我的胯，胯能耐受住外力的推擠，這可能是孔洞的效應，當然，我們周身內外有鬆空功夫，也是重要原因，但哪種是

主因，待驗證。

自然太極拳的鬆、空、虛、無功夫，借鑒了孔洞學說，本著這個路子去思索，擴大了我們的視角，我們應深入研究，使之通俗化、學習容易、操作簡單，以提高傳統太極拳鬆功的整體水準。

火花一束

各地來信摘錄和文稿

易筋、洗髓話太極

──試從易筋洗髓的角度來分析祝老師教的自然太極拳

梁行廣（香港）

我認為易筋的「筋」是韌帶和肌肉。韌帶連接骨與骨和固定骨，使整個人體骨骼成一個骨架，能支撐身體，保護身體，同時限制骨關節的活動範圍。富有彈性，民間稱筋。肌肉是附在骨上的，能收縮和放鬆，這伸縮使骨關節做不同的活動，民間也稱「筋」，如小腿的肌肉不受控制自己收縮叫小腿「抽筋」。洗髓的「髓」是骨骼。

「易筋」我認為有兩種解釋：(1) 使韌帶變粗，更富有彈性，使肌纖維增粗、增大。(2) 是改變筋和肌肉的使用方法，這也是練自然太極拳的重大工程，改變用力盤拳、行功、推手的思維，進而認識太極拳陰陽變化的思想，天人合一的宇宙觀，以拳入道。

祝老師教拳時常說，咱們的拳是用骨頭打太極拳，盤拳、行功要改成用意不用力，盤拳的過程就是退力的過程，當本力退盡就是內功上身之時。「洗髓」我認為是節節貫穿，練鬆功到骨頭的關節可節節貫穿，由腳至腿，由

腿到腰，展於手指，意在骨骼間直貫而過，謂洗髓，即骨頭受到鍛鍊。

現討論規範練習時自然太極拳是如何達到易筋、洗髓的。祝老師吩咐，每動都要舒展，即把骨與骨相連的關節的筋鬆開，把肌肉鬆開。

我們知道肌肉不鬆開，筋是沒法拉開的，首先得先鬆肌肉，一段時間後鬆肌肉和拉開筋骨的舒展一齊做，這也是鬆功。鬆功是無止境的，反過來說易筋、洗髓也是無止境的。太極拳講陰陽，鬆筋是陽，骨骼舒展是陰，對於陰陽互換現時還不太明白，不能在此列出。

怎樣才能在盤舉行功中骨骼舒展，這舒展的鬆功又是怎樣練習呢？祝老師秉承前輩的教導，一次又一次地教我們用意不用力。在盤拳行功中用力練拳只會把筋越練越緊，肌肉越練越實。用力量達不到易筋的作用。一抬腳一舉手都要用力，用意不用力是指用最少的力去做動作，初是意重些，後是有意無意舒展，儘量做到被動練拳。在行功盤拳中求靜，靜了意才能到達九大關節，意到了毛細血管會開，一次一次的意到，毛細血管慢慢地越開越多，血液通爽，有充足新鮮的血液，筋骨有足夠的營養，潤筋，開筋，養筋，潤骨膜，養骨，生髓。用意不用力，但不能保證每次用意時毛細血管會開。

怎樣才能做到意到血到呢？祝老師吩咐每次盤拳先活動活動，再做鬆功盤拳行動。活動是讓全身的血液流通。筋骨、關節都動一動，筋順一順，身體微微發熱，進而做九鬆十要一虛靈。九鬆是九大關節從腳有次序地鬆到頭。祝老師帶我們做九鬆十要時非常詳細。比如，鬆腳，雙腳

要平鬆落地，腳底貼地的部分要全部都均勻地放在地上，感覺好像踏在厚厚的地毯上，鬆腳踝時想一想腳踝是由很多塊骨聯在一起，這眾多塊的骨頭一齊放鬆，會有一股熱散向腳板，有股熱氣由腳踝向脛骨上升，這股熱氣即是意到血到，血到令毛細血管脹開，使血液供應充裕，方便運動時潤筋、潤骨、供給營養……老師在前面做，我們在後面跟，由老師帶，先幾次沒有以上所說的效果，幾次後就有一點點的感覺。

十要前七要是裹襠開胯，後三要是開胸、空胸、圓背，是關係到整條脊椎骨的開合鍛鍊。裹襠開胯所涉及的部位是腰以下腳以上的整個胯骨的組合件，這是全身最大的骨組合，力量也最大。先開，後鬆，鬆了全身上下相隨，相當靈活。開胸、空胸、圓背是易腰以上脊椎骨的筋，九鬆已是一節一節向上鬆一次，圓背時微微地向後拱成一個小弓而背輕輕貼上衣服成圓背，同時配合鬆肩垂肘，背上兩條大筋也會鬆到。

再討論行功中的易筋、洗髓。太極拳是由腳而腿而腰（脊骨）形於手，自然太極拳還強調舒展，不論是陰動或是陽動都是舒展。陽動由手引腳，陰動由腳引手；陽動的起點即是陰動的止點，陰動的起點即是陽動的止點。意在身上四肢有意無意地來回走動，很多動作在陽動的終止前要九大關節舒展，串成一線，使關節的筋鬆開，當九大關節能節節貫穿，而形成一種由腳到腿形於手指的鬆，也等於這鬆由地下穿過相關的骨骼到手指，穿過骨骼我認為是洗髓的一部分。

一套拳81式328動，164陽動，164陰動。陽動手引

腳，陰動腳引手，在盤拳的過程中從手到腳，又從腳到手，一個來回算一次共164次，也是洗髓164次。我們收勢，按祝老師教的做，站著呼吸6口氣向右轉，整個人由頭到腳，由內到外都是清涼舒暢，這也是一個很好的洗髓。

一次祝老師和我們共進晚飯，他用筷子夾菜時說：盤拳就和使筷子一樣，用意不用力，這意是不用想是瞬間反應，夾菜時手指不會用多一分力，剛剛好把菜送到口，就是這樣自然。我試用左手使筷子，姿勢跟使慣筷子的右手一樣，但用力，菜都夾不準，轉過用右手就自然了。因為我們的右手指從小時學使用筷子，受到訓練，這訓練就是手指關節的易筋，到用使筷子自然後，易筋也告一個段落。我們比較一下左右手指，常使筷子的手指關節會粗大一點。如果九大關節都像這手指關節，大家想會怎樣。

祝老師教的自然太極拳我只是從易筋、洗髓的角度來看，其實還可以從多個角度看，比如技擊、養生、鬆、空、虛、無等等到以拳入道。希望各位師兄弟能從此篇得到啟發，有不對的請批評。

武當山拜祖深研內功

——金頂巧遇「地球人」

張子賢（香港）

2008年4月下旬，香港自然太極拳鬆功學會率學員赴武當山遊學，為期一週，悉逢祝大彤老師正在南陽講學，

自然太極拳鬆功學會便邀請祝老師前來武當山為香港學員講學，與祝老師約定了在武當山的鐵路站會合。老師比我們先行到達，並在出站口處相會，隨行的還有師母、祝老師之子（鵬）、來自美國的一名太極愛好者及博武網站的攝影師兼導演等，隨行導演是專程訪問老師，從南陽一直隨隊到武當山來，拍攝老師在武當山講學的花絮。

我們一共十四人組成武當拜祖團，浩浩蕩蕩地乘坐武當山專車上山去。翌日便開始為期七天的太極遊學旅程，內容包括朝聖、拜祖、講學、遊玩。

入住的是武當山南岩風景區之九龍山莊。每天早晚全體學員在山莊的園林裏練拳，老師在旁指導，午間時段大夥兒在山莊城的露臺上坐下來泡茶，邊聽老師說拳邊喝茶，令人陶醉。每次老師說拳時，必定有聽勁這環節，是我的最愛。

我發覺多聽老師身上的勁，對增長太極內功很有幫助，要得到太極內功，最重要最為準確的拳法，是聽勁。經由接觸老師身、手、腳、腰等部位，你會把握到鬆空的感覺是如何的。要得到太極內功，最重要最為準確的拳法，是聽勁，怎樣的走得開等等，啟發甚遠。

第二天的中午，從三豐祖師殿拜祖之後，我們乘坐索道上天柱峰。這是武當山最高的山峰，又名金頂，高1612米，峰頂上建造了一座金殿，內裏供奉真武大帝像。金殿後方有一個平臺，我們列隊跟著老師盤拳，老師又對我們說拳理，令大家著迷不已。

師兄梁行廣是個義氣之士，他沒有參與練習，為的是替大家看守旅行袋和背包。這裏是主要的旅遊景點之一，

人來人往，而師兄深怕我們會遺失背包，故犧牲了寶貴的上課時間，這種無私偉大的情操，叫人欽佩。

當老師向我們說拳的時候，吸引了很多遊人圍觀旁聽，有一位外國人也在觀看。他身穿一套白色的中國功夫服，留有長髮而向後紮小辮，滿面長了鬍子，很神氣似的，看他的打扮，又操一口流利的普通話，想必對我們中國傳統文化很熱愛吧！他走向眾人身旁詢問我們練的是哪一家哪一派的太極拳。師兄阿廣向他介紹起來，當老外口中說出楊禹廷三字，便引起了老師的注意。

老師向他走近問：「你知道誰是楊禹廷？」老外說：「有聽過，他是有名的太極拳家。」說到這裏我依然有點愕然，老師與老外的距離至少相距有 6 米遠，而當時的旅遊人真的很多，除了圍觀者非常熱鬧，還有遊人在往來穿梭，有的指東畫西欣賞風景，有的在找最好的位置拍照，人聲不絕。當時老師向著學員，是隨說隨盤著架子的，而老師竟然可聽到這名老外說楊禹廷的名字，這是否叫耳聽八方的功夫呢？

老師問他從哪裏來的，他很神氣地說從地球來的。於是老師稱呼他叫地球人。就是這樣，老師便與這名老外地球人交談起來。交談中這位地球人滿有自信向老師道：「太極拳有鬆、有柔、有圓、有剛、有勁、有虛實……在一起，全部東西在一起。」我沒有聽到老師怎樣回應，只再一次聽到地球人重複剛才的話，老師很友善地向他道：「不爭論，我們研究研究，聽聽勁，不是打，說說道理而已。」老師請地球人用雙手用力地握著他的右臂。

地球人聽到後照著做，毫不客氣，左手握著老師的右

臂,右手握著右前臂,雙腳以右弓步面向老師。老師微笑著做手勢鼓勵他用力抬起他的右臂、用力向上抬。地球人一次、兩次、三次、四次都抬不起來,心中有點疑惑,老師依然很謙虛笑臉對著他。這時地球人顯得有點無奈,但又真的沒有辦法把老師右臂抬起來,於是請老師照樣子的用雙手向上抬起他的右臂。

只見老師慢條斯理地握著他的右臂,像故意地給他充分的時間去準備。第一次,老師輕輕地把他的手臂抬起,由於地球人在運勁欲想解困,因而失去了重心而站立不穩,老師便把雙手放開了。

他顯得有點兒莫名其妙,很不服氣,可是還滿有信心地請老師再抬一次。老師比先前的一次還要慢,我見地球人很努力地又費勁,肩膀在左扭右轉,時鬆時緊。先前的一次沒有大動作還不覺失禮,這一次他欲把所有他體會到的鬆、柔、圓、活、勁等等的東西結合在一起,欲想化解老師的來勢,這次更為難看。

要不是老師感覺到他的重心已丟,立即放下手來,恐怕他早已在眾目睽睽下摔到地上去。其實兩次老師都面帶笑容輕輕地向上抬起,只是點到即止,善意的透過肢體的接觸,說說道理,叫地球人知道什麼是太極。

這位美國朋友對一側的紐約華人王先生說:「祝老師若打他,他就飛出去了。」這位美國的東方功夫追求者,推了祝老師的單臂,又推雙臂。推不上力,邊推邊說:「你(力)在哪裏我不知道。」這位老外始終沒有摸到老師的力點。

我見天色接近日落,便對老師表示,快日落了,要趕

快下山。老師同意,地球人就伸手向老師握手道別。看他的樣子心服口服,跟剛碰面時判若兩人。

我很清楚整個過程,因為師母沒有跟我們一起登頂,老師沒有了「御」用的攝影師,我自願當上了攝影師,拍下了數張地球人與老師接手的照片,只可惜沒有師母拍照的豐富經驗,相片看來比較靜態。

隨心之言

李品莊(香港)

祝大彤來港講學,從第一次上祝老師的課,他便經常對我們說:太極拳是簡單不過的東西,人人可做到,只是給人弄複雜了;它不神秘也不玄,它是非常科學的;來去自由;修煉是非常孤獨。對於祝老師所言的,我有以下體會。

太極拳是簡單不過的東西,人人可做到,只是給人弄複雜了

最初經好友介紹上祝老師的課,只抱著太極拳只不過是有養生功效的一種運動,並不在意。祝老師離港後我便將太極拳完全放下。

過去兩年,有幸跟隨祝老師學自然太極拳,又與他到武當山、襄樊及廣州等地遊學練拳、明理,有機會在老師身上聽勁。老師身上沒有力,在他周身肢體摸不著著力點,摸不著胳臂的那種空無的感覺是很奇妙的。我是非常怕冷的,曾有一次與祝老師到武當山金頂,當天早上的氣溫對我來說是較寒冷的,祝老師叫我在他身後並跟隨他盤

拳，聽後內心及四肢時時打顫，但也得唯命是從。可能是借助老師的內功罷，我於盤拳初段開始感覺到一股暖流，而身體四肢非常輕鬆舒暢，初嘗甜頭。

由於長年累月的錯誤坐立姿勢，我的脊椎已向內彎，尾閭歪斜。為了改善身體狀況，故此坐立均用力強直，以為有助身體中正。殊不知這種做法使脊椎尾閭承受著壓力，腰背疼痛日益嚴重。其後開始學習「溜臀」，無論行坐臥立，經常提醒自己要「溜臀」，要放鬆。現在，漸感到自己腰背疼痛有所舒緩，而以前兩肩上聳的毛病亦有所改善。

一個未曾接觸太極拳或任何拳術的人，只要能依從規範練拳，持之以恆，每人必有所得，人人皆可做到。操作時能否得心應手，則在於含金量多寡，要視修煉者的悟性、恒心、投入……

祝老師在《太極解秘十三篇》書中曾提出太極拳具有三大功能，概括為「體」，即練拳；「用」，即技擊；「養生」，即由練拳得到身體康健，具備祛病、延壽的良好體質。我從祝老師教學中所接觸到，所理解到的自然太極拳是一套可實踐到益處良多的拳術。

它不神秘也不玄，它是非常科學的

自那次武當山之行後，我對祝老師的自然太極拳漸感興趣，便開始與幾位志同道合的師兄：張子賢、梁行廣及何玉蓮經常一起討論、練拳，互相聽勁、互換心得。雖然對太極拳仍處於「無知」階段的我，亦被他／她們對祝老師太極拳的全情忠實投入及修煉所感動。祝老師說教學相

長，更鼓勵我們去指導對太極拳有興趣的人士，此舉不但可以琢磨自身拳藝，亦可推廣傳播祝老師的拳術，香港「自然太極拳鬆功學會」亦因此而成立。

在指導學員時，有些學員做不到某些動作或達不到某些要求，很多時是由於未到位，未夠鬆。其後他們依從規範而修正，或多或少，必能有所得到。只要經過不斷反覆練拳，不僅是口頭明白，更主要的是身上明白，「身知、體悟」地去體驗祝老師種種拳理，舉一反三，一通百通，定能將自然太極拳博大精深的理論和奧秘弄得明明白白，內功上身。

來去自由

祝老師學生眾多。懷著不同抱負或目的，不足為奇。有拜了師的，卻不修煉祝師的自然太極拳。或有拜師的，借助老師名聲，別有用心。祝老師均採取有教無類，來去自由的文明態度。

修煉是非常孤獨的

祝老師不捨不棄追求大道，至今仍抱著求知態度，不斷地去探求，力臻完美。祝老師的拳理在太極拳界至今仍是小眾，他於修煉、推廣及傳播這套拳術之初，何等困難，何等孤獨，可想而知。

我們有幸得到祝老師的教導和指引。現在，我們並不孤獨寂寞，因我們有著共同的目標。首要是修煉琢磨自然太極拳，二是推廣及傳播太極拳道。

我們前面要走的修煉路雖長，但我們會無私地互相研

究，互相推動；我們要走的推廣及傳播路雖難行，但我們有著熱誠的心，別無歪意。

學習祝老師教授的「自然太極拳」之體會

郭烈維（廣東梅州）

本人從1994年開始練習24式、42式太極拳。主要目的是為了身體健康。2002年10月十分有幸認識應邀來梅州講課的祝大彤老師，並跟隨其學習「自然太極拳」至今。

在以前學練太極拳，只知道架子，不知道內在的鬆空。雖然太極拳譜上有關於鬆柔的論述，但那是書面上的東西，在現實中我找不到參照物，所以我也不明白鬆、柔是什麼東西，只能是籠統地理解為練拳時放鬆一點，不要用死力，做動作只要用一點點力擺擺架子就可以了。在跟隨祝大彤老師學習以後，才逐步知道鬆柔、鬆靜的真正含義，並有具體的可操作性。

我是學理科的人，在學習的過程中，認為對概念理解非常重要。概念就是一些有關的理論、句子、詞語，甚至是一個字。只有基本的正確要領掌握了，才能逐漸形成正確的學習思想，這對以後的學習有非常重要的引導作用。

太極拳有很多詞語，這些詞語我們平常也認識，但在太極拳裏頭其意義卻是完全不相同的。我個人認為這是人們學習太極拳的最大困難和障礙。我主要想在這方面談談自己的體會。

「放鬆」應該是作為練太極拳碰到的第一個詞語。一

般人在平常想到的「放鬆」就是肌肉全身不用力，最放鬆的情況應該是躺下睡大覺了。我這樣解釋「放鬆」對嗎？在常人看來這樣解釋雖然不是十分準確，但也是八九不離十了。練太極拳時要求身體十分的放鬆，那不就是最好躺著練哦，注意不要睡著了（以上只是說笑罷了）。

在沒有接觸到太極拳真功夫之前，常人是不會相信太極拳是放鬆練出來的，當然也不可能認識什麼是太極拳的「放鬆」。這就說明太極拳的「放鬆」與常人想到的「放鬆」是不一樣的。祝老師引導我們雙腳平鬆放鬆在地上，同時放鬆小指，從踝、膝……一節節往上鬆。我作為一個初學者，體會祝老師這從腳往上鬆的拳法真靈鬆。

大家看看歷代太極拳各流派的拳論如何？《太極拳譜》這本書，看過吧！各家各流派的都有。當然在很多書上都附有，具體的現在就不用說了。我想知道的是大家在看過這些太極拳的論著以後，對太極拳的「放鬆」有什麼認識嗎？我想很難得到什麼東西，不知大家認為如何，反正我是感到放鬆以後不要說是練拳，連站立都成問題。這是不是說明太極拳的「放鬆」很難寫出來、說出來呢？我想應該是的，至少很難表達出來。

我在用手（或身體）聽過祝大彤老師的鬆功以後，我摸到太極拳的「放鬆」威力了，這是以前從未有過的感覺，這也就難怪認識這麼難了。這是不是說認識太極拳的放鬆要「聽」呢？我想應該是的。注意這「聽」不是用耳朵，是用身體接觸去感受，觸覺神經去「聽」，這是一個新詞吧！

「舒展」，我聽老師說，太極拳手上的動作都是「舒

展」出來的。我剛開始練拳的時候以為「舒展」和「伸展」意思差不多，可能伸展是肢體活動。大約經過一年多時間的練習，在老師的指正下，我才漸漸明白，「舒展」是由內向外鬆。

「被動」，被動練拳以前從沒有聽說過，這是祝大彤老師的創新。我們以前做什麼都會說要主動一點，不要被動。嘻嘻，一開始是不是有些茫然，我也是。祝老師從各個拳勢中去說明什麼是被動行拳。

我個人認為，這被動後面蘊含著一種可以產生巨大力量的物質，如果按照規範被動練拳，就可以在我們身上培育出大量的這種物質，這也可能就是我們常聽到的內勁吧！那什麼是「被動」呢？就是不主動出擊。要練，要按規範練，要虛心請教，要在勤練中悟道。按祝老師的指導，他的理論聽起來通俗，操作簡易，如坐步、實腿實足、虛腳虛淨，鬆出來太奇妙了。

「收腹溝」，這個比較容易理解，但要做到準確到位並非是容易的事。「收腹溝」要和「裹襠」「溜臀」「收小腹」結合起來，是不是還要頭頂上一虛靈？一個都不能少。可能擺一二個架子才勉強注意到，但在行拳的整個過程中要時刻做到就不容易了。

我個人認為行拳最重要的是準確，不是拳架練完就有收穫，要準確地行拳才會有收穫。一定要理解的是所說的這些最重要的不是外形，是內在的東西。

學習太極拳，在態度上，我認為要非常的虛心，要像老子說的一樣虛懷若谷。這說得容易，做起來就難了。難怪老師說練太極拳先想到的不是要得到什麼，而是要丟掉

什麼。我個人認為學習太極拳要先確定目標，我們為什麼要學太極拳？太極拳對人的好處已經被人們在實驗中無數次地證明過，雖然科學的實驗證明還沒有非常明確，但這不影響我們對太極拳的繼承和發展，這好比中醫中藥吧，是我們中華文化的一部分。我們學習太極拳有了這個前提，大方向是對的。那麼我們還要有太極拳的思想，按照太極拳的規律來練拳。如果我們的思想中有與之相對立的東西，我們就應該把它去掉。

太極拳的指導思想以老子思想為主的東方哲學，我們的祖先用這種思想領先了世界幾千年，雖然現在西方科學理論在物質生產方面佔有優勢，但東方哲學在處理人與自然、人與人之間的和諧方面有更多的長處，這跟國家現在所提倡的和諧社會是一致的。如果我們用這種思想來指導自己的行為，也是有很多益處的。

學拳時間僅僅4年多，體會還不深，請同道參考，指正。

祝大彤老師的功德

孫福生（瀋陽）

我出身武術世家。自幼隨父習練鴛鴦腳，腿上功夫不是吹牛，一般人難以抵擋。父親不善科學練功，勇猛剛強積勞成疾，在生命垂危時，囑咐我不要再練硬功，尋一位懂太極拳的明師修煉太極鬆功，以求養生長壽，發揚中華武術之光，遺言後仙逝。

在瀋陽我承傳美稱「神算子」劉振山師爺的八卦掌，

25年的苦練成為閆世興師的高足。恩師仙逝後，我被推為掌門人，其實，我們師兄弟都拿到八卦掌的內外功夫，師兄弟們都有過人的八卦掌絕技，推舉我就努力奮進。政治上我是民主人士，積極參政議政；事業上是民營企業家，為振興瀋陽經濟到處奔走，很辛苦，但心裏很快樂。

我身懷八卦掌絕技，還要投師學藝嗎？但父命不可違，這是練武人的武德。於是到書店搬回許多太極拳拳理和拳式書籍，千篇一律難以欽服。

友人介紹北京自然太極拳的明家祝大彤老師的書，可去書店尋覓，於是在新華書店淘到《太極內功解秘》，回到家中閉門讀書，如饑似渴。書中將太極拳說得明明白白，怎樣修煉以大篇幅細說太極門鬆功，祝老師普及內功之說震動我的心。打開思路，我樂啊！以後又淘到一冊《太極解秘十三篇》，太極拳是什麼，什麼是太極拳，說得有條理，由淺入深，令人愛不釋手，說玄了，也不玄，光看書忘記了吃喝。

多年不懂的太極拳，祝老師的書中說清楚了，還引出來《太極拳的本來面目》《什麼是太極鬆功》《太極拳的最高境界》《練成空手》《太極功夫在拳裏》《從技擊視角看太極拳》《用心腦練太極拳》《減法太極內功》《被動練拳》《太微拳學修煉篇》《陰陽互抱太極圖》《關於心腦不接》《中正學》《太極拳與高科技》等等，令人愉快的幾篇，讀後揭開了太極拳的神秘面紗，看這些篇章，對古拳論通俗解讀，這是祝老師的功德。

配套讀書，又淘到祝老師的光碟，像《太極推手藝術》《太極拆招解秘》《太極內功解秘》等影像作品。祝

師練拳、推手身軀不動,儼然是一座牌位。父親令我找的太極明師,我找到了。

坐不住了,決定進京去見祝老師。當從電話中祝老師瞭解到我的習武經歷後,建議我看碟讀書,不要急著來京。他書中的精彩篇章以及金語絕句我都能背誦出來,還不急嗎?於是跳上去北京的列車。

到北京,見到了我多年盼望、日夜思念的祝老師。老師平易近人,沒架子,很和善,經常是笑容滿面。老師十分歡迎我,我帶給老師的見面禮是圓頭葉帶著十朵金燦燦怒放的君子蘭,這盆蘭花十幾斤重,人多時怕碰掉花朵,頂在頭上送到祝師家中。老師回我一個熱情握手。說到握手,我在瀋陽一般不和不熟的人握手,類似握拿對方反關節,在拳場上時有發生,還有拿住對方手指的,對方只能貓著腰仰著臉說話,應了王宗岳老師的話,「壯欺弱,慢讓快耳。有力打無力,手慢讓手快」。壯欺弱,慢讓快也是一個武德的問題。

其實,我和老師握手,嚴格說也有一點點對老師不恭敬,和老師接手時往前拱了一點勁。祝老師微笑著,我卻嚇了一跳,兩隻腳後跟離地往上起,上身往前栽。老師功德啊,沒讓我栽出去。老師的手鬆軟鬆軟的,我左手攏住老師的前臂表示親近,胳臂上的感覺也是鬆軟虛虛的,入點力,不像前輩先賢說的「棉花裏著針」,我出了一身汗,深恐老師觀察出小小的動機不純,失於對老師的尊敬不教我怎辦?

後來跟老師熟了,老師笑著對我說:「你的心態和動作看眼神就知道,你沒有歪邪,我也就哈哈一笑空了你一

下。」再問老師,「什麼是空一下」,師說:「瞬間在接觸點上,退去力點,你當然摸空了。鬆、空、虛、無是我們追求的境界,慢慢你會把握的。」他又告訴我,「最終從正常的普通人修煉成鬆體人、空體人。學無止境,以後你會明白的。」

祝老師寬厚待人,很高興地接收我拜師入門。

在拜師典禮上,老師請來中國武協的中層領導和資深太極拳家及師兄弟。我很興奮,我這後半生要拿出更多的時間修煉自然太極拳,深研太極門鬆功。當然,練武人不能沒有武德,也不能沒有口德。有了太極拳老師,要修德,提高品質,要有文化修養。我和師兄弟約定管好自己的學生,和諧習武,不許埋汰人。我們瀋陽也有個別人,沒練出什麼武功,到處埋汰人或是寫文章埋汰人,嚴重影響團結,也是極不尊重師長和拳友。在申奧期間,有人仍然打口水仗,相互埋汰,請想一想,相互埋汰是不是往中華武術臉上抹黑,中國武術界裏弄不清楚的事情,到奧運會裏去打口水仗嗎?有人埋汰京城太極拳壽星吳圖南教授,這不是說我們練太極拳的人沒文化不講武德,素質太差嗎?我們瀋陽也有人寫文章到處埋汰人,什麼意思,與中華民族的謙虛美德格格不入。我們要團結關內外以及天下武術人和諧相處,以文會友。

瀋陽拳友如果有人心情不好,打我孫福生,指著鼻子埋汰我,我不還口,如果以文切磋,邊品茗邊交談、研討,想來武術交流,我可以陪你習練,以促進進一步瞭解,提高技藝。

透過每天堅持鬆柔、鬆空、鬆無地練拳,身體素質自

然地得到了很好的調整，走路感覺輕鬆，冬天打完一遍拳手指能冒出微汗，不怕冷。

來信摘錄

白血病患兒十歲的天倫，學練自然太極拳81式，可以正反練，病情好轉可以上學了，博武網上有報導。此為自然太極拳科學發展的奇跡。

浙江　王德順

尤其是老師對功理功法的精湛剖析，易懂、易學、易操作的科學的教學方法，讓我們很容易入耳、入腦、入心，太極內功很快上身。其次是老師和師母對待我們每一位學員都像自己的孩子一樣，毫無保留，精心傳授，與學員們結下了深厚的友情。

梅州　李衛玲

通過學習解秘十三篇和推手藝術，我才發現，我練了幾十年拳實際上是幹了幾十年活，體用都沒得到。我覺得我還是有福，現在能認識明師，真是所謂相識恨晚。

大連　孫春敏

我雖小武夫，可能難解太極真諦，但仍認真閱讀，希望與身邊太極人共同探討老師的指向，也算對推動太極拳運動及其功理功法的運用提高，推廣健康做點事。我雖未跟老師學習一拳一腳，但老師道德可表，忠厚清善的為人

永為我等記憶。此刻，我向京城方向叫你一聲「老師」！

梅州　鄧柏真（武術館館長）

在香港自然太極拳鬆功班學習兩週，勝讀20年書。

新加坡　鄭裕德

練拳不練功　到老一場空

平青（漳州）

　　我1968年在廈門開始練習武術。學了幾套長拳套路後，聽人說太極拳養生不錯，我就學了24式太極拳。可能是性格的關係，我漸漸喜歡上了太極拳。1973年到哈爾濱工業大學上大學時，向哈爾濱的太極名家黃恕銘（李天驥老師的師兄弟）老師學習太極拳三年，這三年比較規範地學習了八十八式太極拳、太極劍、太極推手等國家套路。這期間利用寒暑假回漳州的機會，開始向自然門第三代傳人洪敦耕老師學習自然門拳術。特別是學習了萬賴聲老師傳的張三豐（原式）太極拳。1990年漳州市成立了市武術協會太極拳委員會，我擔任副會長兼秘書長。多年來我一直修煉太極拳，喜歡太極拳，並一直以為自己已經練得不錯了。一直到2002年在武術雜誌上看到祝大彤師傅關於太極內功的文章，才知道太極拳除了套路外，還有內功。2003年利用上北京辦事的機會拜訪了祝大彤師傅。在和祝師傅聽勁後才知道什麼是太極內功。頓時覺得自己練的不是什麼太極拳，而是太極體操。練了幾十年的太極拳之後終於找到了方向。

2007年9月，拜祝大彤師傅為師。2008年邀請祝大彤師傅到漳州授拳。由近幾年的學習有了許多收穫。今生今世將跟隨祝師傅學習自然太極拳，並把它發揚光大。

　　漳州的自然太極拳發展得很快很好，有40位師兄弟先後拜祝大彤先生為師，我們成立了「薌城自然太極拳協會」，我們團結了很多自然太極拳愛好者。

跟著我的師父——活到老學到老

陳劍輝（漳州）

　　我以花甲之年，蒙師父不棄，收錄門下，成為自然太極拳弟子，實屬三生之幸!

　　中華武術博大精深，尤其是太極拳，更是武術百花中一枝獨秀。我是個武術迷，對神奇的太極拳功法神往已久。年輕時無緣得識，上世紀70年代末從部隊復員後，才開始接觸學習。當然，和現在的大多數太極拳習練者一樣，是從公園裏的「太極操」開始。日子長了，看了一些關於太極拳的書，越來越覺得公園裏的那種「太極拳」滿足不了我對太極拳深奧拳理、哲理的求知慾，於是又開始到書本裏探求太極真諦，對於一些經典的太極拳理論，更是反覆學習牢記於心。苦於沒有明師指導，自己瞎練、胡練，20多年來，事倍功半，不能登堂入室。

　　去年，京城太極名師祝大彤來到漳州，傳道授藝，我有幸被收錄為弟子，跟師父習拳。師父給我們上課、答疑解惑、摸勁、聽勁、演示功法，引導我們從心知走向身知。「和諧、減法、自然、被動」「改變觀念、改變思

維」引導我們走進認識太極的新境界。

炎夏酷暑，師父不顧年事已高，帶我們習練拳架，幫我們糾正動作，一絲不苟、不厭其煩。按照師父的指導練功盤拳，事半功倍。

雖然我們現在對自然太極拳的修煉百不及其一，但師父已經把我們領進了門，只要努力，登堂入室也能辦得到。「活到老學到老」，用這句話與同道共勉，以報答師父的教導之恩。

祝師的大家風範與人格魅力

吳越洪（漳州）

「祝師來啦!祝師來啦!」學員們興高采烈地傳達著這一消息。太極名家、自然太極拳名師祝大彤每次來到漳州，漳州太極拳輔導站的學員們總是高興地用電話、手機、短信、QQ等互相傳達，或奔相走告。

之所以大家聽到祝師來漳會這麼高興，是因為漳州的自然太極拳愛好者們已與祝師結下了不解的師徒之緣和深厚的師生之情。

祝師和師娘雖然來漳數次，但前後相距，至今也才短短一年多的時間，卻已先後在漳州舉辦培訓班、函授班、講座、論壇等多次。中國女排冠軍的搖籃、中國水仙花的故鄉──福建漳州已成為祝師傳授自然太極拳和太極文化的重要基地。

祝師每次來漳辦班培訓，他都是身體力行、言傳身教，邊做動作邊講解，有時一個式子的動作要反覆多次地

邊做邊解釋，直到大家明白了才進入下一個動作。大家看了祝師的功夫演示，都有一種恨不得多生幾個腦袋、多長幾雙眼睛的想法，希望能儘快地把祝師的功夫學到手，不少學員都備有小相機，祝師演示時就趕緊抓拍保存，祝師從不計較，可以任意拍攝。

　　每次課間休息時，學員們總是圍攏上去，有的要求與師父摸勁、聽勁，有的問這問那、問東問西，祝師總是孜孜不倦、不厭其煩、有求必應、有問必答。有些學員痼癖動作較多，糾正多次也難改過來，但祝師從不發脾氣，總是不嫌不棄耐心地自己再演示幾遍，又手把手地進行教練。學員有時緊張了，他就會用親切的語氣引導學員「放鬆、放鬆、別緊張、再放鬆」，直到學員理解並做好動作，他又會鼓勵「很好，很好，這就對了」。

　　在漳州期間，他拜訪地方武協領導，深入市區各個公園與武林同道、各拳家交流切磋技藝，學員生病住院，他與師娘趕緊帶著禮品或紅包赴醫院看望。跟隨祝師學習的學員們都有這樣的感受，祝師就是有一種高尚的武德和博愛的精神，他理論功底紮實，武功高深莫測，胸懷寬廣，和藹可親，充分展示出一代大師的大家風範和人格魅力。所以，我們大家都喜歡他、歡迎他、敬重他，聽到他來漳州就特別的高興！

德高望重 垂範漳州太極界
——記祝大彤師父在漳參加自然太極拳論壇
林凡平（漳州）

陽春三月，漳州太極拳界也迎來春風。由漳州武協主辦的「2009年自然太極拳漳州論壇」隆重召開，來自北京、香港、遼寧、長春、江蘇、廣東、福建、四川、浙江、青海、湖北等地80多位代表，齊聚漳州，參加2009論壇。自然太極拳名師祝大彤作了年度總結，並親自示範表演。在漳州期間，祝師傅以其高尚的武德風範，受到漳州太極界的尊重。他不僅在太極拳上精益求精、不斷開拓創新，而且生活上為人誠懇、謙虛謹慎又樂觀開朗，對學生更是慈愛有加。他還不斷關注著時事、人文、社會科學的發展，總能言傳身教，為學生們知識、人格、能力的全面發展提供智慧之源。

教拳有道，開拓創新

祝師傅深得太極拳老前輩的真傳，幾十年來的研究和苦修，使其功夫深不可測，拳式練得剛柔相濟、氣勢磅礴、引人入勝。他把南北幾家的功夫融合在一起，形成了自己的風格。祝師父在漳授拳時孜孜不倦，手把手地教，毫不保守。他常講，越保守的師傅，越沒有真功夫。他總是教育大家，要善待每一個人，練拳要修德。德高，才能功深。祝師父還諄諄教導：要認真學習和掌握太極拳學的理論，使傳統太極拳更好地得到繼承和發展。祝師父曾

發表論文百餘篇，學術專著多部，其拳理充分體現了以導引吐納術和陰陽學說為基礎的哲學思想，其中許多不傳之秘，全部公諸於世。祝師之胸懷廣闊，可見一斑。總結他在漳練拳教拳的主要做法。有如下幾個方面：

一是學理。要明白什麼是太極。要鑽研歷代太極名家的經典拳理拳論，在拳理的指導下學習拳術，這樣才會不走彎路，事半功倍。祝師傅對太極理論有極獨到的見解，即和諧太極、以文會友、忠實繼承、科學發展。

二是「自然、減法、被動」。老子云：「道法自然。」自然應該是自然而然的顯現，正確的行功法，都是無意識的，肢體運行也都是不知不覺中完成的。減法即是減力！「為道日損」，習練太極拳的每個動作時都要把握減力而不要加力，拙力減盡，則太極拳內勁自生！被動練拳，即是形體運動完全是在心神大腦的感覺支配下完成的。肢體自身不能有主動進退轉換之意思，只能是在依理循法的行功過程中，如手足都是在不知不覺中被動舒展或捲屈收回。

三是輕扶「八方線」。太極八方線是從武術的基本理論圖形之一的「圓形八卦圖」演變過來的。有四正位、四隅位的東、南、西、北、東北、東南、西南、西北等「八門」和前進、後退、左顧、右盼、中定等「五步」組成。輕扶八方線，首先要退去身上的本力、拙力。食指輕扶套路圓環路線，有利於放鬆手指的小關節以及放鬆手掌、手腕、前臂，進而達到鬆肩垂肘、全身放鬆，達到太極拳修煉最高境界的鬆柔、鬆空。

四是自然太極拳的基礎功——九鬆十要一虛靈。九

鬆、十要是練太極拳之前放鬆周身以進入修煉狀態。九鬆，是鬆身體的九大關節，身上其他部位當然要放鬆。十要，是要求下收臀或溜臀、裹襠、收腹、收吸左右腹股溝、空胸、圓背、內吸左右胸窩、弛頸。

五是自然太極拳內功操作——四梢（手腳）空。把握手的空鬆，是揉手、技擊的第一要素。這是「力盡自然空」太極內功，空是威力無窮的。四梢鬆空，便成為鬆體，重心當然穩重。

六是太極養生。自然太極拳綜合了各家拳法之長，結合導引吐納，採用腹式呼吸，動作暢通。它也融合了以陰陽為基礎的經絡學說，成為內外雙修，身心並練，將意識、呼吸、動作三者結合為一的內功拳法。如果持之以恆，練久了，就可使人健康長壽，它是促動自身生命本能的動力，這好像是可燃之物不能自燃，還需要假借引火的東西或方法去點燃它，按照太極拳內功心法的要求，堅持勤學苦練的結果，就是養生。

寬厚仁慈，師德垂範

祝師父教拳嚴謹，為人卻寬厚仁慈。謙虛平和的表情、輕鬆的微笑和無拘無束的言談，讓人感覺到這位老人人生境界的不同凡響。漳州的學員們和他在一起，總是感覺非常親切輕鬆，有種一家人在一起的感覺。他與大家在一起談太極讀人生、養生，在輕鬆平常中，把你帶入他的那種宏大的視野和廣闊的胸襟中去，每每讓人感覺如沐春風、醍醐灌頂。

祝師父非常關注學員們的生活，對徒弟們真正做到全

心全意關心和愛護。在漳召開年會期間，祝師父得知徒弟楊林生病住院，即在百忙中抽空親自前往醫院慰問，囑其安心養病，並在病床前解答徒弟練拳中遇到的迷惑；當得知有個別外地生活困難的學員來漳參加論壇，其日常費用較為拮据時，祝師父當場囑論壇籌備組對其免收一切費用，並對其食宿還適當貼補。

「師徒如父子」，祝師父用其言行真正詮釋了中華民族這一美德的內涵，表明了其師德的高尚。

寧靜致遠，武以濟世

祝師父為人十分淡薄名利。他曾說自己在物質上很容易滿足，在漳期間，他拿出一筆資金用以供漳州自然太極拳發展之用。他教導徒弟們要以武德為重，武德作為中國傳統倫理的一個組成部分，其道德精神表現實質還是中國傳統倫理精神在武術領域內的體現。

所謂道德就是人的行為準則，一個人的道德要比他的武功修為更為重要，道德是無形的，是一種潛在地約束人們行為的準則。每個人都應當遵守社會道德，而不要做一個無德的人。祝師父以其崇高的武德風範、虛懷若谷的精神及令人信服的人格魅力詮釋了太極拳中這一境界，令太極人景仰。

我的好老師——自然太極拳名師祝大彤

鄭啟源（漳州）

祝老師是我這一生中所遇到的最好的老師。他無私授

徒，每招每式言傳身教，將自然太極拳的要點——自然、減法、被動，灌輸到每個學員的大腦裏，哪怕是非常細微的動作，也講解得非常清楚。他把畢生所學、所領悟的，毫無保留地傳授給我們。

祝老師平易近人，不管學員地位高低，貧富貴賤，都一視同仁，有求必教，有問必答。他弘揚中華武術，創立自然太極拳，發揚太極文化，推出國門、走向世界。他那高尚的武德在漳州地區已傳為佳話，在整個武術界也是廣受稱道的。

經由兩年來學習自然太極拳，我的精神面貌大有提升，睡眠也有明顯改善。說心裏話，祝老師確實是一位不可多得的好老師。我想這就是緣分吧！

自然太極拳與我

鄭宇銘（漳州）

在學生時代時，太極拳就是我所喜歡的拳種，但苦於沒有好老師，也只好把想學太極拳的想法深埋在心裏。後來離開學校參加工作至發展自己的生意，生意場上的應酬不斷，使自己的生活習慣發生了極大的改變，晚睡晚起，週而復始，惡性循環，體質在不斷地下降，精神萎靡不振，自己也在想怎樣改變自己的生活習慣。

有幸於今年有緣結識自然太極拳，並於今年的 3 月 17 日拜於自然太極拳名師祝大彤的門下，向祝師父學習自然太極拳。自然太極拳博大精深，深深地吸引我，我如饑似渴地學習，盡量推掉應酬，慢慢強迫自己養成早睡早起的

習慣，以便利用早上的時間鍛鍊一下太極拳。

　　經過幾個月的調整，我的生活習慣發生了可喜的變化，早上能自覺起床練功，身體體質也比以前有顯著的提高，家人也因我的改變，不斷地支持及監督我。現在我更加深刻認識自然太極拳，我把它作為我生活中不可或缺的組成部分，向祝師父及各位師兄不斷地學習。

恩師的教誨

方安海（漳州）

　　今年7月11日是我正式入自然太極拳名師祝大彤門下的一天，這是我最難忘的時刻。拜師儀式上，平青大師兄主持宣讀了拜師門規，我承諾門規，祝大彤師父嚴肅而認真，為我們眾師兄弟上了一堂意義深遠的一課。

　　首先教誨我們練太極拳不是為己，是為人類為社會而練，由成就自己，而後成就他人，學成後用太極拳理念生活、工作以及做人、做事等等，處處不離開太極拳理念，太極拳理念是最和諧、最完美、高境界的東西，由修煉，我們能走上和諧的人生，和諧家庭，和諧鄰里，和諧社會，和諧人類。

　　其次教誨我們，不能主觀、主動練拳，要用太極拳練我們的思想來修煉，我們人類從小到大到老，養成用力、用強意念行事的習慣，習慣成自然，日積月累不容易改掉，但必須改掉主動練拳，改掉主觀練拳、主動用力、用強意念的後天習慣，化掉後天僵勁、僵力、僵意，才能做到柔、鬆、空、虛靈圓活、自然、自在，因此是太極拳練

我，不是我練太極拳。

再次教誨我們，練拳入道：太極拳是道家思想演化而來，老子曰為學日益為道日損，損之又損……要求我們用減法練拳，減法練拳內功容易上身，容易脫胎換骨……祝老師孜孜不倦地教誨，讓我們漳州的師兄弟感恩了，他真的是我們再生父母，他真的是一位品德高尚、拳藝高超的一代名師。

初識自然太極拳的感想

吳偉斌（漳州）

久坐辦公室，缺少鍛鍊，腸胃功能減退，抵抗力降低，以至於年初的一場感冒一直不癒，鼻涕流了一個月，咳嗽咳了兩個多月。小病尚且如此，要是大病不知會成什麼樣子，看來再不進行鍛鍊是不行了。選擇什麼項目能夠鍛鍊一輩子呢，受用一輩子呢，不受場地、人員限制，又具有中國特色呢，我想到只能是太極拳。

我開始從書店、網路搜索有關太極拳的資料，什麼楊式太極拳、陳式太極拳、吳式太極拳等等，資料收集越多，眼越看越花，根本無從下手，不知練哪個好。一日與同學閒聊，聊到鍛鍊身體，扯到太極拳，他說他也正在學太極拳，並向我介紹了自然太極拳及祝大彤老師的功夫。聽了祝大彤老師神奇的推手過程和內功，以及我同學的親身體驗，這促使我下了學習自然太極拳的決心。透過網路我參加了自然太極拳的函授班，於是看太極拳資料、看VCD、學練太極拳就成為我生活中的一項重要內容。

6月底函授班發來一個電話號碼，說可向祝老師諮詢，我一看電話是漳州市區的，馬上想到祝老師又到漳州來了，我應當面向他求教。於是我參加了漳州面授班。

由參加函授班和面授班，我對自然太極拳和祝大彤老師有以下幾點初步的認識及感想。

一、選擇自然太極拳沒有錯，該拳種的理論體系完整、資料齊全，講解深入淺出、通俗易懂，可操作性強。

二、祝大彤老師是個和藹可親的人，沒有架子，第一次見面，他就親自教我練拳，讓我聽勁。讓初次見面的人聽勁，這在別的老師那裏是不可能的。

三、祝大彤老師是一位傳播自然太極拳的苦行者、明師，沒傳統的幫派觀念。在整個教學過程中，祝老師都是一會兒指點這個，一會兒指點那個，聽勁、餵勁不斷，儘量讓學員做到身知。

四、能學自然太極拳是一種緣分，能遇祝大彤老師這個明師是一種福分。

我欠師父的一筆債

賴松青（漳州）

我這個人，書生本色，向來不愛欠債，包括金錢債和人情債。可是偏偏我就欠了祝師父一大筆人情債。這筆債，無論何時，回想起來我都非常內疚，覺得非常對不起師父。

那是今年春節前，我當時正在幫忙籌辦「2009自然太極拳漳州論壇」。一天，我打電話給師父，向他老人家彙

報籌辦情況，請示相關事項。談話快結束時，師父跟我說，過兩天我給你寄點東西。我一聽，連聲道謝。北京大老遠的，而且師父也很忙，特地寄包裹，那要佔用他老人家多少時間。這麼想著，心裏很是感動。

但年終歲末，正是我們搞新聞的人最忙的時候。我是報社的總編助理兼編輯部主任，各種各樣的會議、活動、春節特刊的策劃和採寫安排、年終總結和明年工作計畫，忙得團團轉；特別是又新接手了市文聯旗下的一本雜誌《閩南風》，從承辦的談判、召開各方面專家關於雜誌改版的座談會、改版方案的擬定、廣告和發行代理商的接洽等，這些事情對於我都是全新的課題，而且時間又非常緊迫。所以白天非常忙，晚上常常加班到很晚才回家。

師父寄包裹來的事情，白天一忙就忘了去取，晚上要回家了，想起來，可是郵局卻關門了。有時也在心裏安慰自己，師父可能是給我寄書或者光碟吧，那遲點去取沒關係。直到大年廿九，單位放假了，事情也告一段落了，到郵局去取包裹，郵局卻也放假了。

春節過後，有一天和師父通電話，師父問我包裹有沒有去取。我心裏非常不安，又怕師父傷心，慌忙說取來了。然而，過沒多久，師兄平青給我打來電話，告訴我師父給他打電話，說給我寄來的包裹因久沒去領，被郵局退了回去。

我一聽，頓時惶恐萬狀──太對不起師父了！太對不起師父了！！

我從來沒有寄過包裹，萬沒想到郵局會因遲領把包裹退回去。我心裏實在是又慚愧又內疚：即使是普通年紀相

仿的朋友寄來的禮物，這樣退回去也是非常無禮的，更何況是德高望重的師父！把師父的一片心意，就這樣退回去。這對師父的傷害是可想而知的，我真不知以後如何再與師父見面了！

就這樣，惶惶無可終日地過了兩天，最後，我還是硬著頭皮，給師父寫了一封信，向師父表達了深深的歉意，請求師父原諒。雖然我沒有希望得到師父的原諒，但是這份愧疚的心還是必須向師父表達。

3月，論壇舉辦在即。師父先行來到漳州。我們幾位師兄弟在酒店為師父師母接風，我早早地來到酒店，恭候師父師母，心裏卻一直惴惴不安著。師父進來了，我趕忙迎上去，跟師父道歉。話音未落，師父一擺手，說：「過去了，都過去了，不要再提了。」從這一天晚上到整個論壇期間，師父始終談笑風生，毫無芥蒂。

一天晚上，剛練完拳，師母拿著一本書給我，說，這是師父給你帶來的一本香港版《太極解密十三篇》。我書接在手上，心中百感交集。師父不但不計較我的忤逆，而且還這樣記掛著我，這是何等的氣度、何等的寬容啊！

從那以後，我開始反省自己。我知道，志不強毅、拖沓散漫是我最大的毛病。由於毅力不強，由於拖沓散漫，年雖已過不惑，而學無所成，業無所立，像古人所說的那樣，碌碌滯於俗，默默束於情，永竄伏於凡庸。

欠師父的這筆感情債，我是一輩子也還不完的。它將像一塊烙鐵一樣，長久地烙在我的心中，時時給我警醒，時時給我鞭策：好好地振作精神，踏踏實實地學習，踏踏實實地工作，踏踏實實地練拳，踏踏實實地做人，用畢生

的精力，努力成為一個有真才實學、一個有益於社會、有益於中華太極事業的人。

祝師在漳平常事

林國強（漳州）

時六月二十九，後學意外小傷腿筋，醫囑住院靜養療傷六週。聞祝師七月十三將赴薌城授藝，撼而告假。祝師聞訊，關心備至。欲探望而詢院址，避告。至漳，祝師追問再三，誠意至殷。無奈告知。師偕夫人至一七五院探慰。平青師兄言，祝師教學勞累，一貫不顧辛苦授藝。

太極學之難，祝師拳藝之深，名氣之廣，投藝之無私，已屬罕見，其平易待徒，誠真大愛之大德風範，更是難能可貴！故而記之。繼而記之思之，閒逛妄言易之；學拳之難，內功上身更是難之又難，還是走艱難之路，樂在其中。後學林國強。

我所愛戴的祝大彤師父

陳必忠（漳州）

我是去年9月份有幸認識了祝老師，並成了他的學生。在相處的這段日子裏，祝老師給我的印象是個名符其實、德才兼備、文武雙全的好老師。他為人正直、和藹可親，我一見到他總感覺很舒心。老師每次來漳州講學都非常投入，下課時間每次都要學生提醒，學生提醒後還要拖

課。在授課時，他對學好自然太極拳的三要素，如何儘早得到太極鬆空內功，講得非常透徹。對於自然太極拳的每個動作，從理論到動作示範，都做得非常到位，可謂一絲不苟，深入淺出，學生聽後比較容易理解。

祝老師不僅教了我們拳藝，還教了我們如何為人，用自然、減法、被動去處理人際關係和一些複雜的事，為家庭和諧與社會和諧而努力。我現在對於工作、學習以及日常生活處處都感到從來未有的輕鬆、愉快。祝老師把學生當做自己的好朋友，對學生很關心，每次來漳州一遇到有學生生病，就利用課後時間去探望生病的學生。祝老師是一位值得我們尊敬和愛戴的好老師。

梅花香自苦寒來
——祝師父印象記

蕭毅武（漳州）

寶劍鋒從磨礪出，梅花香自苦寒來。這是大家耳熟能詳的一句老話了。隨祝師父練拳已經一年多時間了，我深深地感受到他老人家刻苦勤奮的精神，這句老話也就自然而然地浮在腦中了。

有一次，練拳休息，我們圍著師父一起泡茶。師父提筆在一疊紙上寫東西。我無意間發現師父右手手指有點異常。仔細一看，發現他的右手中指第一指節明顯歪了。我就脫口問師父：「這手指是怎麼回事？」師父說：「寫字寫的。」我一聽感到很驚訝。師父雖然身材不高，但膀大腰圓，骨架粗大，手指也特別粗，那是怎樣地寫字，才會

把手指寫成這個樣子？

可是細想，也不奇怪。師父這些年寫了多少書啊！他老人家又不會用電腦，這幾十萬字幾十萬字的一部部著作，都是他一個字一個字寫出來的，又一遍一遍地修改、謄清，這樣長年累月寫下來，就是鋼筋鐵骨也會寫歪了啊。

梅花香自苦寒來。師父練就的一身驚人武功，取得的這些成就，無一不是他刻苦勤奮的結果。

師父說他只有小學學歷，但後來卻成了中國作家協會會員。不但寫報導、寫文章，而且還寫舞臺劇。以一小學學歷程度的退伍軍人，能在北京這種臥虎藏龍的地方脫穎而出，他老人家該付出多少汗水和心血！

「文革」期間，師父為了跟楊禹廷大師學功夫，常常想方設法瞞過醫院的體檢，弄來病假，然後跑去找楊大師學拳。當時物質特別匱乏，師父晚上到楊大師那裏學拳後，餓得前胸貼著後背，回家連上樓梯都吃力。然而，他就是憑著一股勁，咬著牙，幾十年如一日，堅持刻苦學習，才得到楊大師的真傳。

所以，師父他對自己的這一點很滿意，說，我既不是出生於太極世家，也不是自幼就跟名師學拳，而是成年之後才半路出家的，終於掌握了太極拳的真諦，沒有經過一番努力是不可能的。

在教我們練拳的時候，師父也常常拿楊禹廷等大師刻苦練拳的故事來勉勵鞭策我們，要我們下大苦工，拿下太極內功。

與師父和師父的師父們相比，我感覺的確很汗顏。我

們現在的條件比師父和歷代先賢大師們當年不知好多少倍。不但有各種各樣的音像資料,而且師父每年都千里迢迢從北京前來指導,手把手地教。這是多好的機緣呀!沒練好那確實對不起師父。

我把我的這點感受寫出來,公之於眾,與同門師兄弟們共勉。

我心中的指路明燈──祝大彤師父

林蘇昌(漳州)

在我拜師學藝這三年來,我深深地體會到祝老師在教學理論和實際的指導動作中全面的言傳身教,細微地指導每個學員,做到有問必答,並示範動作,將自然太極拳的精髓、要點、自然、減法、被動以及鬆、空、虛、無,九鬆十要,講解的那麼細緻,將他畢生所學、所領悟的毫無保留地傳授給每位學員。在授課期間,學員有什麼不懂的,他就手把手一動一動地教。

傳統的教學模式是教會了表面招式就算完事了,可祝老師不但教會招式,而且教懂內在的東西。功夫是練出來的,有了祝老師的指導和他高尚的教學品德,我相信在不久的將來漳州這個處女地,將會把自然太極拳發揚光大。

祝老師不僅教會了我們在博大深奧的太極世界中探索,更如一盞明燈指引我們如何在複雜多變的社會中懂得理解與包容。不僅如此,祝老師的老當益壯、孜孜不倦的探索、學習精神,也激勵著我們不斷學習、終身學習。在祝老師的言傳身教下,我們學習到了更多的知識,我們堅

信，在以後的日子裏，在太極的世界裏，我們將會在祝老師的帶領下越走越遠。

無意之處聽真情

陳必輝（漳州）

祝大彤老師在漳授拳時，上課十分認真、細緻，為了記住老師的講話，我在學拳的同時，用攝像機在邊上自動拍錄，由於學員的理解程度不同，老師經常一招要講好幾遍，但他不厭其煩，口渴了就佈置學員練拳、揣摩，老師自己到邊上喝杯水。

有一次，一位師兄借機上去與老師商量事情，我們整隊都在練拳，誰也沒注意師兄與老師商量什麼。過後，我在重播自動錄影時，才知道師兄與老師商量的事，他們的對話無意間全被我的攝像機錄下來了。這個對話讓我聽後很受感動。

師兄說，本期培訓班學習結束當晚，同學們想請老師吃飯，表示一下對老師的敬意，學員間也增強聯絡感情。老師說，要吃飯可以，但要花費用剩的學費。師兄說那不行，學費部分已付學拳場租、住宿費後剩下不多了，老師應帶走。老師說，學費必須『取之於民、用之於民』，安排吃飯後還剩的錢也要全部留下，以後學員相聚活動用。老師還說，我自己的退休金已夠用，年紀大了，把太極功夫帶走可惜，只要趁有生之年把太極功夫傳授給太極拳愛好者，就是最大的快慰，不能增加學員的負擔。

這是我無意錄下師兄與老師個別商量的對話內容，聽

後，不僅敬佩老師的太極功夫，更令我倍加敬佩老師的為人處世。

跟隨祝師父學拳心得

劉海明（漳州）

2004年我跟林國強學練陳式太極拳時，他們正在籌畫聘請北京的祝大彤師父來漳州教大家太極拳，閒暇時常跟我們說祝師父的人品、內功、鬆功有多好，如能得到他的教導，將有可能進入內功太極拳的神奇境界。

當時我很興奮，能向北京的名師學練太極拳，將是一生中非常有幸的一件大事。但同時我也心存疑慮，像祝師父這樣的名師，能放下架子花時間教我這種一點基礎都沒有的笨學生嗎？

2008年3月，我有幸成為祝師父的弟子，懷著敬畏之心開始學練祝師父的自然太極拳。在學習過程中，我見到了往日認為不可能的、絕對會懷疑為表演的太極鬆功——祝師父隨便抬起一隻手，我怎麼用力推也推不動；師父的胳膊擱在桌子上，我馬步站好用力按住，師父說我動了我就腳下空虛不自覺地跌了出去；一個近一百七十斤的師兄（洪強）經師父輕輕一放就躍出了好幾米遠……這些情景如不是身臨其境，是無法想像的!

自然，祝師父有這樣高深的功夫，是他忠實繼承楊禹廷等京城太極拳大師的傳授、深研幾十年科學發展的展現，無愧於大家發自內心的對他「大師」「明師」的稱呼。但是，在學拳的過程中，祝師父所體現出來的高尚人

品更讓我崇敬。教拳時，祝師父面對二十幾個領悟水準參差不齊的學生，手把手因材施教，孜孜不倦地指導學生練好拳架，練好鬆功的基礎。並要大家多提問，多跟他做身手接觸，以求達到真正的身上明白，做到互動教學而不是一般的理論說教。一次課下來兩個多小時，祝師父根本就沒有稍微的休息時間，大家都爭著圍在他身邊提問、接手，祝師父來者不拒，一概認真和藹的指教。

特別是對於我，雖然是2008年3月就跟祝師父學習，但由於這一年間我工作中和家庭私事特別煩雜，回家從沒好好練過，直到2009年3月漳州年會之後，我才開始靜下心來認真習練，因此在所有學生當中，我可能是水準最差的一個，盡向師父問一些他已說過好多遍的最根本的問題，但師父從沒感到煩過，而是一而再、再而三地詳細給我解說，讓我體悟，儘量提高水準。

經由這一年多來跟祝師父的學習，師父和藹可親的說教，使我由原來懷著敬畏之心學習，轉變為融入自然太極拳的大家庭，在師父的帶領下，師兄弟大家互相關心指正，一個快樂的學習園地正在漳州形成。

練好太極，養好身體

楊林（漳州）

我做了二三十年室內裝修，也曾意氣風發、順風順水過。十幾年前最風光的時候，曾是三家公司董事長，資產雄厚。然而，天有不測風雲。因用人不慎，禍起蕭牆，偌大的產業毀於一旦。一切回歸於零，一切從頭再來，艱難

程度不是過去所能想像的。沒日沒夜地拼搏,大事小事都
要看管,雖然事業慢慢重新走上正軌,但付出的卻是體力
和健康的透支。

　　我少年時練過南拳,身體特好,體重一向保持在一百
六七十斤,高大威猛,普通三兩個人不是我的對手。但是
多年拼命下來,身體透支了,患上了嚴重的糖尿病,人一
下子瘦掉了四十多斤,看上去憔悴衰老了很多,和當年少
壯時英姿勃發的樣子判若兩人。

　　後來我學起了太極拳,一方面為了治病,另一方面為
了養心。把一切都看破,但求得身體健康,心情寧靜。去
年3月,祝師父到漳州授拳時,我也跟其他師兄弟一起,
跟師父學起了自然太極拳。練了一段時間,感覺心裏頭輕
鬆了很多,身體也比過去好多了。但是業務越來越多,而
稱心的幫手依舊很少,一忙起來也沒辦法顧及太多,經常
忙到三更半夜。今年3月,糖尿病復發,人一下子栽倒在
地,不省人事。被送到醫院後,醫生說,再晚來一會兒就
沒救了。

　　3月,2009自然太極拳漳州論壇正在漳州舉行。我也
很想參加,去看看師父師母,結識一下海內外各地的同門
師兄弟。但是,人住在醫院,身體非常虛,根本去不了。
一個人正在醫院裏想著論壇的事,牽掛著各個工地的進
展,突然,師兄平青給我打來電話,說師父師母要來醫院
看我。論壇這麼大的事,海內外同門師兄弟參加的有七八
十人,師父他多忙啊,還掛念著我!我心裏非常感動。不
一會兒,師父師母在師兄姚道仰、平青等人的陪同下,來
到中醫院看望我。師父還送了一籃鮮花,給我包了一個紅

包,表示慰問。他詳細問了我的病情,勉勵我放下包袱,好好養病。他還跟我說了成都歐昌全師兄他們教一位同樣患糖尿病的朋友練自然太極拳、最後治好糖尿病的故事,鼓勵我「練好太極,養好身體」。

過了幾天,我病好一些了,便帶著血糖儀,參加了師父舉辦的培訓班。這次師父對前面十個動作一一做詳細解說,言傳身教,我聽了之後收穫特別大,對「九鬆十要一虛靈」有更深入的體會,彷彿進入了一個新境界,感到特別喜悅。於是,每天晚上工作後臨睡前,我都堅持練個把小時拳,心情更加平靜了,睡眠也更好了,體質一天天恢復。

現在工作仍然非常繁忙,但是我始終記著師父的話,「練好太極,養好身體」,一有時間就練。雖然和師兄弟相比,我練的時間可能特別少,今後也未必能練出名堂來,但我已經切切實實地感受到了自然太極拳對於健身的好處,今後將長期習練下去。特別是我們漳州的師兄弟們,在祝師父的影響下,每週末大家一起練拳、一起泡茶,團結友愛、互學互助,氣氛特別好。我深感進入自然太極拳這個圈子獲益良多。

我感覺祝師父不僅在教我們練拳,更在教我們做人。我為有這樣一個好老師而感到幸運。

初識自然太極拳

謝奮強(漳州)

我由於長期工作繁忙,壓力大,身體狀況一直不太

好，腰酸背痛，頭腦昏暈，睡眠不好，致使心情煩躁，生活品質很差，家人、朋友關係緊張。為了改變狀況，也參加過許多運動，但由於長期處於緊張狀態，效果不是很理想。

一次偶然的機會，與朋友談起此事，他說北京有個很著名的太極拳老師——祝大彤師父，傳授一種「自然太極拳」，講究的就是「鬆」，可以改變你的狀況，過幾天剛好要來漳州授拳，你可以去學學。

抱著試試看的心態，我參加了自然太極拳培訓班。剛一接觸祝大彤老師，就被他飽滿的精神狀態所折服，78歲高齡、行動敏捷、聲音洪亮，早上一堂課下來連續2個多小時也沒見他休息過，而一點也不顯疲勞。晚上繼續上課，又是2個多小時，我累得都快趴下了，他還是談笑風生，行動自如。我暗下決心，一定學好自然太極拳。

在接下來的一段日子裏，我再忙每天也堅持學拳。祝大彤老師不僅拳藝高超，為人和藹，教拳也一絲不苟，一個動作姿勢，不厭其煩，反覆多次給我們演練、講解，直到我們掌握為止。功夫不負有心人，經過一段時間刻苦學習，雖然我對自然太極拳才剛接觸皮毛，但幾個招式練習下來，明顯感覺到身體輕鬆，肩膀也不那麼僵硬，腿部慢慢也有了力量，幾個小時下來，也不覺得那麼累，心情也比以前輕鬆好多了。

自然太極拳真是太神奇了，我已下定決心，好好跟祝大彤老師學習自然太極拳，強身健體，以飽滿的精神狀態投入到學習、工作和生活之中。

太 極 如 禪

洪強（漳州）

　　余幼嘗聞清之楊公倫神拳，乃成京師「楊無敵」，其羽不能加身，粘鳥不能飛，每羨慕不已。竊以為若能神功上身，外可禦敵，內可強身，好不快哉！戊子年春，幸入京城太極鬆柔大師祝公大彤門下，習練自然太極拳。然余性疏懶，時習練而多間斷，於太極精微，未窺堂奧，習練載餘，雖無所成，小有感悟：太極如禪，一者講緣，二者須具擇法眼，三者定慧等持，四者不住於相。

一者講緣

　　緣分者，諸法因緣所生，所謂佛渡有緣人，須得行者宿植善根，與佛結緣，方能於佛法中聽聞授持，信受奉行。習拳亦然，學人宿世慧業，遇緣爆發，雖好之樂之，心慕手追，無明師身傳口授，終無所成，欲以無師自通者，如蒸沙石，欲炊成飯。

二者具擇法眼者

　　佛法八萬四千法門，門門俱是解脫門。然則何門而入，當視行者根器而定，故行者當別具法眼或依止善知識教導而住。中華武術源遠流長，門派紛紛，拳種繁雜，如何入手，大須思量，入門根基，宜當審慎。雖太極拳種，各有其妙，但亦當視自身性情脾氣而定，氣息相通，習練之際，自然得心應手，相得益彰。否之，則格格不入，事倍功半，習練數十載，不得其門者有之。

三者定慧等持

　　定無慧則枯，慧無定乃狂，狂花無果，死水不波。慧

以定為根基，定得慧而解脫。縱上根利器者，一聞既悟，亦當默默行持，鍛鍊成熟，善自護念，長養聖胎。習拳亦然，縱天資敏悟，亦須默默習練，上下探索，所謂著熟—漸悟—懂勁，否之，終墮野趣。學人既於諸家拳法而擇其一，自當一門深入，習練不輟，默默體察其陰陽虛實鬆柔之道。當然，其間也須披瀝諸家，悠遊經典，外師造化，中得心源，廣開眼界，增長智慧。日久功深，自然可觀。祝師所傳自然太極，忠實繼承，科學發展，雖秉承古法，不拘古法，承古法而露新意。輕扶八方線，拒人無不去，心腦不接法，猶如銅牆壁。師之鬆柔，臨之如立崖邊，意怯胸悶，每有退意。蘇東坡有詩云「八風吹不動，端坐紫金蓮」，可喻之矣。

四者不住於相

初習太極，依招習練，輕扶八方，陰陽虛實，日久功深，乃至心腦不接、全身透空；一朝貫通，萬法自閑。一輪明月，首尾照澈，銷熔古法，自成家風，身不須動，出必有由，逾法度而從容，度規矩乃有餘，運一切法而不為法所拘，神似古人而自出新意，舉手投足，一一流自自家胸襟。此契合《金剛經論》之「空身、空心、空法」。師授拳必求方向方位、鬆柔鬆空、陰陽虛實，曰：他日功夫上身，即可不拘拳術招法，得心應手。

所言太極如禪者，蓋就其修行而言，論其究竟，終不可相提並論。太極者，陰陽之道也，一舉動即分陰陽，終不離形象，乃有為之法；或有高人，技進乎道，妙悟太極，明澈萬法不離自性，獨與天地精神往來，則與佛法相通，所謂佛道同源，如太極始祖張三豐是也。而佛法者，

無為法也。但識本心，不住於相，金剛經云「法尚應舍，何況非法」。

言之鑿鑿，其實，太極之精義吾又何曾夢見哉!清張裕釗詩曰「夜月柳蔭半寢，村翁荒渺說隋唐」。以蠡測海，莫知深淺，但有言說，無非戲論。佛言「制心一處，無事不辦」。古德亦有言「說得一尺，不如行得一寸」。浮生碌碌，世事多艱，習練太極，仍可屏息諸緣，動中取靜，亦不失健體延年之神技，於閒暇處，寄興自娛，不亦快哉。

師恩重似山　感恩從心起

曾亞龍（漳州）

授徒傳高藝，繼承把德記。師恩重似山，感恩從心起。

中華武術，源遠流長，博大精深，流派眾多。自然太極獨樹一幟，出自於我的恩師──太極名師祝大彤。

祝師以「和諧太極，以文會友，忠實繼承，科學發展」的理念，嚴於律己，忠於實踐，弘揚太極文化和優良傳統。

他以自然、減法、被動的太極內功練法，傳授太極技藝和武德精神，展現太極內功真諦和本來面目。

他不分高低貴賤，因材施教，教學認真，毫無保留，深受學員們的歡迎。為此，登門拜師求學者川流不息。

他教導他的門生，要學好自然太極拳，首先要做一個尊重知識、尊敬師長、寬以待人、武德高尚的人，才能進入鬆、空、虛、無的境界，才能得到上乘的終極武功。讓

我這個從小就自強、自立、重感情、講義氣、愛朋友、愛武術，在江湖中遊蕩的習武人，明白了學拳、練拳、耍拳的道理。

特別是今年3月，在自然太極漳州論壇上我認識了師父的好友、國際巨星李連杰的師父吳彬老師和全國各地前來與會的多位武林高手，聆聽了他們的學術交流發言，觀賞了他們的武功表演，讓我大開眼界、受益匪淺。

能被祝師正式收入門下，讓我拜師學藝，是一種緣分，也是我的一種榮幸，我總是懷著一顆感恩的心，努力、認真、刻苦地修煉拳藝，同時也修煉我的心靈。今後我要加強學習，加深認識，逐步理解太極陰陽變化、心腦不接、鬆空虛無等各方面知識，在增強自己身心健康的同時提高自然太極拳的修煉水準，不辜負師父對我的期望。

最後，再賦打油詩一首，聊表心意：

名師出高徒，名門育精英；師父善待徒，師母慈善心；師兄弟齊心，習武功藝精。

從自然太極拳中感悟「自然」

林溪榮（漳州）

去年，我榮幸地成為了祝師的弟子，學習自然太極拳。經過祝師一年多來的精心教導，和師兄弟們的交流與切磋，以及自己的不斷練習和感悟，逐漸地對自然太極拳的「自然」有了初步的感悟。

據師父說，這個自然太極拳的取名是取之於老子的《道德經》：「人法地，地法天，天法道，道法自然。」

無獨有偶，今年奧運會開幕式上的太極拳表演也是用「自然」二字命名這個表演篇章的，真是不謀而合，這是太極理念的相通，是太極文化的相通，是太極拳理、拳法的相通。

　　按照師父的教導，練自然太極拳要注意拳法三要素：被動、減法、自然。我認認真真地按照這三大要素練拳，透過練拳我深深地感悟到了「自然」的重要。結合練拳實踐，我逐漸體悟到自然是綱，被動、減法是目，綱舉則目張。

　　被動：是練拳走架時做動作要不主動、不妄動、不亂動，這是「三不動」；它所對應的有「三動」，即手動腳不動、腳動手不動，手腳齊動，概括為「三動三不動」；以「三不動」為要點。

　　減法：是減法練拳，如在八方線中前後移動的過程中，用「減法」練拳，它所對應的是有減就有加，實腿減力的過程虛腿就要相應加力，減多少加多少，實要實足，虛要虛淨，完成虛實變轉。確保立身中正，上下相隨，以「減法」為要點。

　　被動、減法是這個拳的練功特點、要點，是這個拳的功法，而自然太極拳的要旨乃是「自然」二字，其核心就是順應自然，是拳的自身運行軌跡和拳的運動規律，是體現拳的本來面目，是傳統太極拳的真諦。被動、減法的出發點和落腳點都是為了「自然」，是去除人後天形成的倔力，恢復「自然力」的方法。練功的過程就是退力（退倔力）的過程，也是產生內功的過程。太極拳修煉到神明境界是返璞歸真，道法自然，自然是修太極拳大道、是根本。

拳諺曰：「太極本自然，人意莫強求。」自然是太極拳的生命線，要心態自然、鬆靜自然、拳法自然、道法自然，只有一切按照自然規律行事，才能學好練好自然太極拳，這就是我從自然太極拳中對「自然」的一點感悟。

初識自然太極拳
——學練祝師太極內功認識和理解
姚道仰（福建）

太極拳是一項合乎人體生理和體育原理的健身運動，它集中國古典哲學、醫學、武學精粹為一體，其修養精神、養生健身祛病和武術技擊的價值得到廣泛認同。

本人自幼酷愛武術，跟隨泉州南少林太祖拳名師學習了20餘年的太祖拳，至今略窺門徑，曾多次在國內外傳統武術大賽中獲獎。現創辦一所全日制學校，自任董事長。一個偶然的機緣讓我得以親近京城太極拳大家祝大彤老師，並蒙他收入門下，引我進入了自然太極拳奇妙的世界。

由於我有一點外家拳的基礎，多年來在全國各地也接觸了不少武術界的朋友，大家互相切磋交流，讓我認識到，凡拳都有其優點和弱點。因為有所專，必有所偏，前人宥於門戶之見和見聞未廣，對虛靜為主課、重柔輕剛的太極拳多所詬病，稱之為「摸魚摸蝦」的功夫。但凡有志於探求武學大道者，無不先摒棄一切門戶之見，互參各家各派拳理，擇善而從，不舍晨昏，然後可稱大家。在這方面祝師無論是人品或拳藝均堪稱楷模。蒙祝師督導，本人

不揣淺陋，略陳習練太極拳點滴體會，以饗同好。

太極拳是我國先哲賢人根據太極易理演化，以太極為中心，吸納八卦五行理法，融入拳術步法之中，其最重要的功用就是養生，深而究之，也可從中體悟出許多人生的道理。因此有人說太極拳是哲學拳。張三豐祖師遺論說：「太極拳欲天下豪傑，延年益壽，不徒體技藝之末也。……武林霸主，這與歷史事實不符。

太極拳不但能技擊，而且擅技擊，但歷代宗師都把太極拳運用於技擊視為「技藝之末」。正如佛祖一向誡示佛子不可徒以神通示人，隱蔽更為重要的修身大道。太極拳也是一樣，它追求的是「階及神明」的拳理，「神明」是一種高尚、高超和高雅的境界，不是好勇鬥狠之徒所能達到的。《易經》說：「形而上者謂之道，形而下者謂之器。」易學把超出形象視為高級的理論，是指導性的法則，這種「高超」的法則，就是「神明」的核心，也就是「道」。因此武術界常說：「由武及道。」

太極拳正是符合這個特質而展現出頑強的生命力，為世人所樂習，但也正是太極拳立意高遠，無象無形的東西太多，恰恰這些東西又都是太極的精粹所在，故「每見數年純功，不能運化者」，所見多是，練太極拳無師自通者鮮見，拜師而不通者，也多如牛毛。祝師倡心態和諧，後作為拳之理念：和諧太極以文會友，忠實繼承科學發展。與眾師兄弟及自然太極拳愛好者共勉。

祝師的自然太極拳，深得太極鬆空藝術大師楊禹廷的真傳，在太極拳最根本要訣「鬆」字上用功最純，著力最深。祝師強調，「鬆」是太極拳的靈魂，並提出九鬆、十

要、一虛靈，從腳往上放鬆的基本理論。太極拳的鬆，不是一般的鬆懈，要鬆而不弛，鬆而不散，鬆而不亂，輕鬆愉快，鬆通順暢，無阻礙遲滯。「鬆」首先要收拾心境，放鬆心情。太極拳強調身心一如。武禹襄《十三勢行功心解》云：「以心行氣，務令沉著，乃能收斂入骨；以氣運身，務令順遂，乃能便利從心。」楊老爺子訣云：「以心行意，以意導體，以體導氣，以氣運身。」不是將氣放在何處不動，沉在何處不動，「氣遍身軀不稍滯」嘛。無不強調心腦練的主導作用。

有資料表明，經專門心理學訓練的人對太極拳入門特別快，因此，心理意識影響生理變化的機理、機制很值得深入研究。放鬆大腦中樞系統與各臟腑器官，使精神愉快，心態自然，呼吸順暢，而後全身肌肉筋脈關節自然鬆活。以意引導相對放鬆拉長關節肌筋，屈伸收縮，張弛輕鬆柔順，周身氣血循環無礙，無淤，無阻，因而全身肌肉、筋、關節韌帶彈性潛能開發，一遇外力侵害，即刻做適當反應。先有心意鬆，而後肢體鬆，用意不用勁。「由腳而腿而腰，總須完整一氣」（武禹襄），「無往非勁，四肢百骸相聯為一者也。破之而不開，撞之而不散」（陳長興）。可見「鬆空」又不是柔而無力，須知陰陽不離、剛柔相濟之理，純柔易偏，純剛易抑，陰陽不偏，方是妙手。沒有聽勁、懂勁之知，難窺太極內功之妙。

太極拳的「鬆」表現在外，是練拳的動作、精神、儀態輕鬆自然。而內在的意念思維則要系統整然，條理分明，協調密切，緩而無礙，綿綿無向。太極拳不鬆不空，身體必僵硬，動作必遲滯。因此，鬆靜、鬆沉、鬆柔是太

極拳入門的正確路徑。

筆者循師指引的路徑，每日習練不輟，樂此不疲，倍覺神清氣爽，內功增長。我深切地體會到太極拳是把健身養生與技擊很好結合在一起的拳術。即使就「技藝之末」的技擊術而言，它也一反古今中外的以「壯欺弱、慢讓快」的窠臼，把「弱勝強」後發制人視為己任，提出「順其勢」，不丟不頂，不動。不動是高境界，但難求。所以祝師提示後學，先要改變思維、觀念，以人類習慣習練太極拳有難度，要逆向思維，不敢向前往後。強調「九鬆十要一虛靈」的基本功。對己不以損害身體健康作為代價而獲得所謂的「功夫」，對人則是以靜制動，是一種摒棄暴力，以揉手為手段達養生之目的。

就健身養生方面而言，太極拳強調「安心定性，聚氣斂神」，在空鬆安詳、中正安舒中去尋求養心、養氣、養神、養身之效，則能自我觀省，消除雜念，存神養氣，增強智慧，去濁納清，促進氣血循環，調和陰陽，求得身心的和諧。這些養生機理和哲學思想，不獨對個人，而且對當今創建和諧社會和精神文明建設都大有裨益。

無怪乎一代偉人鄧小平同志用簡潔得近於道的語言說：太極拳好！

多看書，多咀嚼

黃佩嫻

2004年初夏時我第一次接觸祝大彤老師和薛秀英師娘，也是我首次接觸太極拳。從前，太極拳對我來說，就

是功夫電影中的一些武術表演藝術。在我腦海中太極拳就是舞蹈配上了音樂，表演者婀娜地提膝撥腕，就把對手打出去了。在電影裏，凡有太極拳鏡頭，總離不開「以靜制動」「用意不用力」「陰陽相濟」等對白，這些太極拳經裏所說的話，對我來說真是很「耳熟」，但一點也「不能詳」，因為真的不知「其所以然」。那時我想，反正這些太極拳經裏的金句與我生活無關，何必費時探究，看看電影，調劑一下緊張的生活節奏便是了。

在第一次上太極拳課時，拳經裏的話又在老師口中傳來，但我全都聽不進耳，聽來聽去，最後只得到一個「鬆」字留下來。老師不厭其煩地講解太極拳的鬆，什麼是鬆，什麼是九鬆十要，如何做到肢體鬆空，怎樣才算鬆？鬆後身體的反應又會怎樣。如是者上了十課八課，老師鬆字不離口，直至老師離開香港，返回北京，我心中也只是得一個「鬆」字，腦海也只留下一句「鬆肩垂肘」，拳式也只是勉勉強強地記得一點，對於「鬆」的理解迷糊得很，不是老師表達不好，而是本身沒有基礎去接收老師的話。

老師離開後，拳架只記得幾式，練拳的熱情大減。及後老師來港數次，我都無緣上他的課，印象中的拳式愈來愈迷蒙，在家只能練習從同學們賜教中拾回的十式，但總是做不到上老師課堂時的鬆和那輕鬆的心情。

偶爾自責過於疏懶散漫，打電話給老師閒聊幾句，說自己的進度很慢，老師總是和藹溫婉地說：「小黃，不急!只要循規蹈矩的練，多少式不成問題。拳不要瞎練，瞎練不如不練，要明拳理，按規律做；要多看書，多咀

嚼。要是沒時間練就把太極拳在生活中練吧!」老師真的給我很大的體諒和鼓勵。

後來十式也迷糊了,拳式記不起來,我就用緊記著的「鬆」字和一句「鬆肩垂肘」在我日常工作中不斷演練,無論是走路、開車、坐立、打電腦、書寫,我一記起來便鬆腳趾、鬆小指,九鬆十要一虛靈,儘量試做,做不到,不去想,不勉強;做到了,好舒服。老師常說:「舒服自然就好了。」

跟老師學拳,他除了教我們拳架、拳論之外,他還要求我們多看書。每次與老師接觸,他都會推薦我們看一兩本書,屈指一算,也有十多本書了。除了老師及其他太極宗師的著作外,拳經、拳論不在話下,還要看《道德經》《易經》,甚至《論語》及《黃帝內經》等。對我這個初學者來說,真不明白學太極拳跟看書,尤其是一些哲學書籍有什麼關係?後來書多看了,才明白,原來老師為我們「改變思維」,認識太極拳思想源泉、入門引路。

要學到老師教的「被動太極拳」,必須從心境平靜、忘記自己處著手。只有擴闊思想空間,才能調節自我,平衡心境。突然間,老師說過的「太極拳要笑著練」這句話,在我腦海中湧現。

由接觸太極拳到現在,看書的時間比練拳的時間多。太極拳讀物接觸多了,對太極拳哲學的好奇心也濃厚了。有時單看一個太極雙魚圖騰,也好像啖嘗出一些人生哲理,圖騰好像告訴我:世事總有姻緣,無絕對的是,也無絕對的非;黑中總有白,白中方帶黑,各是對方的源頭,也是對方的盡頭,難捨難分,出雙入對,互融互濟,但又

各自有獨立活動個體,各自在變化中求不變,又在不變中求變,萬事萬物都在這關係裏運作,生生息息,息息生生。這是大自然的規律,也就是人生。說起來很玄,但想深一層,其實這是存在身邊,很容易理解的。

就以萬物為例:萬物的出生、成長、老死、入土歸塵,都是不停地漸變,不斷地迎接、排擠、抗衡、接受、適應、共融,都是因應外在不同的來勢而變化,做出不同的應變,使自己生存、成長;對我這個原則性強的人,真有莫大的啟發。這豈不是太極拳經說的陰陽相濟啊!

以前我以為太極拳是閃避的、不爭取的拳術。現在我覺得太極拳是求自強、求和平、求不敗的拳術,是謙謙君子式的武學。

求自強的太極拳:在軀體鍛鍊上著意培養身體感覺官能的敏銳力,強化神經系統的反應力。

求和平、求不敗的太極拳:在軀體鍛鍊上加上情緒智商的磨煉,這種心理素質的磨煉首要是靜,要心不亂。

但如何做得到呢?老師教我們要從鬆、從忘記自己,用意行拳著手。原來這個「鬆」字是學拳的核心,難怪老師「鬆」不離口。

現在回顧過去,我跟老師學自然太極拳學了些什麼呢?我想最大的收穫是老師引導我用思想去接觸太極拳,是一種嶄新的學習方式。這種太極人生觀,在生活中不停演練,在練拳時多加體會。老師帶我走進一個太極生活圈,讓我與太極結了緣。

附：

申奧宣傳片分鏡頭劇本

當前人人關心在北京舉辦的第29屆奧運會，我們武術人也在為申辦成功忙碌著。企望著在北京舉辦奧運會，武術能進入奧運會，武術爭論應休戰，停止口水仗，為全力申辦奧運而努力。笨手笨腳寫出奧運短片文學劇本，以表寸心，支持北京申奧成功！

申奧《支招熱線》為張藝謀導演提供協助，支援他拍好申辦短片，是開明的善舉。張藝謀導演是世界級導演，榮獲過各類大獎，為國家為民族爭得了榮譽。由他擔綱奧短片的拍攝，令人欣慰和放心。

武文化以太極拳為佳，她代表中華民族魂。

申奧劇本如下（1～3分鐘）

| 古典樂曲：中華和鐘 古箏曲 | 古高山、森林、城樓、故宮、武當金頂寺廟、道觀、老子像、孔子像 長江、黃河、湖泊、大海 鄧小平，揮毫題詞 | 畫外音： 太極拳是中華民族傳統文化之瑰寶，歷史悠久源遠流長，有文字記載已有一千多年。 |

會徽鋪滿螢屏漸變小，演繹出男女老中青運動員在綠地，在山林，在公園，在泰山頂上打太極拳——天安門廣場萬人表演太極拳，其中有世界各國男女運動員。

太極拳以科學的陰陽學說、博大精深之拳理拳法聞名於世。

太極拳行功在陰陽變化中似行雲流水，是文化品味、審美品味高層次的鬆柔動態運行藝術。

是人類健康和發展的精神財富。

賀　申奧片成功

祝　劇組成員身體健康

此劇本交由《北京青年報》盧北峰先生，轉申奧委。

技術賞析

楊禹廷練功照

摟膝拗步（陰動）

摟膝拗步（陽動）

摟膝拗步（陰動）

栽捶

翻身開右腳

肩通背第二動

搬攔捶　　　　　　退步跨虎　　　　　　右打虎式

打虎勢　　　　　　左打虎勢　　　　　　玉女穿梭

上步推膝　　　　　摟膝　　　　　　　　下勢

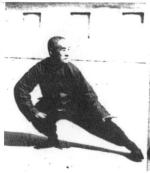

下勢

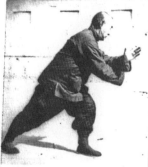

上步七星

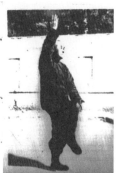

金雞獨立

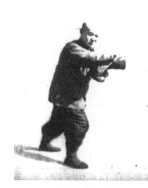

扇通背一動

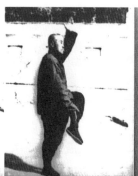

右腿金雞獨立

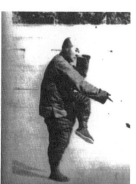

�掌

掖掌

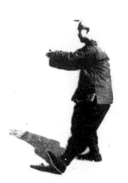

退步搬攔捶

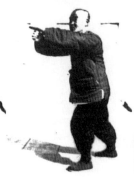

搬攔捶

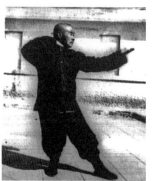

倒攆猴

高探馬

高探馬

撲面掌

單擺蓮

單擺蓮

擺蓮

摟膝

指襠捶

上步七星

退步跨虎

撲面掌

作者說手瞬間抓拍

在廈門給弟子說手　拿

發

拿

在武當山上為美國朋友說手

推空了

在漳州說手

拿

拿

發

聽勁 空腰

轉身發出

在香港指導學生

靠墙五個人推胸、肩、臂

五個人推不住

空 頂拿

空 似火箭

仰之則彌高

附之側彌深

第一次被拿起

對方攻來,在接觸點上空,此時攻方呼攻遇對方空、撲空、下意識吸氣,我陰變陽,瞬間對方被拿起

對方攻,拿空對方,對方不給,但丟了重心,不起也得被拿起

對方撲來,師空胸,意在腳,對方蹲下去

對方被拿起,也是想跑,結果飛起

在接觸點上空開對方進攻,拿對方。對方不給,此時在接觸點上脫離接觸,術語稱「撒手」,對方自然飛起

後 記

太極拳好，好在何處

——紀念改革開放、鄧小平題詞
「太極拳好」雙30周年

　　中國改革開放30周年，偉人鄧小平題詞《太極拳好》30年，兩個30年，使我們中華民族光光彩彩地立於世界民族之林。偉大的中華民族，從貧窮落後跌宕起伏中走過漫長而艱難的歲月，流著汗灑著血，舉著五星紅旗一路走來，而後又跌跌撞撞，轟轟烈烈，腳踏實地從市場經濟頻傳喜慶的大步向前，北京奧運會勝利閉幕之後，全民攜手在神七返回中迎來中華人民共和國六十華誕！

　　我在上世紀50年代去過北方的農村，一個字：窮！窮到全家沒有錢，也沒有見到過錢。土房、土炕，窗上沒有玻璃，洗衣服沒有肥皂，用燒飯的柴灰淋水洗衣服，而江南婦女在河邊用木棒槌敲砸衣服，農村、農業落後於時代，基本上無地無牛，農民的吃穿住，50年老樣式。而今，改革開放30年，先看農村、農業。農村有了二三層別墅小樓，門前停放著小型轎車和拉貨的小面，農民兄弟精神面貌光彩照人。中國從城市到農村富足了，祖國強大了，國庫肥滿，老外們說中國的影響力加強了，強到什麼

地步？在經濟危機中，外國人企盼中國站出來救市，因為中國是美國政府最大的債主國，金元帝國氣短，要學習中國的社會主義的理財經驗。

我們的國民經濟搞上去了，大家攜手奔小康，富裕了，幹什麼，「全民健身計畫」擺在生活的首位。偉人毛澤東幾十年前就號召參加體育鍛鍊，「增強人民體質」。偉人鄧小平說得更為具體「太極拳好」，「讓更多的人瞭解太極拳，參加運動，強身健體」。太極拳學，太極拳道，太極拳與文化、醫學、美學、哲學以及自然科學等，與諸多科學領域密不可分，對於習練和修煉者像磁石一樣有強大的吸引力，因為它不是單一的肢體運動，而是德、智、體綜合發展。兩個30年，具有十分重要的歷史意義和現實意義。中華民族對世界、對人類作出無與倫比的卓越貢獻。改革開放30年中國的經濟發展和影響力成為世界經濟擋風避雨的屏障。太極拳好，好在為人類健康提供了從淺入深從表及裏的理論與實踐，從肢體到心靈的心法、道法、拳法。

中華民族的傳統文化太極拳是五千年文化的結晶，太極拳科學是天文地理、山川大河等宇宙天地以及自然、現代科學的啟示的鑰匙，太極拳醫學對人體從裏及表的陰陽醫學學說，為人類繁衍造福，這是中華民族對人類的完美奉獻。偉人鄧小平「太極拳好」四個字，涵蓋天地自然，四面八方，金木水火土，陰陽平衡，有了太極哲學，從小到大，以弱勝強。

國家經濟富強了，我們欲立於世界民族之林，要有強健的體魄，聰明才智，聰穎的智慧，過人的技藝，這些我

們都可以從太極拳裏吸吮營養。在10年前紀念偉人鄧小平題詞20周年的紀念文中說，對太極拳的認識還要不斷的認識再認識，如果你學拳並想深入研究，可能用一世辛勞去認識。認識是學習學無止境，認識也沒有止境。現在改革開放30年，我國的經濟從小到大，從弱到強，祖國繁榮，才有可能在和平、富足的環境裏，研習太極拳，當今練習太極拳，研究東方文化者倍增。因為您久練太極拳，便會有一種新的感覺，「您的大腦變得比以往更聰穎，身上產生一種健康的，不知疲倦的，過去從未有過的新體驗。您將牢牢把握自己的生命運動」（紀念「太極拳好」20周年文）。

　　我不知道當今該不該說將中國的太極拳傳播天下，不是張家李家的自家拳理拳法傳出去，中國太極拳一定有中國的太極拳理念，首要的是「道法自然」。現代社會要吃的綠色食品也不是一件易事，食牛奶有毒是近兩年的事情，綠色蔬菜、排酸肉等也是現代名詞。

　　吳圖南教授對太極拳後學者提到練太極拳要「脫胎換骨」，先輩的理論道法陰陽變化，也有固有的理念：無往非勁；一舉動，周身俱要輕靈；用意，不是用勁；由腳而腿而腰，總須完整一氣等特性奉獻於世人，不只是說說，有她深刻的哲理和豐富的內涵。傳統太極拳，應該在中華民族五千年文化的基礎上傳播，不愧為太極拳好！國家套路在全球發展很好，異彩紛呈，無可比擬，我們只能呼好喝彩。

　　以「自然」這一具有深刻哲理和豐富內涵的詞冠名太極拳傳播，是件有難度的事情，但不是不可能。2008年一

位紐約華人音樂人王先生，是位自然太極拳愛好者，紐約有一幫人，自稱「心腦太極拳習練者」，派王先生來華尋自然太極拳心腦練的根，兩個多月收穫頗豐，高興而去。只要我們不懈努力，在海外推廣傳播有深刻內涵的自然太極拳是有可能的。

以上是紀念鄧小平題詞30周年以及改革開放30周年活動的一點點感言。

關於成立自然太極拳研究會的情況

關於國內成立自然太極拳研究會之事。有幾個城市欲申請成立研究會，多年都不批准，為什麼批不下來我們不得而知，下面說說漳州申請成立研究會的過程。

福建省漳州市在平青先生的帶領下，自然太極拳發展得很好。平青於2003年到京商談學藝和邀請祝師去漳傳藝、授業之事。三年前，我去漳州辦自然太極拳拳藝班，傳拳問道。三年來漳州的自然太極拳隊伍不斷擴大，入門弟子幾十位，在漳州地方及福建影響較大，他們計畫成立研究會，市武協賈秘書長全力支持，多方努力仍然不能如願。

隨後商量，由薌城區武協協手解決，於2009年10月漳州成立薌城自然太極拳協會。這是全市自然太極拳愛好者的大喜的日子，皆大歡喜，喜氣洋洋。市區武協領導及兄弟拳研究會派代表到會慶賀，我也專程到會助興，並將珍藏的「真諦」題詞贈協會收藏。

我對市武協賈秘書長衷心的感謝，永遠不忘自然太極

拳在漳州發展中，賈秘書長的支持和全力合作。

　　同樣是研究會，河南省南陽市成立「南陽自然太極拳研究會」就省心多啦。

　　原體育局王吉廉局長退下後擔任市太極拳工作委員會主任，他鼎力支持，由體育局多位負責幹部協助於2007年10月南陽自然太極拳研究會成立。研究會成立可以肯定，這是王吉廉先生一手操辦，市體育局、武協全力支援，沒有花錢（起碼我沒有花一分錢），在河南省建立起來的中國第一個自然太極拳研究會，研究會成立是千載難逢的良好機遇，是南陽體育局退下來的王局長功德無量的善行。

　　王吉廉這種善行並沒有罷手，發檔向所屬的縣市發出通知，要輪訓武協領導成員學練自然太極拳，將來還要擴大招生，使全地區的自然太極拳開花結果，使我十分萬分感動，灑著淚感激王吉廉先生。原王局長在他管理的範圍內不違犯政策的原則下，在門球場建自然太極拳訓練廳。可惜，這麼好的發展機遇被人攪了局，很令人遺憾和惋惜，南陽由原王局長鋪開的大好局面雲散煙滅，將大大影響南陽市的自然太極拳活動和發展，影響研究會梅開二度的進程。

　　到此，我視王吉廉為恩公。黨的幹部不講這一套，但是，他的功德將永遠載入自然太極拳發展的歷史史冊，自然太極拳後學們將永遠記住恩公王吉廉先生。

導引養生功

全系列為彩色圖解附教學光碟

張廣德養生著作　每冊定價350元

1 疏筋壯骨功＋VCD

定價350元

2 導引保健功＋VCD

定價350元

3 頤身九段錦＋VCD

定價350元

4 九九還童功＋VCD

定價350元

5 舒心平血功＋VCD

定價350元

6 益氣養肺功＋VCD

定價350元

7 養生太極扇＋VCD

定價350元

8 養生太極棒＋VCD

定價350元

9 導引養生形體詩韻＋VCD

定價350元

10 四十九式經絡動功＋VCD

定價350元

輕鬆學武術

1 二十四式太極拳＋VCD

定價250元

2 四十二式太極拳＋VCD

定價250元

3 八式十六式太極拳＋VCD

定價250元

4 三十二式太極劍＋VCD

定價250元

5 四十二式太極劍＋VCD

定價250元

6 二十八式木蘭拳＋VCD

定價250元

7 三十八式木蘭扇＋VCD

定價250元

8 四十八式木蘭劍＋VCD

定價250元

太極跤

1 太極防身術

定價300元

2 擒拿術

定價280元

3 中國式摔角

定價350元

彩色圖解太極武術

1 太極功夫扇

定價220元

2 武當太極劍

定價220元

3 楊式太極劍

定價220元

4 楊式太極刀

定價220元

5 二十四式太極拳＋VCD

定價350元

6 三十二式太極劍＋VCD

定價350元

7 四十二式太極劍＋VCD

定價350元

8 四十二式太極拳＋VCD

定價350元

9 楊式十六式太極拳

定價350元

10 楊氏二十八式太極拳＋VCD

定價350元

11 楊式太極拳四十式＋VCD

定價350元

12 陳式太極拳五十六式＋VCD

定價350元

13 吳式太極拳五十六式＋VCD
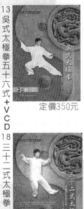
定價350元

14 精簡陳式太極拳八式十六式

定價220元

15 精簡吳式太極拳三十六式 拳架‧推手

定價220元

16 夕陽美功夫扇

定價220元

17 綜合四十八式太極拳＋VCD

定價350元

18 三十二式太極拳 四段

定價220元

19 楊式三十七式太極拳＋VCD

定價350元

20 楊氏五十一式太極劍＋VCD

定價350元

21 嫡傳楊家太極拳精練二十八式

定價220元

22 嫡傳楊家太極劍五十一式

定價220元

23 嫡傳楊家太極刀十三式

定價220元

太極武術教學光碟

太極功夫扇
五十二式太極扇
演示：李德印 等
(2VCD)中國

夕陽美太極功夫扇
五十六式太極扇
演示：李德印 等
(2VCD)中國

陳氏太極拳及其技擊法
演示：馬虹(10VCD)中國
陳氏太極拳勁道釋秘
拆拳講勁
演示：馬虹(8DVD)中國
推手技巧及功力訓練
演示：馬虹(4VCD)中國

陳氏太極拳新架一路
演示：陳正雷(1DVD)中國
陳氏太極拳新架二路
演示：陳正雷(1DVD)中國
陳氏太極拳老架一路
演示：陳正雷(1DVD)中國
陳氏太極拳老架二路
演示：陳正雷(1DVD)中國
陳氏太極推手
演示：陳正雷(1DVD)中國
陳氏太極單刀・雙刀
演示：陳正雷(1DVD)中國

楊氏太極拳
演示：楊振鐸
(6VCD)中國

本公司還有其他武術光碟
歡迎來電詢問或至網站查詢
電話：02-28236031
網址：www.dah-jaan.com.tw

原版教學光碟

歡迎至本公司購買書籍

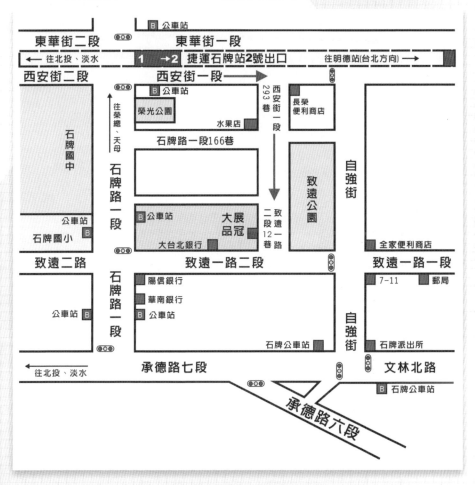

建議路線

1.搭乘捷運‧公車

　　淡水線石牌站下車，由石牌捷運站２號出口出站(出站後靠右邊)，沿著捷運高架往台北方向走(往明德站方向)，其街名為西安街，約走100公尺(勿超過紅綠燈)，由西安街一段293巷進來(巷口有一公車站牌，站名為自強街口)，本公司位於致遠公園對面。搭公車者請於石牌站(石牌派出所)下車，走進自強街，遇致遠路口左轉，右手邊第一條巷子即為本社位置。

2.自行開車或騎車

　　由承德路接石牌路，看到陽信銀行右轉，此條即為致遠一路二段，在遇到自強街(紅綠燈)前的巷子(致遠公園)左轉，即可看到本公司招牌。

國家圖書館出版品預行編目資料

太極揉手解密／祝大彤　著

－初版－臺北市，大展，2011〔民100.12〕
　　面；21公分－（武術特輯；132）
　　ISBN 978-957-468-849-4（平裝）

1.太極拳

528.972　　　　　　　　　　　　　　100020795

太極揉手解密

著　　者／祝　大　彤
責任編輯／朱　曉　峰
發 行 人／蔡　森　明
出 版 者／大展出版社有限公司
社　　址／台北市北投區（石牌）致遠一路2段12巷1號
電　　話／(02) 28236031・28236033・28233123
傳　　真／(02) 28272069
郵政劃撥／01669551
網　　址／www.dah-jaan.com.tw
E-mail／service@dah-jaan.com.tw
登 記 證／局版臺業字第2171號
承 印 者／傳興印刷有限公司
裝　　訂／建鑫裝訂有限公司
排 版 者／千兵企業有限公司
授 權 者／北京人民體育出版社
初版1刷／2011年（民100年）12 月
　　　　　　　　　　　　　　　　定　價／300元

大展好書　好書大展

品嘗好書　冠群可期

大展好書　好書大展
品嘗好書　冠群可期